本著作受“云南大学公共管理学院学院制建设专项经费”资助

诚言与关心自己

福柯对古代哲学的解释

赵灿◎著

上海人民出版社

总　　序

本文库主要收录通过读解第一手法文哲学原著而对基础研究和前沿研究的论题进行系统阐述并具有独到见解的学术著作，旨在推进国内外学界对法国哲学乃至世界哲学的学术研究，力图以法国哲学研究为切入点来加强和提升中西哲学界的思想交流和学术对话的水平。

从17世纪理性与信仰的交织、18世纪理性的弘扬到19世纪折中的达成、20世纪差异思想的迸发，法国哲学一直向我们展示着人类智慧的力量和创新思想的魅力。

法国哲学在世界哲学中占据着毋庸置疑的独特地位。笛卡尔我思哲学开创了西方近代主体哲学，启蒙思想奏响了人类理性呐喊的最强音，折中主义尝试化解人类思想的极端紧张状态，而差异哲学一个世纪以来为人类奉上了一场又一场丰硕的思想盛宴。个别与一般、理性与感性、人与世界、自我与他人的关系等，一直是哲学探讨的重要论题。在很大程度上，我们可以说，近现代哲学家，无论愿意与否，不是笛卡尔主义者，就是反笛卡尔主义者或非笛卡尔主义者。从思想创新的角度来看，进行别样思考一直是几个世纪法国哲学发展的原动力和生命源泉。从古希腊至今的整个西方哲学也正是在思想创新中不断前行的。熠熠生辉的法国哲学思想为西方哲学的创新画卷涂上了一笔又一笔浓墨重彩。

每一个重要思想总是经由其思想源流而诞生于特定的时空坐标。每一种哲学都与特定时代、文化、语言，甚至宗教、科学、政治等密切相关。思想必定与众不同。世界哲学舞台注定是丰富多彩、百花争妍的。

近代主体性形而上学因追求“绝对的”、“最高的”真理，崇尚“整齐划一的”思想而被批驳得千疮百孔、体无完肤。因为这种“真理”、“思想”只能侮辱人类智慧，蒙蔽人类思想。显然，重要哲学思想必定是取决于多重因素而各有特色的。从总体上说，如果英美哲学喜好经验实证，德国哲学偏重理性思辨，那么，法国哲学则擅长感性灵动。当然，这样说并不排除某些哲学家的例外情况甚至一度相反的情形。法国哲学以其感性、率真、灵动、清澈、澄明和活力的特点吸引着一批又一批虔诚膜拜的朝奉者。

当然，强调思想互异、特色，并不无视不同思想之间的沟通、对话，甚至会通和融合。由于哲学重大论题从古至今鲜有变化，处于不同时空中的哲学家总是侧重于某个点来探讨相同的哲学话题，尽管他们以各自的方式、视角，依据不同的文献资料来从事哲学思考。因此，不仅法国哲学家相互之间，而且法国哲学与德国哲学、英美哲学在承接以往哲学传统论题的基础上还进行着各种各样的互动（竞争、对抗、对话、融合），以其合力共同推动西方哲学乃至世界哲学向前发展。在主体性、现代性、身心关系、心物关系、言思关系、他我关系等问题上，笛卡尔哲学、休谟哲学、斯宾诺莎哲学、莱布尼茨哲学与康德哲学、黑格尔哲学、胡塞尔现象学、海德格尔基本存在论、萨特现象学存在论、梅洛-庞蒂知觉现象学、列维-施特劳斯结构主义、德里达解构哲学、福柯话语哲学、哈贝马斯商谈哲学、列维纳斯他者哲学、利科自身解释学、维特根斯坦语言哲学、罗蒂新实用主义等之间复杂而多变的理论关系就充分体现了这种互动关系和哲学发展的分合趋势。不同哲学之间的互动关系，无论在哲学理论的深度，还是论域的广度上，都错综复杂，变化不断。当代西方哲学发展的态势，就是法国哲学、德国哲学和英美哲学在互动中形成了一个流动的三角形。三个角会随着互动中三方力量关系的变化而变化，但任何一方的力量都不足以强大到完全吸收或取消其他方力量而形成独尊天下的思想局面。哲学帝国或帝国哲学的时代早已一去不复返了。

哲学不再是总体性理论，而是一种活动，一种对当下、对时代进行诊断的活动。而这种诊断活动的思想灵魂就是批判精神。另辟蹊径，进行别样思考，就彰显了这种批判精神。几个世纪以来，法国哲学家们对时代的诊断和批判思考竖起了人类思想史上一个个高大的里程碑。就重大哲学论题贯穿哲学史始终而言，任何哲学家都是当代哲学家，都是我们的同时代人。本文库就是要研究这些独特的诊断活动及其批判性思想的当代意义。

20 年前国内法国哲学研究还显薄弱，有的问题还未深入研究，有的领域还尚未涉足。我们现在欣喜地看到，随着越来越多的青年学者加入到研究队伍，目前国内法国哲学研究力量已日趋强大，法国哲学著译不断问世，研究水平也日渐提高。本文库的作者大多是曾留学法国的青年才俊，他们具有批判精神，思想活跃，专业基础扎实，法语读解精准，学术视野宽广，治学态度严谨，学术有潜力。他们与国际同行保持紧密的学术联系，能开展高水平的国际学术对话和合作研究，他们的目光聚焦于法国哲学的基础问题和前沿问题，对一些重要的哲学理论问题能进行较为系统深入的探索和研究。

是为序。

莫伟民

目　　录

附 录

说　　明

1. 为行文方便，文中对引用频率较高的福柯作品作如下缩写：

CV=*Le courage de vérité*：*Le gouvernement de soi et des autres* II（《真理的勇气：对自我和他人的治理(2)》），Cours au Collège de France (1983—1984)，Paris：Seuil/Gallimard，2009.

DE=*Dits et écrits*（《言与文》），Paris：Gallimard，2001.

GSA=*Le gouvernement de soi et des autres*（《对自我和他人的治理》），Cours au Collège de France（1982—1983），Paris：Seuil/Gallimard，2008.

GV=*Du Gouvernement des vivants*（《对活人的治理》），Cours au Collège de France(1979—1980)，Paris：Seuil/Gallimard，2012.

HS=*L'herméneutique du sujet*（《主体解释学》），Cours au Collège de France(1981—1982)，Paris：Seuil/Gallimard，2001.（参考中译本：《主体解释学》，佘碧平译，上海人民出版社，2005 年。）

SV=*Subjectivité et vérité*（《主体性与真理》），Cours au Collège de France(1980—1981)，Paris：Seuil/Gallimard，2014.

SS=*Le souci de soi*（《关心自己》），Paris：Gallimard，1984.（参考中译本：《性经验史》第 3 卷，佘碧平译，上海人民出版社，2005 年。）

UP=*L'usage des plaisirs*（《快感的利用》），Paris：Gallimard，1984.（参考中译本：《性经验史》第 2 卷，佘碧平译，上海人民出版社，2005 年。）

2. 文中凡涉及希腊—拉丁文与中文互译之处，均以方括号示之，如：parrêsia[诚言]；凡涉及法文与中文互译之处，均以圆括号示之，如：le dire-vrai（诚言）。

3. 福柯引用的古典文献大多以法国布代（Budé）丛书为准，本书引用这些文献时，如尚未有中译本出版者，均由作者据法文译为中文，如已有中译本出版，作者在翻译时均有参考，如无必要，改动之处不一一注明；同样，对于福柯本人的作品也是如此处理。在这里，作者对辛勤翻译的诸位先生谨致真诚的感谢。

克力同说:“你对你的孩子或者其他事还有什么交代吗?我们还替你办。”

苏格拉底说:“克力同啊,就是我一直说的那些话,没有新的。你们关心自己就是照顾我和我的家属以及你们自己了,怎么做都行,不一定要现在许愿;如果你们不关心自己,不愿意照我们现在和过去讨论过的道路一步一步前进,那就会一事无成,现在不管怎样诚恳许愿都没用。”

——柏拉图:《斐多》,115b—c

导论:福柯哲学的ergon

希腊词ergon有三义:工作、作品、现实性。本导论题为“福柯哲学的ergon”,就是依次阐述福柯的哲学工作、福柯的哲学作品、福柯的哲学现实性。在此之前,我们且先说明,本书所要论述的福柯具有什么样的思想史形象。

一、古代哲学气质的福柯

福柯逝世后,他的思想被划分为三个阶段:早期的知识考古学、中期的权力谱系学、晚期的自我伦理学。分别对应传统的三个领域:本体论及知识论、政治学、伦理学。不过,福柯思想的影响力主要是在前两个阶段。尤其在中国,人们所熟知的福柯,更是以早期思想和中期思想为代表的福柯,“知识考古学”和“权力谱系学”几乎成了“福柯”的代名词。出现这种局面的原因,是福柯生前出版的著作,从思想分期来看,几乎全都属于早中期思想。属于晚期思想的只有《性经验史》第二卷《快感的利用》(1984年)及第三卷《关心自己》(1984年)。这两本书,无论就思想观念还是就史料运用来说,都已不再是第一卷《认知的意志》(1976年)的续写,理应看作福柯晚期思想。但人们往往不重视,甚至忽视福柯思想的这种转变,原因又有两点可说:一是在《性经验史》之前,福柯即以写作“疯狂史”、“监狱史”、“医学史”名世,所以人们往往不顾《性经验史》成书的复杂性,把它与之前的著作混作一谈。二是在这两卷书出版的8年前，福柯就已为《性经验史》写过一篇总导论，确立了全书的总构架，这就是《性经验史》第一卷《认知的意志》，该卷的立场无疑仍属福柯中期思想，所以容易让人忽视后两卷与第一卷的差异。

由于文献出版的限制，加之知识考古学、权力谱系学的观念影响太深，导致人们以福柯前期思路，推测他未出版的晚期"作品"①：既然《词与物》、《知识考古学》的研究主题是知识，那可以推测《主体性与真理》、《主体解释学》是研究与知识紧密关联的主体；既然《古典时代的疯狂史》、《临床医学的诞生》、《规训与惩罚》是以权力为背景研究精神病学、临床医学、监狱的历史，那可以推测《性经验史》是以权力为背景研究性的历史；至于《对自我和他人的治理》所讨论的治理，大概也不会与权力差太多。

近些年，福柯思想的这种研究局面已经有很大改变。法国学者利用录音、笔记、手稿，编辑出版了一批福柯生前没有出版的著作，其中以法兰西学院课程为主，以在美国几所大学主持的讨论班及发表的演讲为辅。这些出版物弥补了福柯思想研究尤其是晚期思想研究的文献空白，为人们展示了一个不同以往的福柯形象。最突出的一点是，作为后现代主义的主要代表，福柯在法兰西学院课堂上竟讲起了古代哲学。②而且福柯对古代哲学的解释，并不像其他后现代主义哲学家那样，从希腊—拉丁文献中，撷取几个词汇或短语，以哲学的思辨形式敷演开去，以图解构西方形而上学传统。相反，福柯是在遵守古典学和历史学传统的前提下，以一种朴实、客观的态度来对古代文献进行解释。福柯晚

① 我们对"作品"加了引号，表示此处指的不是严格意义上的书写著作，而是包括三类：(1)福柯生前出版的《快感的利用》(1984年)、《关心自己》(1984年)；(2)福柯生前尚未定稿出版的法兰西学院课程《对活人的治理》(1980年)、《主体性与真理》(1981年)、《主体解释学》(1982年)、《对自我和他人的治理》(1983年)、《诚言的勇气：对自我和他人的治理(2)》(1984年)；(3)讲演与访谈：《关于自我解释学的开端》、《自我技艺》、《话语与真理：诚言问题》等。

② 这里的"古代哲学"，包括前苏格拉底哲学、古典希腊哲学、希腊化—罗马哲学、早期基督教哲学。不过，福柯所征引、读解的文献，已远远超出了我们所说的哲学领域，除毕达哥拉斯学派、苏格拉底—柏拉图、斯多葛主义、伊壁鸠鲁主义、皮浪主义、犬儒主义，等等这些哲学家及流派，还有色诺芬、索福克勒斯、欧里庇得斯、修昔底德、琉善这些不大会写进哲学史的希腊—拉丁作家。

期思想与早、中期思想在形式上有很大的不同：晚期思想是在对古代哲学解释的过程中形成的。通过对古代哲学的解释，福柯深化、发展了早中期思想主题。例如，同样名为《认知的意志》：1976 年出版的著作所探讨的是话语的生产、知识的生产、权力的生产；1971 年度的法兰西学院课程则涉及赫西尔德诗歌、索福克勒斯悲剧、智者运动、亚里士多德哲学、古希腊的司法实践，显然不是 1976 年的著作所能替代得了的。

所以，本书要给读者展示的福柯，并不是那位怪诞的后现代主义者福柯，而是作为苏格拉底—柏拉图主义者的福柯，作为伊壁鸠鲁主义者的福柯，作为斯多葛主义者的福柯，作为犬儒主义者的福柯，作为怀疑主义者的福柯——总之是深得古代哲学气质的福柯。所谓“古代哲学气质”，本书指的是：以“生存技艺”[tekhnê tou biou]作为哲学实践的核心，以“学”[mathêsis]和“习”[askêsis]作为哲学实践的方式，以“气质塑造”[êthopoiêsis]作为哲学实践的目的。①当然，本书并不打算否认，事实上也无可否认，古代哲学，从前苏格拉底哲学直至晚期希腊哲学，有着漫长而且重要的“物理学”[phusis]以及“形而上学”[meta-phusis]的历史传统。但是，在古代哲学家眼里，对“物理学”和“形而上学”研究，根本目的在于形成一种“精神性知识”，即把“关于世界的知识进行精神化”(spiritualization du savoir du monde)。这个短语表达的意思是：主体要获得物理学和形而上学知识，前提是先针对自己进行“修习”[askêsis]，否则不可能占有知识；而知识对主体而言乃是一种“装备”[paraskeuê]，主体占有知识，也就意味着占有了一种装备。这是一种对主体的生存有重要意义的装备，因为在主体面临生存危险时，它能够拯救主体；在主体不面临生存危险时，它也发挥作用，改变主体，使主体的生存趋向完美。因此，若读者能借福柯之手“学—习”古代哲学，实践自我对自我的修习；若读者能通过对古代哲学的“学—习”，改变自己的

① tekhnê tou biou 又译“生活艺术”，mathêsis 又译“学识”，askêsis 又译“修习”，êthopoiêsis 又译“品性塑造”。另外，“哲学实践”即作为动词的哲学，也可说“做哲学”。

生存方式，变化自己的气质，形成一种既独具个人风格，又兼有美学价值的生存，那么本书的写作意图也就实现了。

本书如此阐述古代哲学气质的福柯，依据乃在福柯哲学的 ergon。依该词的三义而言，也就是说，通过阅读福柯的“作品”，理解福柯的“工作”，把握福柯哲学的“现实性”。我们认为，只有这样，最终方可得出结论。下面我们按此三义，论述福柯哲学的 ergon。

二、福柯的 ergon[工作]：思想史研究

福柯终其一生都在撰述历史。除直接以“史”为题的《古典时代疯狂史》和《性经验史》之外，《临床医学的诞生》可看作医学史，《词与物》可看作以语言学、政治经济学以及生命科学为主的人文科学史，《知识考古学》可看作知识规则本身的历史，《规训与惩罚》可看作监狱史。此外，福柯从 1970 年当选法兰西学院教授，至 1984 年病逝，除 1977 年休假，福柯共授课 13 年。不仅教席名“思想体系史”(Histoire des systèmes de pensée)直接冠之以“史”，而且授课大多也确实采取历史叙述的形式。但我们得明白，福柯的做法既区别于普通的历史学研究，也不属于抽象的历史哲学研究。福柯的教席名虽然叫作“思想史”，但他这里的“思想”并非泛指，而是具有特别含义。在 1983 年度的法兰西学院课程《对自我和他人的治理》开始时，福柯对它有一番解释。

福柯在这里区分了三种历史研究。①第一种历史研究叫作“心智史”(Histoire des mantalités)。“心智史”研究的是一个过渡领域，即从实际“行为”到行为的“表达”之间的过渡。依福柯的解释，“表达”既可以体现为对“行为”的跟随，也可以体现为对行为的转化，还可以体现为对行为的规范、辩解，甚至掩饰。第二种历史研究叫作“再现史”(Histoire des représentations)。福柯认为，“再现史”有两种可能方式：方式一称作“再现功能的分析”(analyse des foncontions représentatives)，

① GSA. p.4.

其实也是意识形态的分析,因为它的主要任务是分析“再现功能”,而“功能”既可以是被再现的对象,也可以是再现的主体;方式二称作“再现的可能分析”(analyse possible des représentations),这种分析看重的不是再现体系的“再现功能”,而是再现体系的“再现价值”。分析“再现价值”的依据要么是“知识”,要么是“知识的模式”,前者是就内容或规则而言,后者是就真理标准模式而言。

第三种历史研究即福柯本人主张的“思想史”。它不同于“心智史”,也不同于“再现史”。究竟什么是“思想”?福柯对此解释说:

> “思想”(pensée),我指的是一种我们可称之为经验的焦点(foyers d'expérience)的分析,在这之中彼此交织着一些因素:第一是可能认知的模式(formes d'un savoir possible);第二是个体行为的规范模型(matrices normatives de comportement pour les individus);最后是可能主体的潜在生存方式(modes d'existence virtuels pour des sujets possibles)。这三个要素——认知的可能模式,行为的规范模型,主体可能的伦理生存方式——这是三件事情,或者说,这是所谓“经验的焦点”包含的三件事情的关节所在。①

从这段引文可知两点:首先,“思想”指的是对文化的“经验焦点”进行分析的结果;其次,“经验的焦点”包含“认知模式”、“规范模型”、“主体化方式”三方面的内容。综合以上两点,不难得出结论:“思想体系史”研究的是“认知模式”、“规范模型”、“主体化方式”三者之间的关系。首先明白这一点,然后再去阅读福柯的学术作品,于是那些看似琐碎的作品,便顿时具有了“体系史”的思想意义。

以“疯狂史”为例。当福柯从“思想史”出发,考察“疯狂”的意义时,显然,他的意图不是把疯狂视作一种固定不变的对象,进而探索它的再现功能及再现价值,最终写出一部关于疯狂的再现体系史——此乃“再现史”的历史研究方式。但福柯也没有以疯狂这种行为及其表达作为出发点,写出一部关于疯狂现象的先后相继的演化史——此乃“心智

① GSA. pp.4—5.

史”的历史研究方式。福柯所采取的方式不同于以上两种。福柯的“思想史”所要做的是：“尝试研究疯狂作为我们文化内部的经验，首先把疯狂把握为一个出发点，正是由此出发进而形成了一系列或多或少有些异质的认知，于是分析这些知识模式的发展：[……]。其次，疯狂，在它作为知识模式的意义上，它也是一系列的准则，这些准则使得疯狂成为一种异常现象而与社会的内在割裂开来，[……]。最后，面对疯狂的主体、相对于疯狂的主体，研究疯狂这种经验对规范了的主体的存在方式的构成。”①

而为了研究“思想史”，或者说为了研究“认知模式”、“规范模型”、“主体化方式”三者之间的关系，福柯在方法论上作了一番变革。首先，福柯所谓“认知模式”，它所关注的既不是知识的发展进步，也不是知识的类型模式，而是“确立构成知识模型的可能的话语实践”，亦即“言说真理的各种形式”(formes de la véridiction)。②其次，福柯所谓“个体行为的规范模型”，它所关注的既不是法律法规，也不是权力制度，而是“人们引导别人所采用的技艺和程序”，亦即“治理性”(gouvernementalité)。③最后，福柯所谓“主体可能的存在方式”，它所关注的不是有关主体的各种理论，而是“个体把他自身构造为主体的各种不同方式”，即“主体化”(subjectivation)。④要言之，福柯的方法论变革是：

> 以对真理言说的形式(formes de véridiction)的历史分析代替知识史，以对治理性的程序(procédures de la governementalité)的历史分析代替统治史，以对自我实践(pragmatique de soi)的历史分析代替主体理论或主体性的历史。⑤

同样，在1984年度法兰西学院课程《真理的勇气》开始时，福柯也说过含义一致的话。他说“知识”、“权力关系”、“主体的构成模式”乃是他研究的三个元素，不过他所采取的研究方式有所不同：

---

① GSA. p.5.
②③ GSA. p.6.
④ GSA. pp.6—7.
⑤ GSA. p.7.

知识(savoirs)，是在真理言说(véridiction)的具体性中所研究的知识；权力关系，不是研究作为实在性、侵入性权力的表现，而是在人们的行为被治理的程序中所研究的权力；最后是通过种种自我实践(pratiques de soi)实现的主体的构成模式。①

福柯的三重理论变更就可表达为：从“知识”(connaisance)到“真理言说”(véridiction)，从“统治”(domination)到“治理性”(gouvernementalité)，从“个体”(individu)到“自我实践”(pratiques de soi)。②而在“真理言说”、“治理性”、“自我实践”三者之中，相比而言，又以“治理性”为核心。“治理”包含“对自我的治理”与“对他人的治理”，它居中间，沟通左右两边的“权力关系”与“自我关系”。于是所有这一切便连成了一条线：“权力关系—治理性—对自我和他人的治理—自我关系”(relations de pouvoir-gouvernementalité-gouvernement de soi et des autres-rapport de soi à soi)。③另一方面，福柯通过研究“权力行使”与“真理展现”的不可分割的关系，提炼出“以真理而实施治理”(gouvernement des hommes par la vérité)的观念，④进一步把“治理”与“真理”也相联结。倘把真理问题看作哲学，把治理问题看作政治，把自我的实践活动或自我关系问题看作伦理，那么在福柯思想中，“真理—治理—伦理”或“哲学—政治—伦理”乃是两两相联、环环相扣的。不能说：晚期福柯放弃了早期的知识—真理问题和中期的权力—政治问题，转到了自我—伦理问题；只能说：晚期福柯从早期的话语问题转到了晚期的真理言说问题，从中期的权力问题转到了晚期的治理问题。换言之：不能从知识考古学的角度，而只能从真理展现的角度，来理解真理问题；不能从权力谱系学的角度，而只能从治理的角度，来理解政治问题。

而希腊文“诚言”[parrêsia]这一术语，恰好能满足“真理—治理—伦理”三者相联的含义：诚言即真理，伯里克利通过他的诚言，直接实施对别人的治理，因此真理与治理相联；苏格拉底通过他的诚言，督促别

---

①② CV. p.10.

③ HS. p.242.

④ GV. p.12.

人关心自己、治理自己，把自己塑造为伦理主体和真理主体，因此真理与治理和伦理相联。①所以，从“诚言”与“关心自己”入手，从晚期回溯早期，是为理解福柯思想的恰当门径。

三、福柯的 ergon［现实性］：相关于政治、爱慕于灵魂、排斥于修辞

我们把福柯解释古代哲学的关键术语界定为“诚言”，并不等于说，古代哲学只是一种理论性质的“话语”，福柯对古代哲学的解释只具有一种纯粹的学术意义。福柯对古代哲学的解释，其现实性可从三方面说：一是政治，即“相关于政治”；二是个体灵魂，即“爱慕于灵魂”；三是修辞，即“排斥于修辞”。

（1）哲学诚言相关于政治

有一种流传甚广的见解认为，晚期福柯转向了对生存美学的探究，属于伦理学，而且是关于自身的伦理学。诚然，在某种程度上可以这么说，“关心自己”的确也是本书题目的关键词之一。但若因此就认为晚期福柯转向了伦理学，政治问题不再是他考虑的重点，又实在是误解。关于哲学与政治的关系问题，可从福柯对柏拉图《书简七》的读解见出。在这篇书简中，柏拉图说明了他为什么接受狄翁之邀，远赴叙拉古，因为他担心自己最终除了说空话以外一事无成。如果有人因此而指责他背叛了哲学，柏拉图承认他将无法为自己辩护。柏拉图在这里对比使用两个词：logos 与 ergon，前者表示在话语之中或者在语言之中，后者表示在现实之中或者在行为之中。柏拉图担心，他的哲学只是体现在于话语之中，不体现在现实之中。为了证明哲学的尊严不体现为空洞的逻各斯，而是体现为活生生的现实，于是柏拉图决定答应狄翁之邀，动身远赴叙拉古。

① 所以，福柯逝世前两年的法兰西学院课程名为“对自我和他人的治理”，其实讲的是“诚言”。

柏拉图的担心亦即福柯的担心，他们所担心的都是“哲学的现实问题”(question sur le réel de la philosophie)，也可以说成是“哲学的实现问题”。在 1983 年度法兰西学院课程上，福柯选择柏拉图《书简七》进行读解，意在表明：对哲学的现实性构成考验的，不是逻各斯自身的机巧游戏，而是对权力行使者言说真理的勇气。在柏拉图和福柯看来，哲学的现实性体现为对权力行使者言说真理，但不能因此而误解，认为哲学的现实性体现为干预政治权力。在这里，福柯区别了“针对权力”(sur le pouvoir)与“相关于权力”(par rapport au pouvoir)，并且说：“哲学不是针对权力的诚言，而是通过与权力处于一种相对关系中而进行诚言。”①所以我们的标题表达为哲学诚言“相关于政治”。换言之，哲学的现实性并不在于告诉掌权者如何行使他的权力，而在于对作为权力主体的掌权者言说真理，帮助掌权者把自己塑造成为哲学的主体，也就是把权力的主体塑造为真理的主体以及伦理的主体。

总之，为了把政治权力的主体塑造成为伦理的主体，哲学诚言必须对政治权力言说真理。相关于政治，但又不与政治重合，此乃哲学自身的 ergon 之一。

(2) 哲学诚言爱慕于灵魂

哲学不仅要相关于政治说话，而且还要能对个体灵魂说话。哲学用什么方式对个体灵魂说话？是修辞的方式吗？不是。在柏拉图《高尔吉亚》中，苏格拉底驳斥了修辞术是关于正义和幸福的技艺的主张，得出修辞技艺什么都不是、任何作用都没有的结论。苏格拉底的结论自然招人反对，如在场的卡利克勒，他批评苏格拉底一直学习哲学，从青年时代开始，毫无节制，造成对城邦事物一窍不通的后果，既担任不了公职，也无法参与集体生活；即使在个人生活中，也让人觉得非常幼稚，根本不懂得看场合说话。总之，苏格拉底彻底缺乏一名出色人物所必备的知识教养，既不能给别人提供益处，也不能为自己辩护，若不巧

---

① GSA. p.264.

被人告上法庭，定然必死无疑。①

哲学能否经受现实的考验，《书简七》已从政治的角度作了回答。现在，柏拉图《高尔吉亚》要从灵魂的角度来作答。在苏格拉底看来，哲学不是用修辞技艺来针对个体灵魂说话，感染个体灵魂；毋宁说，哲学家把自己的灵魂当作一块“试金石”[basanos]，用它去检验别人的灵魂。“试金石”具备金的性质，若它所检验的对象是确实是真金，该对象必定与试金石有相同性质。灵魂之间进行的检验也是这个道理，若被检验的灵魂本性善良，那该灵魂必定与检验者的灵魂有相同本性。

总之，哲学家对个体灵魂说话，不为说服，不为控制，不为传授知识，而是为实现灵魂之间的同一。此乃灵魂对灵魂之爱，是为哲学的 ergon 之二。

(3) 哲学诚言排斥于修辞

哲学相关于政治说话，爱慕于灵魂说话，但无论对政治还是对灵魂，哲学诚言都完全排斥修辞技艺。依苏格拉底的理由是，修辞技艺与真理无关，而与真理无关的修辞技艺就不叫修辞技艺。因为“就言辞方面来讲，如果言辞不与真理联系[aneu ou alêtheias]，就没有，而且永远不会有真正的技艺[etumos tekhnê]。”②因此，要区分好的逻各斯与坏的逻各斯——不论是口说的逻各斯还是笔写的逻各斯，其关键就在于，逻各斯的作者对所谈问题的“真理”，是否知道得清楚。

但修辞术家并非如此，在他们的观念中，他们只要知道大多数人所认可的东西是什么就行，至于真理是什么，大可不必去管，因为说服所依赖的并不是真理，而是众人的看法。③亚里士多德就依此为修辞术下过定义：“一种能在任何问题上找出可能说服方式的功能。”④凭这一手段，就同一事情，修辞术家就既可以说好也可以说坏，既可以说是也可以说非。⑤他们能这样干而显得异常自如，诀窍不在于他们把握了事物

---

① 参看柏拉图：《高尔吉亚》，484c—e。

② 柏拉图：《斐德若》，260e；法译见 GSA. p.309，注释 8。

③ 参柏拉图：《斐德若》，260a。

④ 亚里士多德：《修辞学》，1355b，罗念生译文。

⑤ 参柏拉图：《斐德若》，261c—d。

的真理，而在于他们懂得抓住事物的相似性，极力缩小、抹杀它们的差异，以致颠倒是非、混淆好坏，也不为大众所察觉。

修辞术不仅与“真实”无关，而且也与“灵魂引导”[psukhagôgia]无关，因为修辞术根本不知晓灵魂的种类和样式。“修辞”的对立面即“诚言”。诚言既知道真实，也知道灵魂。诚言的技艺是真正的技艺，是真正的灵魂导引术，它能把言辞的种子种植在人们的灵魂里。总之，排斥于修辞，此乃哲学的 ergon 之三。

总结以上三点，进一步申言：第一，作为“思想体系史”研究者的福柯，为使哲学不仅体现为空洞的逻各斯，而且也具有活生生的现实性，他必须相关于政治但又不重合政治的前提下，对政治言说真理。因此，如何对政治进行诚言，此乃福柯哲学自身的 ergon 之一。第二，作为法兰西学院教授的福柯，他要面对听众进行教学，面对个体灵魂言说真理，引导他们关心自己的灵魂和塑造他们的品性。因此，如何对个体灵魂进行诚言，此乃福柯哲学自身的 ergon 之二。第三，作为诚言者的福柯，身处知识泛滥、话语爆炸的时代，他有义务坚持哲学诚言，勇于说出真理。因此，如何面对其他种种话语的挑战，此乃福柯哲学自身的 ergon 之三。

四、福柯的 ergon[作品]

Ergon 的第三义为“作品”。受篇幅和论题所限，此处只例举与古代哲学相关的福柯作品。依国际学术惯例，分类如下：①

(1) 著作(Livres)：

《快感的利用》(*Histoire de la sexualité*, t. Ⅱ: *l'Usage du plaisir*)

《关心自己》(*Histoire de la sexualité*, t. Ⅲ: *Souci de soi*)

(2) 法兰西学院课程(Cours au Collège de France)：

《认知的意志》(*La Volonté de savoir*, 1970—1971)

① 其中的“讨论班”和“报告会”并未全部编辑出版，此处只列迄今已经出版了的。

《对活人的治理》(*Du Gouvernement des vivants*, 1979—1980)

《主体性与真理》(*Subjectivité et vérité*, 1980—1981)

《主体解释学》(*L'Herméneutique du sujet*, 1981—1982)

《对自我和他人的治理》(*Le Gouvernement de soi et des autres*, 1982—1983)

《诚言的勇气:对自我和他人的治理(Ⅱ)》(Le Courage de la vérité. *Le Gouvernement de soi et des autres* Ⅱ, 1983—1984)

(3) 访谈(Entretiens):

《与福柯会谈》(*Entretien avec M. Foucault*)(见《言与文》第 311 号)

《伦理学的谱系:进行中的工作概观》(*On the Genealogy of Ethics: An Overview of Work in Progress*)(见《言与文》第 326、344 号)

《采访福柯》(*Interview met Michel Foucault*)(见《言与文》第 349 号)

《关心真理》(*Le souci de la vérité*)(见《言与文》第 350 号)

《道德的回归》(*Le retour de la morale*)(见《言与文》第 354 号)

《"关心自己"的伦理学作为一种自由实践》(*L'éthique du souci de soi comme pratique de la liberté*)(见《言与文》第 356 号)

《生存美学》(Une esthétique de l'existence)(见《言与文》第 357 号)

《真理、权力、自我》(*Truth, Power, Self*)(见《言与文》第 362 号)

(4) 讨论班(Séminaires):

《自我技艺》(*Technologies of the self*)(见《言与文》第 363 号)

(5) 报告会(Conférences):

《性经验与孤独》(*Sexualité et solitude*)(见《言与文》第 295 号)

《主体性与真理》(*Subjectivity and Truth*)、《基督教与忏悔》(*Christianty and Confession*)。后经编辑,合刊发表为:《关于自我解释学的开端:达特茅斯的两次演讲》(*About the Beginning of the Hermeneutics of the Self: Two Lectures at Dartmouth*, In *Political Theory* 21/2, mai, 1993, pp.188—277.)

《做坏事、说真相:关于司法忏悔的功能》(*Mal faire, dire vrai: sur la fonction de l'aveu en justice*, édition établie par F. Brion & B.

Harcourt, Presses universitaires de Louvain/University of Chicago Press, 2012)

《话语与真理:对诚言问题的思考》(*Discourse and Truth. The Problematization of Parrhesia*, Ed. By Joseph Pearson in 1985, reedited in 1999 for www. Foucault.info)

(6) **论文**(Articles):

《贞洁之战》(*Le combat de la chasteté*)(见《言与文》第 312 号)

《作为一种艺术的对人的爱抚》(*Des caresses d'hommes considérées comme un art*)(见《言与文》第 314 号)

《书写自己》(*L'écriture de soi*)(见《言与文》第 329 号)

《梦见他的快感:关于阿尔泰米多尔的〈占梦术〉》(*Rêver de ses plaisirs. Sur l' «Onirocritique» d'Artémidore*)(见《言与文》第 332 号)

《快感的利用与自我技艺》(*Usage des plaisirs et techniques de soi*)(见《言与文》第 338 号)

《〈性经验史〉序言》(*Preface to History of Sexuality*)(见《言与文》第 340 号)

若依本书前文对福柯作为"经验焦点"的"思想"的界定,则其主要"作品"大体可划分为三组。第一组:《古典时代疯狂史》、《临床医学的诞生》、《词与物》、《知识考古学》,重点研究的是近代西方社会的精神病学、医学、语言学、经济学、生命科学等经验科学的认知模式,即"经验"的第一层面。第二组:《话语的秩序》、《规训与惩罚》、《性经验史》第 1 卷《认知的意志》,以及法兰西学院课程《认知的意志》、《刑罚的理论与机构》、《惩罚的社会》、《精神病学的权力》、《不正常的人》、《必须保卫社会》、《安全、领土、人口》、《生命政治的诞生》,重点研究的是近代西方社会的个体行为的规范模型,核心是"知识—权力"的同谋关系,这是"经验"的第二层面。第三组:《性经验史》第二卷《快感的利用》、第三卷《关心自己》,以及法兰西学院课程《对活人的治理》、《主体性与真理》、《主体解释学》、《对自我和他人的治理》、《真理的勇气》,重点研究的是古代希腊罗马社会的个体把自己塑造为道德主体、真理主体的各种方式。

核心是“自我关系”，这是“经验”的第三层面。以上只是粗略划分，事实上，在福柯作品中，“经验”的三层面往往是同时展开的，不可截然分开。

五、本书提要

在解释古代哲学时，福柯择取了 parrêsia 这一希腊术语作为坐标点，以此术语，福柯沟通了“真理”、“治理”、“伦理”三个领域，最终达到“主体与真理之关系”的总论题。①

parrêsia 一词最初常用于公元前 5 世纪前半期的政治场景之中，指的是有权能的个别人为了支配别人、实现对别人的治理而当众发言。这是希腊民主制实现治理的重要方式，其典型为伯里克利，因此福柯命名为伯里克利式的诚言（第一部分之第一章）。到了公元前 5 世纪后半期及 4 世纪初，希腊民主制走向衰落，伯里克利式的诚言结构被打破——希腊民主制的衰落与诚言结构的打破本就是同一事实之不同两面。此时 parrêsia 成为了否定的、负面的用法，但与此同时也出现了另外一种肯定的、正面的用法。这种用法常见于哲学作品，主要体现在个人的伦理塑造场景之中，其典型便是苏格拉底，因此福柯称之为苏格拉底式的诚言。对苏格拉底式的诚言的界定，有三方面：相关于政治、爱慕于灵魂、排斥于修辞（第一部分之第二章）。因此，苏格拉底式的诚言的对象是个体灵魂，但它谈论的重点不是关于灵魂的本体论，而是关于生活——生活的技艺与生活的真相。“生活”[biôs]与“真相”[alêthês]相联，并成为苏格拉底诚言的对象（第一部分之第三章）。

作为诚言者的苏格拉底，其诚言目标不是行使权力、治理别人，而是督促人们关心自己、塑造品性，于是本书过渡到“关心自己”。我们先

---

① 福柯在访谈中多次说明，他一直关注的问题是主体与真理这两个要素在西方文化中是如何联结起来的。所以本书从“对自我和他人的治理”出发并不意图取消主体问题，唯本书认为，福柯既没有构造也没有解构任何主体理论来达至这一论题，而是采取一种迂回的方式，即通过 parrêsia 达至对自我和他人的治理问题，再进一步才达至主体与真实的关系问题。

从福柯对柏拉图《阿尔西比亚德》的读解出发，在《阿尔西比亚德》里，“关心自己”与权力的行使有关、与教育的缺陷有关、与少男的爱欲有关（第二部分之第一章）。到了公元 1—2 世纪，“关心自己”突破了权力、教育和爱欲的限制，成为一种为自己而关心自己的绝对律令，这个时代是关心自己的黄金时代，福柯称之为“自我教养”时代（第二部分之第二章）。在这个时代，全部哲学实践都围绕“转向自己”这一陀螺意象旋转（第二部分之第三章）。再具体说，“转向自己”又可从“学识”（第二部分之第四章）与“修习”（第二部分之第五章）两个向度来分别理解。

本书据此分“诚言”与“关心自己”两部分。从哲学史分期来看，“诚言”部分的重点是古典希腊哲学，“关心自己”部分重点是希腊化—罗马，尤其公元 1—2 世纪的哲学。第三部分以古代快感伦理学为例，论述主体、真理与自我技艺之间的关系。其独特之处在于，福柯不是从“法规”的视角出发而解释道德史，而是以“自我关系”为出发点，解释古人如何在利用快感的过程中，把自己的生活视作一件具有审美价值和反映一定风格的作品来加以塑造。因此从本质上说，快感伦理学从属于“自我技艺史”。

第一部分　诚言[parrêsia]

我现在想提出的问题就是，在先于基督教的古代思想中**诚言**(dire-vrai)与**主体的治理**(gouvernement du sujet)之间的关系问题。我想在**自我关系**(rapport de soi à soi)的结构范围内提出它，以便指出在这一自我关系中，某种**自我经验**(expérience de soi)是如何能够形成的，我认为，这是西方的经验所具有的特点，这是西方主体本身的经验，同时也是西方主体可能变为他者的经验。所以，这就是我想要研究的一般性的问题。

——Michel Foucault, *HS*, p.220.

第一章 伯里克利式的政治诚言

在1983年的法兰西学院课堂上，福柯读解了欧里庇得斯的戏剧作品《伊翁》(*Ion*)。此年的课名为《对自我和他人的治理》，故治理问题成了福柯读解该文本的大背景。而为研究治理问题，福柯选取希腊术语parrêsia为出发点。所以，欲明白福柯对《伊翁》的读解，不可不明白parrêsia这一术语的含义。

一、parrêsia在公元前5世纪前半期的用法

据福柯所考，parrêsia一词最早见于欧里庇得斯的文学作品。从词源学上说，它由“pan”[全部]与“rhêma”[说出的话]合成，对应的拉丁译文为libertas。①按法文翻译则为“说出全部”(tout-dire)，很多时候也转译为“自由地说”(liberté de parole)、“坦率地说”(ouverture de parole)、“直率”(franchise)、“敞开心扉”(ouverture de cœur)等。在最初出现parrêsia一词的古典希腊文献中，也就是在公元前5世纪前半期的希腊文献中，该词常常是在政治语境中来使用的，具体说又与两种情况相关：第一种情况，parrêsia与城邦独有的某种政治体制相关；第二种情况，parrêsia与某些人的身份

① *Discourse and Truth*: *The Problematization of Parrhesia* (six lectures given by Michel Foucault at Berkeley, Oct—Nov. 1983), Ed. by Joseph Pearson in 1985, reedited in 1999 for www.foucault.info. p.2.

和地位相关。①

就第一种情况而言，福柯所读解的文本为罗马史学家波里比乌斯的《历史》。虽然从成书时间说，该著属于罗马时代，但其内容不乏关于希腊古典时代的记述。按波里比乌斯在《历史》中的说法，阿该亚人的政治体制有三个特征，用希腊文表示即：dêmokratia、isêgoria、parrêsia。②第一个特征 dêmokratia 指的是，所有公民共同分有权力的一种制度，即后世所谓民主制。依柏拉图和亚里士多德的描述，民主制的特征有四：③一即"自由"[eleutheria]，包含国家的独立自由和国家内部统治的自由；二即"法律"[nomos]，法律既是民主体制的基础又是权力运行的准绳；三即"法律平等"[isonomia]，从构词法可看出，它所强调的是法律面前人人平等；四即波里比乌斯所谓阿该亚人的政治体制三个特征的其中之二"言论平等"[isêgoria]，从构词法可看出，它所强调的是言论方面的自由和平等。

这里的关键和困难在于，究竟如何理解特征之二 isêgoria 与特征之三 parrêsia 的区别。我们先释 isêgoria。isêgoria 是民主制赋予并保障全体公民合法享有的一项权利，因此它是制度的权利和法律的权利，是全体公民就权利角度而言的言论方面的自由平等。④再释 parrêsia。parrêsia 与 isêgoria 的共同点在于，它们都包含言论自由平等的权利；不同点在于，parrêsia 不仅仅是"权利"，而且还是"权力"。因此 parrêsia 与 isêgoria 既有联系又有差别：parrêsia 是少数公民以"言论自由平等"[isêgoria]这种"权利"作为基础的"权力"。如果说 isêgoria 更多是属于制度问题、法律问题和权利问题，那么 parrêsia 则更多是属于政治问题、技术问题和权力问题。例如，实行民主体制的城邦就有这类问题：

---

① GSA. pp.68—69.

② 波里比乌斯：《历史》，第 2 卷，第 38 章，6："isêgorias kai parrêsias kai katholou démokratias alêthinês sustêma kai proairesin eilikrinesteran ouk an heuroi tis tês para tois Akaiois huparkhousês"（引文见 GSA. p.70，注释 1）；同参 GSA. p.69、p.137。

③ GSA. p.138.

④ 罗念生、水建馥编纂的《古希腊语汉语词典》解释 isêgoria 为："同等的发言权，（民主政体下的）政治平等。"

应该让谁来发言？谁的发言能对政治活动产生决定性的影响？谁能言说真理并以真理而说服众人跟从他？诸如此类问题，实质上早已超出了“言论自由平等”的范围，绝不是依法律制度把言论权利平等地分配给全体公民所能解决的。总之，若对 parrêsia 与 isêgoria 作一比较，可以这么说，在民主体制的范围之内，parrêsia 的意义比 isêgoria 更宽泛，但也无妨说比 isêgoria 更狭窄。言其宽泛的理由是：parrêsia 不像 isêgoria 仅只关乎制度—法律问题，而且还关乎统治—政治问题；言其狭窄的理由是：parrêsia 不像 isêgoria 是针对全体公民的言论自由平等，而是针对少数公民从权力及能力各方面进行的限定。①

就第二种情况而言，福柯所读解的文本为欧里庇得斯的悲剧《伊翁》。在该剧中，伊翁对他的“父亲”克苏托斯说过下面这段话：

> 那么我去吧，可是在我的好运上还缺少一件事，
> 因为，我若不是找到了生我的母亲，
> 父亲阿，那我的生活便是不堪忍受的。若是我必要祈祷，
> 那么我愿生我的是一个雅典的女人，
> 因了我的母亲我也有了诚言[parrêsia]。
> 因为一个外邦人住在纯种的城市里，在名义上虽是市民，
> 他却是有着奴隶的嘴，
> 是没有诚言的[ouk ekhei parrêsian]。②

从伊翁的这段话可看出，伊翁盼望尽快找到自己的生母。如果找不到生母，这对伊翁来说简直就是不堪忍受的不幸。这里的关键是伊翁寻找生母的目的，伊翁寻找生母是为了确定自己的身份，这种身份直接决定了伊翁是否具有 parrêsia，而 parrêsia 的有无又决定了伊翁是公民还是奴隶。换言之，parrêsia 既是一种“政制”[politeia]——民主制——的体现，更是一种与个人政治身份和社会地位紧密相联的权力，

---

① GSA. pp.172—173.

② 欧里庇得斯：《伊翁》(668—675)，方括号里的希腊文源自福柯的引文，见 GSA. p.69。本书凡引《伊翁》皆据周作人所译《欧里庇得斯悲剧集》，间或也比照张竹明所译《古希腊悲剧喜剧全集》。

后面这点尤其要紧。下面具体分析福柯对《伊翁》的读解。

二、欧里庇得斯《伊翁》：一出真理话语的戏剧

(一) 伊翁其人与《伊翁》其作

伊翁此人相当晚出，在希腊早期的种族神话谱系中并不见关于他的明确记载。历史学家甚至推测是先有了伊奥尼亚这支种族，后面人们才虚构伊翁这个人作为这支种族的先祖。按希罗多德的说法，此前的伊奥尼亚人并不叫伊奥尼亚人，而是叫佩拉斯吉人。①并且惯常的说法也是主张伊翁出自普洛摩透斯一系，而不是宙斯一系。②问题就在这里，伊翁这样一个对雅典政治体制产生重大影响的人，竟是从外面迁移来的，这颇让雅典人难堪。③也正因有这种难堪，后世于是把伊翁杜撰成为宙斯之子阿波罗与雅典国王厄瑞克透斯之女克瑞乌萨结合所生之子。后世关于这件事情的杜撰很多，欧里庇得斯《伊翁》是它们之中保存最好、影响最大的剧作。《伊翁》的创见在于，它把阿卡俄斯(Achaios)、多洛斯(Doros)、伊翁(Ion)杜撰为同母异父的弟兄。这样，分别以这三人为祖先的希腊民族的三个主要支系——阿该亚人、多立斯人、伊奥尼亚人——便具有了亲缘关系。④同时，如果伊翁是宙斯之子阿波罗与雅典国王厄瑞克透斯之女克瑞乌萨所生之子，那么作为伊奥尼亚人先祖的伊翁显然出自雅典，也就不再令雅典人难堪。明白这

---

① 希罗多德：《历史》第7卷，94，王以铸译文；中文本的编排与法文本稍有出入，在法文本中，这段话是第92段，参GSA. p.89，注3。

② 详参周作人为《伊翁》所作的注解21、24、347，见《欧里庇得斯悲剧集》(上)，中国对外翻译出版公司2003年版，第477页、第478页、第529页。

③ 亚里士多德《雅典政制》有如下记述："在伊翁和他的同伴定居于雅典之后，最初产生了原始的宪法组织，因为这时才第一次将人民分为四个部落，并选任部落之王。"(《雅典政制》XLI，2，日知译文；亦参GSA. p.89，注4)

④ 关于希腊民族形成的相关史实，详参汪子嵩等：《希腊哲学史》，第一卷，人民出版社1997年版，第13—20页。

些史事,《伊翁》的创作背景也就不难理解了。[①]

此外,我们还应当再注意《伊翁》的写作时间。按法国古典学者格瑞瓜赫(H.Grégoire)判断,《伊翁》写于尼西阿斯和约期间,准确地说是公元前418年。[②]此时伯罗奔尼撒战争的第一阶段结束,希腊人普遍仇恨雅典,同情斯巴达。在这种不利的形势下,雅典人希望在自己的领导下重建雅典与伊奥尼亚的联盟。而当时泛希腊化的主要场所是在德尔菲。明白这点,欧里庇得斯把《伊翁》这部剧作的发生场所设置在了德尔菲的阿波罗神庙,把伊翁说成自小就在阿波罗神庙中长大,其意图也就可以理解了。

(二)《伊翁》中的四幕"真话"

在欧里庇得斯《伊翁》中,伊翁对自己的身世毫不知情。他本来是阿波罗与克瑞乌萨所生之子,但生下来就被送往德尔菲的阿波罗神庙,此后一直在阿波罗神庙成长和劳作。欧里庇得斯这部剧作讲述的是伊翁从阿波罗神庙逐步回归雅典的过程,同时也是伊翁发现自己身世真相的过程。这两个过程不仅不可分,而且还互为前提因果。因为伊翁只有在阿波罗和克瑞乌萨言说关于他的身世真相之后,他才能够返回雅典;反过来,伊翁只有在返回雅典之后,他才能够具有言说真相的权力,即具有所谓parrêsia的权力。从神庙到雅典,换句话说,也就是从神的真理话语到政治的真理话语。而政治的真理话语的最终确立,标志就是伊翁获得parrêsia这种权力。在此意义上,我们说,《伊翁》乃是

---

① 周作人先生在翻译《伊翁》时曾写下一段注解说:"古代阿提卡住民因受多里斯人(Dôriês)北来的侵略,从海路逃往小亚细亚西岸,建立好些城邦,发展文化,为希腊本土文明的先驱。但是在公元前五世纪中,在以雅典为中心的希腊人看来,一切伊俄尼亚的文明当然是由西而东,即是从希腊渡海而去,创设一个名叫伊翁的人作为伊俄涅斯(即是伊翁的复数)人的始祖,成为必要,到了后来更传说是伊翁自己率领移民,往海外去殖民了。"见《欧里庇德斯悲剧集》(上),中国对外翻译出版公司2003年版,第529页,注释346;又,"伊翁"一词的本义即为"来"或"去","伊翁"这个名字本身就暗示着周先生上述意思。

② 参GSA. p.74以下。H.Grégoire也是法文布代版欧里庇得斯《伊翁》的译注者。

一出关于真相话语的戏剧。依福柯在1983年度法兰西学院课程《对自我和他人的治理》中的解释思路，我们把该剧分为四幕：第1、3幕属于人，由克瑞乌萨所说；第2、4幕属于神，由阿波罗所说。合起来就是一部关于真理话语的四幕剧。

第一幕：克瑞乌萨的真理话语。大意是，克瑞乌萨到阿波罗神庙，向在神庙劳作的伊翁讲述她与阿波罗的不幸往事。不过，克瑞乌萨在讲述时并没有告诉伊翁这是她本人的亲身经历，而是假托他人之事而对伊翁倾诉。所以确切说，克瑞乌萨在这一幕说的只是"半真话"，当然也就是"半谎言"。

第二幕：阿波罗的真理话语。阿波罗对克苏托斯传达神谕说，克苏托斯与克瑞乌萨将"不会没有子女的从这占场回到家去"，还说他走出阿波罗神庙门口所遇到的第一个人就是他儿子。不过，因为阿波罗曾犯下的尴尬错误，他隐瞒了某些事实，没有把真相全都告诉克苏托斯，所以确切说，神在这一幕说的也只是"半真话—半谎言"。

在克瑞乌萨与阿波罗的双重"半真话—半谎言"之后，戏剧暂告一段落。不论伊翁之父（即：神—阿波罗），还是伊翁之母（即：人—克瑞乌萨），他们的真理话语都不足以使伊翁获得他所向往的parrêsia的权力。面对克苏托斯的地位、财富和权力，伊翁说："我混到那里边去，担着两重的缺点。父亲是外方人，本身是私生子。我受着这种耻辱，在我是没有权力的时候，我将被叫作乌有的儿子。"①虽然伊翁答应跟克苏托斯回雅典，但雅典没有他的容身之所，没有他的幸福，没有他说话的位置，名义上是公民，却有着奴隶的嘴，他将被唤作"乌有之子"。这一切的原因在于：

> 若是我挤上了城邦的**最高位**[ên d'es to prôton poleôs hormêteis zugon]，②想要成为一个人物，那就为**没有势力的人**[tôn men

① 《伊翁》，584—606。"乌有的儿子"句，周先生译为"无聊人的儿子"，张竹明先生译文为"一文不值的父亲的儿子"，兹按法译 fils de Rien 调整。

② 关于"最高位"[to prôton zugon]（福柯译为 le premier rang【第一排】）的本义，周作人先生注云："最高位原文意云第一排凳子，乃是指古代战船上扳桨的人的坐位，其最高的一排在后艄，艄公坐在那里，称为指挥员，由他命令豆管的人传令给扳桨的夫役。"见《欧里庇得斯悲剧集》（上），第497页，注139。

adunatôn]所怨恨，因为一个人的优胜是使人不舒服的；那些**有能力的人们**[khrêstoi et dunamenoi]，却是很聪明的沉默着，不急于去担任政务的，将要笑我，说我是傻子，不能安静的住在一个专务吹求的城邦里；我如在那些**管理国事的辨士**[logô te khrômenôn te tê polei]中间得到了一点名声，便将被他们用了投票办法大大的围困了。①

福柯注意到，②借伊翁之口，欧里庇得斯区分了三类人；区分的标准既非财富多寡，也非权力大小，而是对自我与他人的治理关系。第一类以希腊文言之即 tôn men adunatôn：他们无权无势无能力，既不能治理自己，也不能治理他人。第二类以希腊文言之即 khrêstoi et dunamenoi：其中的 khrêstoi 所指为“好人”，伪色诺芬的《雅典政制》也用它形容精英人物；③其中的 dunamenoi 所指则为出身、财富、能力、权势各方面显赫之人，恰与第一类人相反。这第二类人即“智慧者”[sophoi]。他们“很聪明地沉默着，不急于去担任政务”[sigôsin kai ou speudosin eis ta pragmata]，只想“安静地住在城邦里”[hêsukhazein]。换句话说，这类人只想治理自己，不愿治理别人，是些避世的贤者。④第三类人以希腊文言之即 logô te khrômenôn te tê polei：其中 khrômenôn 源自动词“应用”[khrêstai]，⑤那么这类人也就是应用“逻各斯”[logos]”和“政务”[polis]之人。他们与第二类人有相同之处，也有不同之处。相同之处是，他们是好人、有能力的人；不同之处是，他们不沉默，因为他们应用逻各斯；他们不回避政务，因为他们应用政务。总之，第三类人是既能治理自我，也能治理他人的一类人。

伊翁在德尔菲神庙敬奉神的过程中，觉得自己已经培养了“正直的德性、习惯和天性”。⑥也就是说，伊翁属于上面所说的第二类有能力的

---

① 《伊翁》，584—606。黑体为引者所加，括号里的希腊文据福柯引文。
② 福柯的解释见 GSA. pp.94—95。
③ GSA. p.94.
④ 《论语》有“贤者避世”之说。
⑤ GSA. p.95；福柯《快感的利用》一书的“利用”即该词。
⑥ 这话出自伊翁之口，参《伊翁》，632—647。

好人，但伊翁不愿意避世。伊翁所理解的幸福，就是“不屈服于坏人”、“对人说话”、“为人服务”。[①]显然，在上述三类人中，伊翁想做的是第三类人，是既能治理自己，也能治理别人的人。不仅于此，伊翁还要“挤上城邦最高位”，出类拔萃，成为第一流人物。但在雅典的民主制度下，伊翁仅凭克苏托斯授予他的权力仍不能实现理想。要实现理想，伊翁必须获得 parrêsia 这种权力。不过应注意，正如前文所述，虽然 parrêsia 离不开权力，但不能把它等同于权力行使；此外还应注意，虽然如伊翁所说，parrêsia 与出身有关，但这不意味着家庭出身是它的决定因素。作为雅典人的后代，这只是伊翁参与雅典民主政治的一个必要条件，并不代表伊翁就具有 parrêsia 的权力。伊翁之所以祈求他的生母是雅典人，乃是因为他的“父亲”克苏托斯是外方人。

那么伊翁所祈求获得的这个 parrêsia 具体是什么呢？上文已知，伊翁的理想是挤上城邦最高位，成为能够应用逻各斯、应用政务之人，所以他祈求获得 parrêsia。不难发现，在“城邦最高位”、“应用逻各斯和政务”、“parrêsia”这三者之间形成了一种循环。parrêsia 的特征可由这种循环作出描述和界定，福柯说：

> Parrêsia 是一种位于上方的言语，是处于较高地位的公民的言语，但它不同于纯粹的、简单的权力行使。这是一种在城邦的环境中行使权力的语言，但绝不以专制为条件，而是许可其他人——那些也想成为一流人物的人，也想在希腊尤其雅典这种政治生活独具的竞赛游戏中成为一流的人——也有发言的自由。因此，这虽然是一种处于上位的言语，但它是一种赋予其他语言以自由的语言，它让那些理应服从的人有自由，至少就这一点而言他们有自由，即只有他们在被说服的前提下，他们才会服从。[②]

所谓 parrêsia，指的是在“政务”[polis]领域之中应用“逻各斯”[logos]。它有如下特征：其一，parrêsia 是一种语言；其二，parrêsia 是

① 《伊翁》，632—647。

② GSA. p.98.

一种能支配别人的语言;其三,它的支配地位不靠命令和强迫,而靠说服;其四,说服的语言,同时也就是理性的语言;其五,在这种语言之外,还有其他语言自由存在;其六,这种语言必须与其他语言进行较量,并且有失败的危险。

那么,什么动力能够促使"这出真相话语的戏剧"说出真相,使它的"半真话"变为"全真话"——就"par-rêsia"的字面意义而言的"全-真话"?后面的发展是,一方面克苏托斯带领伊翁作宴会准备,另一方面老傅保对克瑞乌萨透露真相,说这一切都是克苏托斯预谋的骗局,克瑞乌萨被丈夫欺骗了。老傅保的这一善意"谎言"激起了克瑞乌萨的怒火,于是引出她谴责阿波罗所说的真话和对老傅保吐露实情的真话。因此第三幕真话便有"谴责话语"和"吐露话语"两节。首先看第一节,即谴责话语:

> 啊,你在七个声音的竖琴上奏出乐来,使它在那田间的无生气的角上发生了诗神的响亮的歌曲的,啊,你勒托的儿子,我现在要来对那日光宣布我对你的谴责!你向我走来,闪着你黄金的头发,那时,我在采摘郁金色的花朵装入怀中,把那金光闪闪的花装饰我的衣服。你抓住了我白的手腕,带到那洞穴的床上去,[……]你狠心的神啊,你却是在弹那竖琴,奏出胜利的曲子!
>
> 喊!我对你说,你勒托的儿子,你坐在金的宝座上,在世界的中心,宣示着神意,我现在要在你的耳边嚷嚷了。①

对克瑞乌萨这段谴责话语的读解,福柯借用了乔治·杜梅兹勒(G. Dumézil)的"三功能"学说。该说认为,所有印欧语言的神话—史诗作品都有一个共同特征,都体现三种功能。以阿波罗谱系神话为例:黄金对应生育功能(fonction de fécondation),弓箭对应战争功能(function de guerrière),竖琴和神谕对应神政功能(function magico-politique)。②在神政中,竖琴和神谕分属人和神,代表不同方向的、不同意义的两种

① 欧里庇得斯:《伊翁》,880—922。

② GSA. p.114.

交流，亦即真理言说的两种方式：竖琴即歌唱，是人对神的交流，是人言说真理的方式；神谕则相反，是神对人的交流，是神言说真理的方式。

在克瑞乌萨谴责阿波罗的这段话中，有两个元素、两种功能反复出现：一为黄金，代表生育功能；一为竖琴和歌唱，代表神政功能。阿波罗随身携带的、表示战争功能的弓箭，在这段话里并没有出现。福柯认为此乃诗人有意为之，因为《伊翁》创作于尼西阿斯和约期间，所以诗人故意略去表示战争功能的弓箭，故此处实际只体现三种功能之中的生育功能和神政功能。就这两种功能而言，《伊翁》与早前的阿波罗谱系神话相比，也有两点变化。①第一点变化关乎生育功能。据杜梅兹勒研究，早期阿波罗谱系神话所体现的生育功能非常微弱，甚至根本没有出现，往往以大地的自然繁育取而代之，因为相对女人而言，阿波罗更偏爱美少年，所以极少有子嗣。但在欧里庇得斯的剧作《伊翁》中，阿波罗不仅有儿子伊翁，而且生育功能在该剧中起了关键作用，正是生育功能与神谕功能之间的冲突，推动着整部戏剧的发展。第二点变化关乎神政功能。杜梅兹勒认为，在早期神话谱系中，神谕是神对人的言说方式，歌唱是人对神的言说方式。而在欧里庇得斯的《伊翁》中，神谕与歌唱发生了错位：神不再是神谕的发布者，而成了歌唱者，因为神（阿波罗）做了不义之事，不敢言说真相，只能以歌声加以掩饰；同时，人（克瑞乌萨）也不再是歌唱者，而成了控诉者，针对阿波罗的不义，针对阿波罗的冷漠歌声，针对阿波罗的不敢说言说真相，克瑞乌萨将以喊叫、粗暴的方式而言说真相。克瑞乌萨说：

> Soi momphan, ô Lathous pai, pros tad'augan audasô. ②
>
> [啊，你勒托的儿子，我现在要来对那日光宣布我对你的谴责！]

按照福柯的解释，希腊文 pros tad'augan 的意思是"面对日光"，audasô 的意思是"我将要宣布"，合起来就是"我将面对日光宣布"。宣

① 杜梅兹勒的研究见《洪亮的阿波罗》(*Apollon sonore*)一书，详见 GSA. pp.115—116。

② 《伊翁》，885—886；见 GSA. p.118。

布什么？宣布“谴责”[momphan]。也就是说：既然你——阿波罗——做了不义之事而不敢言说真相，那我——克瑞乌萨——就来宣布对你的谴责。而“谴责”[momphan]与“神谕”[omphan]在字形上极为相似，“宣布谴责”也可解释为“颁布神谕”，所以神谕颁布者由神转到了人。此外，在这句话中，克瑞乌萨直呼阿波罗为“勒托的儿子”。我们知道，宙斯引诱勒托，使勒托怀上阿波罗，阿波罗出生之后即被遗弃。在克瑞乌萨看来，她自己受阿波罗引诱而生下弃子伊翁，恰如勒托被宙斯引诱生下阿波罗。换句话说，克瑞乌萨与阿波罗的关系恰如勒托与宙斯的关系，伊翁的出身恰如阿波罗的出身。①令克瑞乌萨愤怒的是，伊翁与阿波罗虽然出身相似，但命运和地位却与阿波罗有着天壤之别。所以克瑞乌萨要谴责阿波罗，并且通过这种谴责，进一步对神政的不义进行控诉。

克瑞乌萨对阿波罗的控诉，属于弱势者对强势者进行控诉。这种控诉的语言在希腊古典时代没有专名，在往后的希腊化时代就叫作 parrêsia。它指的是，当强势者对弱势者行不义之事时，弱势者没有能力实施报复，唯有在强势者面前，以谴责和控诉的语言，冒险言说真相。福柯认为，从严格的术语角度讲，欧里庇得斯《伊翁》确实没有这种意义上的 parrêsia，但克瑞乌萨的做法实际上已经体现了这种含义。克瑞乌萨质问说：

> 啊，不幸的我们！啊，荒唐的神！我们向何处求公道呢，若是我们为那我们的主宰所毁灭了？②

克瑞乌萨只有通过对神的控诉，在神面前冒险言说真相而求公道。因此，对克瑞乌萨上述质问的回答，其实就是后来被叫作 parrêsia 的这种话语方式。于是，随着克瑞乌萨的谴责话语的发出，《伊翁》的情节也发生了转变。我们说过，《伊翁》是一部关于真理话语的戏剧，它从头开始就在寻求真话，寻求能使伊翁拥有 parrêsia 这种权力的真话。而

① GSA. p.122.

② 《伊翁》，252—254；见 GSA. p.125。

parrêsia本身既是一种权力，同时也是一种真理言说的方式；正因parrêsia是一种强有力的真理言说方式，它才只能为少数人所具有，并且通过它合理地治理城邦。伊翁要拥有这种言说权力，得经一系列过程，其顶点就是克瑞乌萨向阿波罗发出谴责话语，即发出后世称作parrêsia的话语。于是情况发生了逆转，parrêsia转到了弱者手里。强者要能够言说真理，合理地实施治理，必须以弱者的言说真理作为前提。这样就有两种彼此纠缠的话语形式：一是强者用以治理的理性话语，一是弱者用以谴责非正义的暴力话语。两种话语同属真理话语，它们之间的联结，在福柯看来非常重要，在某种程度上构成了整个政治话语的模式，同时也是整个哲学话语的模式。

第三幕之第二节：吐露话语。第三幕之第一节即谴责话语，这是《伊翁》整部真话戏剧的冲突高潮。但克瑞乌萨的真相言说并没有结束，因为她在谴责阿波罗的时候，没有讲述全部真相细节，以致在场聆听的老傅保追问克瑞乌萨，请克瑞乌萨进一步言说真相。接下去便是克瑞乌萨与老傅保之间的一长段问答，通过这段问答，克瑞乌萨以向老傅保吐露的方式而言说真相。可见在欧里庇得斯《伊翁》中，谴责与吐露作为两种真理言说的方式，相互补充，彼此结合，共同推动戏剧的发展。

第四幕：神政话语。包含谴责真话和吐露真话在内的第三幕真理话语，仍然只使双重“半真话”当中的一半——即人的半真话——成为了“全真话”。只有神也说出全部真相，使神的“半真话”也成为“全真话”，伊翁才能重返雅典，获得parrêsia的权力。而推动戏剧朝前发展，使神言说全部真相的要素，仍然是戏剧角色之间的激情和怒气的碰撞。怒气碰撞的顶点，正是戏剧的高潮：克瑞乌萨出于愤怒打算谋害伊翁，伊翁识破克瑞乌萨的计谋打算处置她。在这千钧一发之际，雅典娜现身，言说真相，了结此事。阿波罗没有现身，依雅典娜说，原因是阿波罗觉得来同你们见面不相宜，免得以前的事引起公开的谴责。此处的悖谬在于，阿波罗勾引克瑞乌萨之后又抛弃她，这是“不正义的”[adikos]；但阿波罗拒绝言说自己的不正义，这又是“正义的”[dikaiâs]。

按福柯解释，之所以有这种悖谬，其根源正在于 parrêsia 的政治因素：在 parrêsia 结构内部，唯有人，而非神，可以实践 parrêsia 。①

最后，为了结束此事，雅典娜代表神颁布预言，言说真相：伊翁将会在雅典乃至整个希腊大有荣光，因为伊翁的儿子们将分作四支，用他们的名字称呼国土和族类。因此，当全部真相——人的真相和神的真相——得以言说出来时，当伊翁登上城邦的"最高位"[to pôton zugon]，并能同时对"政务"[polis]和"逻各斯"[logos]加以"应用"时，总之只有当全部话语变为政治话语，从而建立 parrêsia 时，《伊翁》这出关于真理话语的戏剧才算最终落幕。

三、politeia[政制]与 dunasteia[权能]的区别

前面我们以福柯对罗马史家波里比乌斯、希腊悲剧作家欧里庇得斯的文献读解为例，对政治诚言的含义作了概括。它是指少数个人在"政务"[polis]中应用"逻各斯"[logos]，说服并支配别人，成为城邦中的"一流人物"[prôton zugon]，达到行使权力、治理城邦的目的。政治诚言与两个要素分不开：一是"政制"[politeia]，二是这种政制所保障的"言论自由平等"[isêgoria]。要有诚言，前提是必须有一种政制——民主制——能够保证全体公民具有自由平等的发言权利。但诚言并不仅仅是言论自由平等，这是理解诚言问题的重点和难点。所以福柯说："诚言不仅是一种法律制度层面的发言权利，更是一种在必需的政制中——这种作为民主制的政制赋予每个人说话的权利——使某人支配别人的要素。通过对别人说出自己的所思所想，这所思所想既是自己的，也是真实的，即所谓 khrêtai logô，从而以此跻身第一等级，并且，因其能言说真理，提出好建议，因而能管理和领导城邦。"②

也就是说，界定诚言的关键，并不在于政制及其所保证的言论自由

① GSA. p.84.

② GSA. p.145.

平等。那在于什么？在于 dunasteia。诚言除了与“政制”及“言论自由平等”相关，还与 dunasteia 相关。dunasteia 的基本含义为权能或权力的行使，后衍生出寡头政治之义。①我们且先抛开其衍生之义，只考虑它的基本含义，即权力的运作或行使。那么 dunasteia 与 politeia 的区别就是：②politeia 指的是制度和规范，它界定公民的身份和权利，界定决策的方式以及选择首领的方式等，总之属于法律问题、制度问题和政体问题。dunasteia 则包含三方面的含义：首先，它是统治问题、支配问题和政治问题，也就是说，dunasteia 必须形成并确保一种支配性，即少数公民支配多数公民；其次，dunasteia 也是手段问题，亦即权力自身运行的技术和程序问题；最后，dunasteia 也是个人的品德问题，就是说，它与行使权力的个人的品质、人格，甚至出身有关。

所以，politeia 只是体制、政体、城邦的组织问题，或曰“政制问题”；dunasteia 则属于更严格意义上的“政治问题”。但它不仅是政治问题，而且也是个体的能力问题、品性问题，总之就是“对自我和他人的治理”问题。诚言就是该问题为核心而展开的。故福柯说：

> “诚言”[parrêsia]是一个处于“政制”[politeia]与“权能”[dunasteia]的联结点上的概念。它是法律和体制的问题，同时也是政治游戏的问题。parrêsia 是由“政制”[politeia]来限定和保证的某种东西。但 parrêsia，这种政治家的真理言说也将受恰当的政治游戏来确保。在我看来，就是在这个联接点上，parrêsia 的重要之处就在于此。③

为证明诚言不仅与城邦的政制有关，而且还与个人的权力、能力、品性有关，福柯引述了欧里庇得斯的两段文本。第一段出自《腓尼基妇女》：

---

① GSA. p.146；罗念生、水建馥：《古希腊语汉语词典》，商务印书馆 2004 年版，第 219 页解为：1.权力，主权，统治权。2.寡头政治（只有少数人有权，和 isonomia“人人有平等权利的政体”相对）。

② GSA. pp.145—146.

③ GSA. p.147.

——那么，我首先问你我想要知道的事。失掉了祖国是怎么回事？是一件大的苦难么？

——是最大的了。这难以忍受，超过了言说。

——是什么样子呢？在流亡者最不幸的是什么事呢？

——那最大的一件是，他没有诚言[oukh ekhei parrêsian]。

——你说的是奴隶生活，一个人不能说出心里的事来[mê legein ha tis phronei]。

——他还必须忍受统治者的愚昧行为。

——这是很痛苦的，去附和别人的愚蠢。①

这段引文说，流亡者没有祖国，这已经是极大的苦难和不幸，但比流亡这件事本身更大的不幸，则是流亡者丧失了诚言。流亡意味着丧失公民权，丧失公民权也就丧失诚言，可见诚言是由政制所保障的一种言说自由。引文接着说，丧失诚言的人与奴隶没有两样，只能忍受、附和别人的愚蠢统治，可见诚言与统治的权力相联系。诚言不仅意味着言说自由，而且是一种支配性的权力，没有诚言便没有支配和统治别人的权力。

第二段文本出自《希波吕托斯》："……我就为此非死不可，朋友们，好叫我不被人发觉辱没了我的丈夫和我所生的儿子，让他们可以自由行动和诚言[parrêsia]，兴旺起来，住在有光荣的雅典城，并不因了他们的母亲而有什么不名誉。因为一个人无论如何胆壮，在他知道了他的母亲或是父亲的罪过的时候，这很使得丧气。"②这段引文明确表示，诚言需要需伦理道德的确保，而且不仅需要本人的伦理道德，甚至还需要父母、妻子的伦理道德。因为父母所犯之错能牵连儿子，妻子所犯之错能牵连丈夫和儿子，尽管只是道德错误，不致使丈夫和儿子丧失公民权，但也足够使他们失掉诚言，成为奴隶一般。

① 欧里庇得斯：《腓尼基妇女》，384—400，周作人译文；括号中的希腊文据福柯，见GSA. p.148.

② 欧里庇得斯：《希波吕托斯》，418—430，周作人译文；亦见 GSA. pp.149—150。"使得丧气"的原文云 douloi，意云使奴隶化，即是由名字奴隶(doulos)转成动词的词字。

四、parrêsia 的结构及其善用

为方便理解，我们以矩形表示“诚言”。矩形的四个顶点表示诚言的四个条件。第一个顶点或者第一个条件：“政制”[politeia]，指的是城邦从制度和法律方面保证公民的“自由”[eleutheria]、“言论平等”[isêgoria]、“法律面前人人平等”[isonomomia]。福柯称之为形式条件，具体讲便是民主制。第二个顶点或者第二个条件：“权能”[dunasteia]，指的是民主政制中的少数公民，在出身、权力、能力、道德等各方面优越于其他公民，对其他公民具有支配地位。福柯称之为事实条件，即优越或者优势。第三个顶点或者第三个条件：“话语”[logos]，指的是少数公民获取支配地位的手段，既非独裁专制，亦非以权压人，而是以理服人，显然理性的逻各斯就是必须的。福柯称之为真理条件。第四个顶点或者第四个条件：“勇气”，指的是少数公民在竞争中所具备的勇气，因为民主制保证公民的言论平等自由，所以少数公民一旦言说他自己的真实想法，他就面临竞争和挑战，会有失败的危险，甚至为此付出生命的代价，因此诚言者必须有勇气。福柯称之为伦理条件。如图所示：①

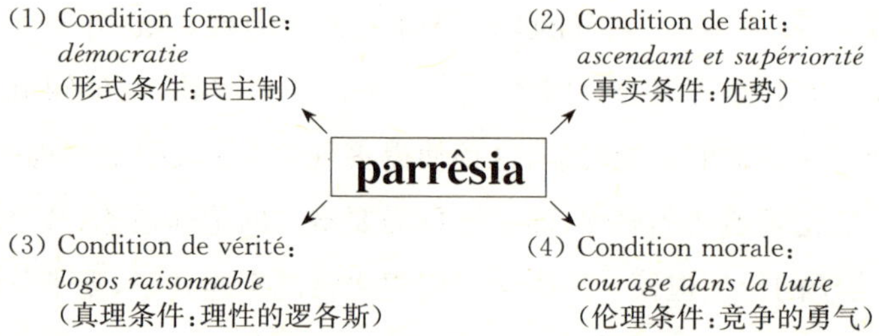

为了证明如上所示的诚言结构，我们以修昔底德《伯罗奔尼撒战争史》的三段文本为例。这三段文本分别记述了伯里克利面对战争、死亡、瘟疫所发表的演说，故称之为战争演说、死亡演说、瘟疫演说。我们

---

① 福柯对此结构的说明参 1983 年 2 月 2 日第二小时课程，见 GSA. pp.157—158。

以战争演说为主，死亡演说和瘟疫演说为辅。

（一）战争演说。该演说的背景是，斯巴达派代表到雅典下达战争通牒，雅典召开公民大会，讨论决定是否开战。（1）文本说："于是雅典人举行民众会议，讨论这件事，决定把整个问题一劳永逸地仔细考虑一下，然后给斯巴达一个答复。许多人站起来发言，两方面的意见都有人表示了。有些人认为战争是必要的，有些人说麦加拉法令可以撤销，不要让它成为和平的障碍。"①这体现的是诚言矩形结构的第一个顶点，形式条件："政制"[politeia]，具体说便是"民主制"[dêmokratia]；再进一层，还体现了民主政制下的"言论平等"[isêgoria]，即所有公民皆可自由发表自己的看法，这是由政体所确保的公民权利。

（2）文本接下去说："最后，伯里克利，这是桑西巴斯的儿子登上讲台，他是雅典最有影响的人，无论在言语上还是行动上都最能干。"在人们自由发表看法之后，伯里克利登上讲台。文本说"他是雅典最有影响的人，无论在言语上还是行动上都最能干"。这体现的是诚言矩形结构的第二个顶点，事实条件：少数公民或者某个公民在公民大会上当众发表演说，展示他的行事能力和卓越品德，体现他的支配地位。

（3）于是伯里克利说："雅典人，我的意见一直是不要向伯罗奔尼撒人让步。尽管我知道，说服人们参加战争时的热烈情绪到了战争开始行动的时候是不会保持得住的，并且人们的心理状态是随着事件的发展过程而变化的；因此我给你们的意见总是一样的，总是相同的。"从形式说，伯里克利不以专制和武断强加于人，而是以理性的逻各斯说服人；从内容说，伯里克利主张不对伯罗奔尼撒人让步，而且不管人们心态如何变化，他的意见"总是一样的"、"总是相同的"。可见伯里克利所说，不是讨好公民大会的奉承语言，而是始终如一的想法，并且他认为他的想法是理性的、符合事实的。此乃诚言矩形结构的第三个顶点：理性的逻各斯条件、真理条件。

---

①　修昔底德：《伯罗奔尼撒战争史》，第1卷，第139章以下，福柯的引文及读解见GSA. pp.159—160；此处参谢德风先生译文（中译本为第11章），与法译本有出入的字句依法译本。

(4) 伯里克利最后说:“我请求你们那些因我的言辞而被说服的人以全力支持我们现在正在一起作出来的决议,我请求你们坚持这些决议,虽然在某些地方我们发现自己会遭遇着困难的;因为,如果不是这样做的话,在事情进行得顺利的时候,你们不能表现你们的智慧。事物发展的过程往往不会比人们的计划来得逻辑性些;正因为这样,所以当事物发生出乎我们意料之外的时候,我们常常归咎于我们的命运。”伯里克利自然知道,未来不可能一帆风顺,其中定有难以预料的危险和失败的可能。关键在于,尽管伯里克利知道他的主张并不一定带来全部胜利,但他仍然说服人们接受他的意见,说服人们勇敢面对失败的危险。此乃诚言矩形结构的第四个顶点:政治竞技中的勇气。

(二) 死亡演说。该演说的场景是,战争开始头年,雅典为阵亡将士举行国葬典礼。重点在伯里克利对雅典民主制的描述及赞美:“我们的制度之所以被称为民主政治,因为城邦是按照普遍的利益来管理而不是按少数人的利益来管理的;解决私人争执的时候,每个人在法律上都是平等的;让一个人负担公职优于他人的时候,所考虑的不是某一个特殊阶级的成员,而是他们的真正才能。”①以及:“我们雅典人自己决定我们的政策,或者把决议提交适当的讨论;我们认为言论和行动之间是没有矛盾的;最坏的是没有适当地讨论其后果。就冒失开始行动。这一点又是我们和其他人民不同的地方。我们能够冒险;同时又能对于这个冒险,事先深思熟虑。”②

在伯里克利看来,雅典的民主制有三个令人自豪的特征:其一,依多数人的利益进行管理,此即希腊文 dêmos 所表示的公民原则。其二,全体雅典公民在法律面前人人平等,此即希腊文 isonomia 所表示的原则;决策时进行平等讨论,此即希腊文 isêgoria 表示所表示的原则。而“法律面前人人平等”与“平等讨论”又都属于“政制”[politeia]所

① 修昔底德:《伯罗奔尼撒战争史》,第 2 卷,第 37 章,福柯的引文及读解见 GSA. pp.161—162;此处参谢德风先生译文(中译本为第 4 章),与法译本有出入的字句依法译本。

② 修昔底德:《伯罗奔尼撒战争史》,第 2 卷,第 4 章,谢德风译文。

规定的内容。其三，是否同意一个人担任公职，标准不是看他属于什么阶层，而是看他是否具有真实才能，即希腊文 dunasteia 所体现的优越性。“诚言”这种政治竞技就发生于“政制”与“权能”的交叉点上，而竞技的胜出者，不仅有能力言说真理，而且也有勇气言说真理，因此是真理的伦理体现者。

（三）瘟疫演说。该演说的场景是，战争第二年，雅典遭受自然瘟疫和战争失利的双重打击，人们对伯里克利产生了不满甚至愤怒的情绪。伯里克利在这种情况下对雅典民众发表演说：“你们对我的愤怒，我是预料到了的，因为我很了解你们对我愤怒的原因。我召集这次会议的目的是想提醒你们过去所下的决心，并且向你们提出我自己的理由来，看你们对我的愤怒和在灾难面前低头是不是合理的。我自己的意见是这样的：……我们集合所有的力量来保卫国家，难道这是错了吗？你们现在的行为，难道是对的吗？你们因为自己的家园受到灾难，而不肯注意公共的安全；你们正在攻击我，因为我曾主张战争；同时也攻击你们自己，因为你们自己也表决赞成战争。……一个有知识，同时又能表达，但是不关心他的公民的人，是不会实行他的职责，替自己的人民说话的。纵或他同时是爱国的，但是如果不能抵抗贿赂的引诱的话，那么，这个缺点会暴露出一切可能都可以出卖的危险……在这些品质方面，我的成绩比其他的人，哪怕只略胜一筹的话，那么，现在你们谴责我错了，无疑地这是很不合理的。”①

关于伯里克利的这段演说词，最值得注意的是，面对民众的愤怒谴责，伯里克利丝毫没有承认自己做了错误决定的意思，更没有任何带有讨好性质的词句。伯里克利早就预料到了民众对他的愤怒，但他现在所要做的，就是坚持自己始终如一的主张。民众质问他、谴责他，他也反过来质问民众。伯里克利的“诚言”作为真理话语，既非忏悔，亦非奉承，而是理性的语言、真实的语言、竞技的语言、冒险的语言。这种语言

① 修昔底德：《伯罗奔尼撒战争史》，第 2 卷，第 6 章，谢德风译文；亦参 GSA. pp.163—164 福柯的读解。

的使用者，必须满足如下四个条件：第一，有见识、有思想；第二，能用语言表达见识和思想；第三，关心公务；第四，品质良好、有勇气，无论碰到什么危险都不会出卖祖国。

五、parrêsia 的害用与雅典民主制的危机

福柯以伊翁重返雅典的过程以及伯里克利的演说为例，阐述了“诚言”在公元前 5 世纪前半期的用法。在这里，我们就诚言与民主制的关系，重申前面的结论。结论可分两面说：一方面，为了建立民主制，伊翁必须先获得诚言，这说明，要有民主制，必须有诚言；另外从反面说，如波里比乌斯所说，诚言属于民主制的基本特征之一，这又说明，要有诚言，必须有民主制。于是在“诚言”与“民主制”之间便形成了一种循环，而且是一种良性的循环。我们把这种良性循环看作是诚言的正面的、有利的、好的运用。但从公元前 5 世纪末开始，“诚言”与“民主制”之间的这种良性循环被打破，诚言成为了负面的、有害的、坏的运用，同时雅典民主制也出现了危机。因此我们说，诚言结构被打破与雅典民主制发生危机，这乃是同一件事情的两面。为证明此观点，福柯引述了欧里庇得斯、伊索克拉底、狄摩西尼的文本。

（一）第一份文本出自欧里庇得斯《俄瑞斯忒斯》（*Orêstes*）。这部作品创作于《伊翁》后十年，也就是公元前 408 年，叙述的是人们召开集会，讨论如何处置弑母为父报仇的俄瑞斯忒斯。按文本叙述，集会开始：

> 在阿耳戈斯群众已经聚满了的时候，一个传令官站起来说道：“有谁要说话，俄瑞斯忒斯为了杀母亲的事应不应当死呢？”①

传令官问“有谁要说话”，据希腊文直译，就是“有谁要使用逻各斯”[tis khrêzei legein]，与我们前面所论述的文本一致。听了传令官这番

① 欧里庇得斯：《俄瑞斯忒斯》，885。以下凡引用该剧，皆据周作人译文；希腊原文据 GSA. pp.150—154。

话，两位史诗人物先后发言：第一位是曾经与阿伽门农攻打特洛伊的传令官，第二位是英雄王子狄俄墨得斯。传令官的发言方式很特别，据文本记述，这人没有明确主张，总是“将好话和坏话织在一起”，“暧昧两可地说话”[dikhomuthos：双重的语言、暧昧两可的语言]。也就是说，他所说的未必是他自己的真实想法，所以不是真实的、理性的逻各斯。那么这是什么样的语言？这是旨在奉承、讨巧的语言。传令官发言结束，英雄王子狄俄墨得斯继续发言，据文本记述，他不主张释放俄瑞斯忒斯，也不主张处死俄瑞斯忒斯，而是主张流放俄瑞斯忒斯，以这种折中方式来抵罪。公众对这种主张有表示赞成的，也有表示反对的。

接下去，第三位发言者是一个没文化的、粗鄙的人，他主张应该用石头把俄瑞斯忒斯打死。“这个人说话没完，胆大妄为。”“依恃着他的大声音和粗鄙的胡说”[kamathei parrēsia]，他竟能说服人。令我们颇感奇怪的是，我们所熟悉的伊翁或伯里克利的 parrēsia，此时竟被用以形容此人。此前，parrēsia 指的是理性的、真实的逻各斯，是少数在品质和能力方面有优势者所使用的语言；现在，parrēsia 却成为了非理性的、粗野的语言，而且这种语言同样具有“说服力”[pithanos]。

第四位发言者的特征非常明显。但其特征既不体现在身份地位（文本说他“在城市和市场圈子里很少碰到的，一个农夫，是唯一的保护我们土地的人”），也不体现在外表（文本说他“外表并不好看”），而是体现在德性。这个人具有三种传统的基本德性：勇敢[andreios]、清白[akeraios]、明智[xunetos]。勇敢是就灵魂而言，清白是就道德而言，明智是就理智而言。关于勇敢，文本所形容他“是个有丈夫气的男子”；关于清白，文本形容他“身家清白，行为上无可责难的地方”；关于明智，文本形容他“很有理解”。凭借这三种德性，他言说了真理，实践了好的“parrēsia”。他主张：“要给阿伽门农的儿子俄瑞斯忒斯带上花冠，因为他肯为父亲报仇，杀了那无神的坏女人。”因为他的发言是真实的逻各斯，是真理，至少“在诚实的人们看来，他这话显得说的很对”，所以没遭到反驳。但问题在于，言说真理与说服并支配大众，这是两回事，欧里庇得斯的文本告诉我们：“他所说虽然似乎很好，却不能说服大众。”最终在公众集会获胜的，仍然是主张对俄瑞斯忒斯处以极刑的群众。

从这段文本可以看出，parrêsia 一词的使用较之前发生了很大变化：一方面，parrêsia 的使用者不再是有优势、有权能的人，而是粗鄙的、没文化的人，因此，parrêsia 成为了一种非理性的语言，不具有任何真实性；另一方面，能够理性使用逻各斯的人，能够言说真理的人，在这段文本中却没有任何优势，没有任何支配地位，甚至不参与政治活动（依文本描述，他是“在城市和市场圈子里很少碰到的，一个农夫”①），所以他对别人没有支配性，他的话不能说服人。parrêsia 的这种新变化，也体现在欧里庇得斯《酒神的伴侣》（*Bacchae*）之中：

> 你要我把那里的事从实讲出来[parrêsia]，还是把话收卷一些。因为，国王啊，我害怕你暴烈的性情，突发的忿怒，无限尊严的仪容。②

以上引文出自仆人之口，是仆人对彭透斯说的话，parrêsia 被用到了仆人身上。同样，在这里的 parrêsia 不再是权能之体现，不再是治理者身份的体现，更不是在公民大会言说真理、行使权力、实施治理的方式。

（二）第二份文本出自伊索克拉底的演说辞《和平辞》（*Discours sur la paix*）。伊索克拉底在此作为和平的主张者对公民大会发表演说。他说：

> 我看见你们不接受演说家们的一致请求，我看见你们对他们满不在乎，甚至你们不能忍受其他人的声音。我对于你们如此举动并没有什么可奇怪的：因为，你们一直就习惯于排斥那些与你们的意愿相左的演说家。[……]至于我，我非常清楚，与你们的观点发生冲突是很可怕的事情。我也清楚在完全的民主制度下没有言论的自由，除了此地失去理性的、一点也不关心你们的这些人，以

① 依福柯说，agora[广场]与 gê[土地]之间的对立，实质上反映了对雅典民主制的反对。

② 欧里庇得斯：《酒神的伴侣》，668，罗念生译文；亦参 GSA. pp.149—150。

> 及剧院中的那些喜剧作家们。这乃是凡事中最危险者，甚于其他希腊人给城邦酿成的罪过。你们甚至自己也承认不接受对你们好的人，对待遣责你们使你们新生的人，你们却与对待对城邦犯下罪行的人一样，都显得态度恶劣。①

又说：

> 你们使得职业演说家不再为了城邦的利益而施用他们的技艺，而是为了讨你们欢心而发表演说。正是为此，你们这些人才急匆匆地往前冲。因为对你们来说，去听煽动你们进行战争的演说显然要比听奉劝你们维持和平的建议更加快活。②

分别从民众和演说家双方来看，伊索克拉底的言说辞包含两层意思。从民众这方看，他们不愿听到对自己的任何谴责，哪怕这种谴责对他们有好处。也就是说，民众对言说真理的演说家—政治家持一种排斥、拒绝的态度，这种态度使诚言与民主制之间的关系越来越糟，越来越难以在二者之间建立良性的循环关系。从演说家—政治家这方看，演说的目的在于满足民众欲望，讨民众欢心，只要能使民众快活，无论怎么说，无论说什么都行，至于演说内容的真实性、城邦的整体利益，大可不必在乎。就这样，虚华无实的语言、错误的语言开始盛行，诚言彻底蜕变为修辞，脱变为奉承。

（三）第三份文本出自狄摩西尼《第三篇俄林托斯辞》（*Troisième Olynthienne*）和《第三篇反腓力辞》（*Troisième Philippique*）。在《第三篇俄林托斯辞》中，狄摩西尼当众言说真理，谴责雅典民众把军费开支挪用于看戏。此种只图自己快活，不顾城邦利益的行径，无异于奴隶所为。谴责完毕，狄摩西尼预料到，他所说的这番真话，会对自己产生不利影响，甚至有可能为此付出沉重代价，因为雅典人不能忍受诚言：

> 如果我刚才所说的话使我付出了比那些对你们进谗言的演说家更沉重的代价，我不会觉得奇怪；因为你们在任何事情上都不能

---

① Isocrate, *Discours*, t. III, «sur la paix», 3, trad. G.Mathieu, Pari, Les Belles Lettres, 1942, pp.12—15；见 GSA. p.165.

② *Ibid.*, 14, p.13；见 GSA. p.166.

忍受诚言[parrêsia],令我吃惊的倒是,你们今天居然让我发言。①

在《第三篇反腓力辞》中,狄摩西尼认为,雅典当前之所以处境艰难,主要原因就是演说家只知道一味讨好民众,不对民众提出好劝告:

> 我们所以落到这个地步,也许有许多原因,不止一两个,但是只要你们用正确的眼光观察一下,就会发现,主要是由于有了那些一心讨你们喜欢而不提出最好的劝告的演说者。②

又说:

> 我希望,雅典人啊,要是我直言不讳,道破真情,该不至于惹得你们生气吧。请你们这样想想,在别的事情上,你们认为必须让每一个居住在这城邦里的人都享有诚言[parrêsia,罗念生译为"言论自由"]的共同权利,甚至让侨民和奴隶也分享一部分这种权利,使人们看到你们当中有许多家奴都能畅所欲言,比起一些别的城邦的公民要自由得多;可是你们却从审议中把这种自由一扫而光。结果是你们在公民大会上一听见讨你们喜欢的演说,受到奉承,就怡然自得,可是你们所采取的办法和措施却使你们面临最大的危险。③

狄摩西尼的意思很清楚,雅典公民原本以享有诚言权利的广泛性而自豪,但此时的雅典民主制已经没有了诚言的空间,雅典民众也容忍不了任何诚言。诚言者在言说真理时,必须冒极大风险,甚至为此献身,也不算什么稀罕之事。城邦里盛行的,是以奉承、讨好为目的言论之风。这种言论,属于变质的、有害的诚言。民主制所赞颂的"言论自由",实则是"诚言"的负面运用、有害运用。相较好的诚言实践,这种坏的诚言实践有三个特征:④其一,无论谁都能发言。在好的诚言实践中,发言者必须有过人之处,如伯里克利,修昔底德说他是全希腊最杰出的人。而在坏的诚言实践中,无论杰出与否,人人都能发言,民主制

---

① Démosthène, *Troisième Olynthienne*, *32*, in *Harangues*, t. I, trad. M. Croiset, éd. citée, p.134;见 GSA. p.38。

②③ 狄摩西尼:《第三篇反腓力辞》,3,罗念生译文;福柯的引文及读解见 CV. p.39。

④ 福柯归纳这三个特征见 GSA. pp.166—167。

倡导的就是言论自由、言论平等。其二,在好的诚言实践中,发言内容乃是发言者自己的真实想法,与民众意见无关。而在坏的诚言实践中,发言内容取决于大众,发言者是为迎合民众、讨好大众而发言。其三,在好的诚言实践中,发言者勇于言说真理,无所畏惧。在坏的诚言实践中,发言者既缺乏坚持说真话的勇气,也缺乏谴责民众的勇气。

总之,福柯说:"这种坏的、排斥好的诚言,就是所有人、无论谁都能说,所有东西、无论什么内容都能说,只要你所说的能被任何人,也就是被大家接受就行。这就是这种坏的诚言所具有的机制,这就是它与民主制中的诚言在根基处形成的差别。"①福柯认为古代希腊之所以会发生这种变化,原因不在于真理话语的能力,而在于民主结构本身。因为就其根源上讲,民主这种"政制"[politeia]与"诚言"[parrêsia]这种政治游戏之间的联结,其实隐含着一种等差。"政制"与"诚言"的联结,必须以这种等差的存在作为前提:

> 一方面,只有以民主为条件,才可能有真理话语,才可能有真理话语的自由游戏,才可能让所有人说真话。但如果这样,真理话语与民主的关系就会变得扑朔迷离,理应受到质疑。必须知道,这种真理话语没有,也不可能依 isêgoria[言论自由平等]的形式平等地分配到民主制中。并不是每个人都能说、都能说出真理。真理话语包含一种等差,更准确地说,它同时在条件和结果两方面都与一种等差联系在一起:只有少数人能够说出真理。从只有少数人能说真理这点出发,又从真理话语诞生于民主制中这点出发,于是就有了这么一个等差:这是一些人对其他人体现的优越和支配(ascendant exercé par les uns sur les autres)。真理话语,或者说真理话语的诞生,这乃是治理程序(processus de gouvernementalité)之根基。如果说民主政体能被治理,乃在于它有真理话语。②

福柯把这种等差称为"伦理区分"(différenciation éthique)。③伦理

①② GSA. p.167.

③ CV. p.35.

区分乃是希腊政治的秘密所在。它的意思是，城邦公民从数量上被分为两大部分；数量之分亦即伦理区分，也就是说，好人是少数，坏人是多数；伦理区分是真理言说的基础。①所以悖谬就在于：一方面，古代希腊的民主政制强调言论平等、言论自由。每个公民，不论出身高低、财产多寡、能力大小，都有发表言论的合法权利。另一方面，古代希腊在对民主政制实施治理的具体过程中，又采取了诚言这种政治游戏，这种政治游戏意味着，能够言说真理并支配民众者，事实上只可能是少数权能者。民主政制与伦理区分，它们的精神实质本来就是相悖的；民主政制与诚言实践的联结，从开始就是脆弱的、悖论的：

> 没有真理话语就没有民主制，但真理话语又在民主制中引入了一种不同于民主制的规则；没有民主制就没有真理话语，但民主制又威胁到真理话语的存在。这是在民主制与真理话语两者关系中心处的两大矛盾，亦即在“诚言”[parrêsia]与“政制”[politeia]两者关系的中心处：就是被转化为真理话语的“权能”[dunasteia]，以及，被转化为权力的恰当分配的“政制”[politeia]。②

六、小结：古代政治思想的四大问题

希腊民主政制衰落的过程，同时就是诚言结构解体的过程。从此，诚言与民主制之间失去了必然的联结关系。诚言不仅不是民主制的正面特征，反而成为了负面特征。在哲学家的著述中，民主政体可能因为诚言而遭受批评，但专制政体反而可能因为诚言而得到肯定。福柯以诚言的这种结构性变迁为线索，总结了古代政治思想的四大问题：

> 第一，**理想政体的问题**，抑或政体与真理的结合问题，即：是否有一种政体与真理的结合能够避免危险，既避免城邦的危险，又避免真理言说者的危险；是否有一种政体与真理的结合是清晰的、明

① CV. pp.43—44.

② GSA. p.168.

确的、稳固的。第二,**两组冲突的问题**,抑或民主制与君主制的优缺点问题,即:一组是民主政体以及在民主政体中言说真理的人,另一组是君主政体以及君主的进谏者,究竟哪一方对城邦更有益。第三,**教育问题**,抑或灵魂的塑造问题,即:在民主制中涉及的是,怎培养那些负责发言和领导他人的公民;在君主制中涉及的是,怎样塑造君主的灵魂。第四,**真理言说的问题**,抑或哲学与修辞之争的问题,即:作为政治生活当中必不可少的这种真理言说,作为塑造公民或君主的真理言说,究竟谁能实践它,是哲学还是修辞。①

总之,福柯所谓四大问题就是:理想城邦问题、民主政体与专制政体的优缺点问题、建基于政治的教育问题、对立于修辞的哲学问题。这四大问题在苏格拉底—柏拉图的政治哲学传统中体现尤为充分。下面我们以《理想国》、《法律篇》和《书简五》的四份文本为例,论证上述四大问题。

(一) 第一份文本出自柏拉图《理想国》557a—b 及其以下。苏格拉底与对话者讨论寡头政制如何转变为民主政制,结论是,寡头制下的人们因为追求财富而引发战争,导致政体更迭:

> 党争结果,如果平民得到胜利,把敌党一些人处死,一些人流放,然后他们和剩下的人同等地瓜分政权和职位[ex isou metadôsi politeias kai arkhôn]——官职通常由抽签决定。一个民主制度,我想就是这样产生的。②

"政权"[politeia]和"职位"[arkhôn]能被平均瓜分吗?③ 通过平等地瓜分政权和职位来建立民主制,我们何时见过这种说法?我们从讨论伯里克利式的诚言开始就反复申述,民主制的两个特征是"言论平等"[isêgoria]和"法律平等"[isonomia],但这种平等乃是以少数人甚至

---

① GSA. pp.179—180.

② 柏拉图:《理想国》,557a,郭斌和译文,有改动。

③ 福柯释 politeia 为"制度,公民资格,以及其他不同的权利",释 arkhôn 为"职位",见 GSA. p.182。

某个人掌握权能、支配其他人作为前提,以确保城邦内部和平作为目的。而在《理想国》此处的引文中,"平等"不仅变成了民主制的实现手段,而且是以战争和暴力作为基础的实现手段。可见此时的希腊民主制,早已不是公元前5世纪前半期的希腊民主制了。

在苏格拉底看来,这种以平等瓜分政权和职位而建立的民主制有两个特征,首先是"自由":"城邦不确确实实充满了行动自由与言论自由吗?不是每个人都被准许想做什么就做什么吗?"①中译文为"行动自由"者,希腊文为eletheria;中译文为"言论自由"者,希腊文为parrêsia。但这里的parrêsia与伯里克利式的parrêsia在含义上本质不同:伯里克利式的parrêsia不仅具有真理价值和伦理价值,而且还是希腊民主政制实施治理的重要程序;这里的parrêsia则不具有任何真理价值,想说什么就说什么,纯粹是个人主观意愿的体现:"既然可以这样随心所欲,显然就会每个人都有自己的一套过日子的计划,爱怎么过就怎么过啦。"②其次,这种民主制的特征是"宽容":"它对我们那些琐碎的要求是不屑一顾的,对我们建立理想国家时所宣布的庄严原则是蔑视的……民主制度以轻薄的态度践踏所有这些理想,完全不问一个人原来是干什么的,品行如何,只要他转而从政时声称自己对人民一片好心,就能得到尊敬和荣誉。"③

因此,在"自由"和"宽容"的民主制中,绝不可能实践正面的、好的诚言。因为好的诚言首先要求它的实践者具有支配其他民众的优势,而《理想国》所描述的民主制恰好以取消少数个体的优势为其最大特点,强调"不加区别地把一切平等给予一切人,不管他们是不是平等者"。④此外,好的诚言还要求它的实践者具有能够言说真理,而《理想国》所描述的民主制也取消了这种能力,在这种民主制中,无论什么人,只要他声称"自己对人民一片好心,就能得到尊敬和荣誉"。人们看重

① 柏拉图:《理想国》,557b。
② 柏拉图:《理想国》,557c。
③ 柏拉图:《理想国》,558b。
④ 柏拉图:《理想国》,558c。

的不是言说真理，而是阿谀奉承、讨人欢心。可见诚言实践所必需的条件在这里都已完全消失，“诚言”真真切切蜕变为“言论自由”。

《理想国》的“政制”原则既适合城邦也适合灵魂。灵魂政制的蜕变类似于城邦政制的蜕变，都是由斗争而引起。苏格拉底说：“一个整体的人就是一场内战。”①如果“虚假的狂妄的理论和意见”获胜，这个人就会：

> 把行己有耻说成是笨蛋傻瓜，驱除出境；把自制说成是懦弱胆怯，先加辱骂，然后驱逐出境；把适可而止和有秩序的消费说成是“不见世面”是“低贱”；他们和无利有害的欲望结成一帮，将这些美德都驱逐出境。②

在苏格拉底眼里，所谓民主制的灵魂，其实是无政府状态的灵魂；无政府状态的灵魂，也就是不能治理自我的灵魂。这种灵魂与真理发生不了任何关系，因为它把“灵魂的堡垒大门关闭”，③“不愿把堡垒大门向真理打开”。④任由“虚假的狂妄的理论和意见”占据灵魂。⑤没有真理进入灵魂所带来的直接后果是，灵魂无法区分欲望，不管高贵的欲望还是低贱的欲望、必要的欲望还是多余的欲望，灵魂不加任何区分，统统让它们进入灵魂。如果灵魂全部充斥欲望，没有任何真理作为主人在里面实施管治，那么不难想象，拥有如此灵魂的人将会如何为所欲为，满足自己的欲望。因此在民主制的灵魂里，傲慢被认作有礼，放纵被认作自由，奢侈被认作慷慨，无耻被认作勇敢。⑥

总之，在《理想国》中，无论城邦的民主制，还是灵魂的民主制，实际都不是原本意义上的民主制，而是蜕变的民主制。在真正的民主制中，以真理言说为特征的诚言——例如伊翁和伯里克利式的诚言——无论对城邦整体还是对公民的灵魂塑造而言，都是不可或缺的。

---

① 柏拉图：《理想国》，556e。
② 柏拉图：《理想国》，561d。
③⑤ 柏拉图：《理想国》，560c。
④ 柏拉图：《理想国》，561c。
⑥ 柏拉图：《理想国》，560e—561a。

（二）第二份文本出自柏拉图《法律篇》卷三。在该卷中，客人描述居鲁士的统治时说：

> 在居鲁士统治之下，波斯人的生活中聪明地混合了自由和服从。他们在获得自由之后，成了大批其他国家人民的主人。他们作为统治者给了他们的臣民一定程度的自由，把他们置于与自己相同的地位，其结果是，士兵们会更加喜爱他们的指挥官，在面临危险时表现出更大的热忱。如果臣民中有谁比较聪明，并能提出某种忠告，对此国王并不忌妒；相反，他允许完全的诚言[didontos de parrêsian]并重视对政治的规范化能作出贡献的人；一个明智的人可以利用自己的影响来帮助公共事务。由于自由[eleutherian]、友谊和实践其共同的理想[philian kai nou koinônian]，在那个时期，波斯人顺着这条路线取得了进步。①

这段叙述说，居鲁士在行使统治权的过程中，既不放任波斯人自由，也不过分强调对自己的服从，而是取二者之中道，使得“波斯人的生活中聪明地混合了自由和服从”。具体说，居鲁士的中道典范体现为三点：首先，居鲁士没有不加限制地行使他的统治权力，而是常常赋予他的臣民某些自由。其次，居鲁士把臣民置于与自己相同的地位，依“友爱”[philia]原则与他们结盟。其三，居鲁士不仅允许完全的诚言，而且还对敢于言说真相、擅于进谏献策的明智者予以嘉奖。可见《法律篇》的这段文本同样也提到了“诚言”[parrêsia]，但若把它与前述《理想国》的文本进行对比，即可发现它们有三点差别：其一，《法律篇》的诚言不是出现在民主政制中，而是出现在专制权力中。其二，《法律篇》此处没有批评诚言，而是肯定诚言。其三，《法律篇》中的诚言方式不是公开发表演说，而是私下对君主进谏献策，并且在进谏献策的过程中，他们之间不是支配与被支配的关系，而是友爱关系。

总之，在居鲁士统治下的波斯，“自由”[eleutheria]绝不是“平等地

---

① 柏拉图：《法律篇》，694a，张智仁、何勤华译，上海人民出版社 2001 年版。中译本没有编码，此处引文见第 94—95 页；希腊文依法文本标出，见 GSA. p.191，注释 13。

瓜分政权[politeia]和职位[arkhôn]”，而是体现为诚言。诚言是自由的具体形式，诚言又以友爱为原则，在友爱原则的基础上，不同阶层的人之间结成了“共同的想法”[koinônia]。①于是“诚言”、“自由”、“友爱”三者联结在了一起。因此柏拉图说，波斯人取得成功，所凭借的正是“自由”、“友爱”以及“共同的想法”。

（三）第三份文本出自柏拉图《法律篇》卷八。该卷讨论如何管理城邦，确保城邦的秩序：以节庆、赛事为主的宗教秩序，以爱欲、性事为主的道德秩序，以邻里关系为主的生活秩序。从关于城邦管理的讨论继而引出关于政体问题的讨论。该卷认为，民主政体、寡头政体以及专制政体，确切说，它们只能叫“党派统治”，不能算作真正的政体，因为它们恃强力行使统治，丝毫不考虑人们的意愿，并且统治者禁止被统治者培养德性。②而对真正的政体而言，节庆、赛事，乃至性爱，这些一样都不能少。只有依这些要素组织的政体才是真正的政体。因此就需要一个对大家都有说服力的权威，说服人们相信法律，自愿依法行事，这样才能把这些元素和谐有序组织在城邦之中。“诚言”在这里就充当这个权威的角色。福柯说：“这种诚言，这种真理话语必定被城邦中的某个人掌握，以便使公民相信服从之必要性，至少服从城邦秩序中最难以服从之部分，就是公民的个人生活、灵魂生活，或者身体生活，亦即他们的欲望和快感的生活。”③柏拉图在《法律篇》中表达了这一观点：

> 这是一个难以叫人确信的观点，事实上只有神自己才是真正唯一能做这件事的人，即是说，如果我们可以从他那儿得到明确的指示。由于这是不可能的，那么显然需要一个大无畏的人，他把诚言[parrêsia]放在第一位，来确定他认为是对城市和公民都是最好的政策；面对这些堕落的灵魂，来制定可行的、必须遵守的制度，坚决对我们那些最强烈的激情说“不”；他没有人可以依赖，能依的只有那唯一的理性的声音。④

---

①③　GSA. p.188.

②　参柏拉图：《法律篇》，832c以下，张智仁译本，第256—257页；亦参GSA. p.188。

④　柏拉图：《法律篇》，835b—c，参张智仁译文（见第260页）并据法译（见GSA. p.189）校改。

解决了立法问题和政体问题,《法律篇》接着讨论个人生活问题。《法律篇》承认,法律规范对个人生活同样有效,但它强调,在法律之外还需要有一个他者。这个他者以理性之名,对个体言说真理,说服个体按照合适的方式来生活。可见《法律篇》在这里换了一种新视角来看待真理和诚言问题:诚言的对象从政治生活变成了个人生活。也就是说,诚言在这里是作为"伦理塑造"的诚言而出现的。因此,无论对城邦的治理,还是对自我的治理,诚言都不可少。所以福柯说:"诚言不仅是作为一种针对城邦机体而采取的行动,而且也是关于个体灵魂实施的行动,或是君主或是公民的灵魂;总之,就其本义而言,我们看到诚言之问题乃是哲学的行动问题。"①

(四) 第四份文本出自柏拉图《书简五》。②柏拉图在这封信中同意让自己的学生尤弗瑞俄(Euphuraios)赴马其顿帮助佩尔狄卡(Perdicas)治理国家,并重点讨论了两大问题:首先,柏拉图阐述哲学家应该如何对政权献计献策;其次,柏拉图向佩尔狄卡解释自己不对雅典民主政权进谏的原因。

我们先看第一个问题,即哲学家应该如何对政权进谏。依柏拉图之见,哲学家对政权进谏,关键不是告诉他们什么是最好的政制,而是权衡比较每种实际存在的政制,理由是:

> 每一种政制都有它专门的声音,正如有生命的存在似的[esti gar dê tis phônê tôn politeiôn hekastês kathaperei tinôn zôôn]。政制有民主制、寡头制、君主制。许多人断言自己懂得政治这门学问,但除了极少数人之外,人们对这门学问其实一点儿也不熟悉。任何形式的政制都会对神和人发出自己的声音,也会采取与自己的声音和谐一致的行动,这样的政体才能保持繁荣昌盛,经久不衰。但若模仿其他政体的声音和行为,那么它就会灭亡。③

① GSA. p.190.

② 学术界通常认为,《书简五》是柏拉图写给佩尔狄卡(Perdicas)的信。但据福柯说,《书简五》可能不是出自柏拉图之手,并且它也不是真正的"书简"。参见 GSA. p.193。

③ 柏拉图:《书简五》,321d—e,王晓朝译文,据法译校改,见 GSA. p.203,注释 2。

《书简五》此处的说法与《理想国》第六卷的说法吻合。在《理想国》第六卷，苏格拉底批评智者不懂善恶，智者教学生如同饲养员驯兽：

> 了解如何可以同它接近，何时何物能使它变得最为可怕最为温驯，各种情况下它惯常发出什么叫声，什么声音能使它温驯，什么声音能使它发野，这人在不断饲养接触过程中掌握了所有这些知识，把它叫做智慧，组成一套智慧，并用以教人。①

但苏格拉底在《理想国》中又补充说，智者的教授对象是“大众”[plêthos]，是乌合之众。因此《理想国》与《书简五》的一个差别是：前者的主要批评对象是“大众”[plêthos]，后者的主要批评对象是“政制”[politeia]。《理想国》认为，大众如同野兽，不断发出欲望的声音、愤怒的声音以及非理性的声音；而驯养它们的人不知道什么是善、什么是正义，因而简单地以野兽的喜恶作为判断标准：野兽所喜即为善、正义，野兽所恶即为恶、不正义。《书简五》尽管也以“声音”作喻，但相比《理想国》，《书简五》的问题不是“大众”，而是“政制”，即声音所赖以发声者。柏拉图在《书简五》强调，每一种“政制”都有一种与其本性相符的“声音”。福柯解释说：“如果声音不符合政制的本性，即它以其他政制的样子和模式来发声；或者换言之，如果城邦中的人以别的政制来言说，那么事情将发生偏差，城邦将变质。相反，如果声音与政制相适宜，那么城邦将会像它所应该是的样子运行。”②总之，每种政制——民主政制、君主政制、专制政制——都要依其本性来组织。我们可以合理地推出，诚言不仅仅是民主政制的问题，而是任何一种政制的问题。此外，《书简五》之不同于《理想国》还在于，《书简五》虽然涉及政体问题，但它没有讨论理想政体的问题。福柯说，在《书简五》中，作为对政制说话的哲学家，“他必须把目光转向每一个政制的本性和本质，他——或者他的诚言、他的真理话语——必须在讨论中、在辩论中、在作出决策时，使他的声音符合政体的本质，这是哲学家或进谏者的诚言。”③

---

① 柏拉图：《理想国》，493b，郭斌和译文。

② GSA. p.195.

③ GSA. p.196.

以上是《书简五》讨论的第一个问题：哲学家该如何对政权进谏。下面是《书简五》讨论的第二个问题：柏拉图解释他自己不对雅典民主制进谏的原因。柏拉图说：

> 如果有人听到这件事以后说，"柏拉图显然自以为知道民主制有什么好处，然而，尽管他有权在公民大会上讲演和提供最好的建议，但他从来没有在那里说过一句话"，那么我要作出的回答是：柏拉图出生的时候，他的国家已经有了很长的历史，这个国家的民众也已经生活了许多年，已经从前辈那里过得了自由行事的习惯。①

柏拉图告诉佩尔狄卡，倘有人误认为柏拉图不愿给政权提供好建议，佩尔狄卡应该替柏拉图辩护：

> 他一直很乐意为民众提供建议，就好像一个人如果不愿虚度年华，一事无成，就需要向父亲咨询一样。这正是我认为他可以向我提供建议的地方。如果他认为我已经不可救药，那么他可以与我分手，不再对我和我的事情提供任何建议。②

柏拉图的意思很清楚，他保持沉默，不对雅典民主政制进谏，原因不是他反对哲学家对政权进谏，而是认为雅典人的坏习惯由来已久，乃至于不可救药。而柏拉图所谓坏习惯不是别的，正是"自由行事"，正是蜕变了的"言论自由"[parrêsia]。这种自由意味着随心所欲，想说什么就说什么。在柏拉图看来，此时的雅典，已经丝毫没有了真理言说的空间，在这里不可能发出与民主政制本性相符的声音；既然如此，既然雅典没有任何变革的可能，那诚言者还有什么必要冒险对雅典的民主政制言说真理呢。何不换一个地方，换一种政制，也许会有言说真理的可能也未可知。所以柏拉图同意尤弗瑞俄去马其顿，去尝试对那里的专制政体言说与其本性相符的声音。

---

① 柏拉图：《书简五》，332a—b，王晓朝译文。

② 柏拉图：《书简五》，332b—c，王晓朝译文。

第二章　苏格拉底式的哲学诚言的界定：与政治、修辞、灵魂的关系

福柯以《伯罗奔尼撒战争史》为据，研究了公元前5世纪前半期伯里克利式的诚言实践。这种诚言实践在政治领域展开，以民主政制为形式条件、个体优势为事实条件、真实的逻各斯为真理条件、勇气为伦理条件，这四个条件以“诚言”为中心，形成一个矩形结构。到了公元前5世纪后半期及公元前4世纪初，雅典民主制由盛转衰，这一诚言结构也随之被打破。我们说，民主制的危机与诚言结构的打破，本就是同一件事实的不同两面。从此，诚言实践便由政治领域转入了哲学领域，政治诚言于是变为哲学诚言。这一转变对西方哲学史意义重大，最终形成了西方哲学的典型形态。当然，我们的意思不是说诚言从此与政治脱离了关系，更不是说哲学从这里得以诞生，而是说哲学——哲学论说、哲学实践以及哲学生活——在这个时刻发生了标志性的转折。以往的诚言者，如伊翁或伯里克利，必须是政治人物，必须能够支配别人，必须实际参与政治活动并在公民大会发言；现在的诚言者，不必是政治人物，不必具备支配别人的优越性，不必实际参与政治活动，不必在公民大会发言。这样的诚言者就是哲学家，最典型者莫过于苏格拉底，故称之为**苏格拉底式的诚言**。

因此，从这时开始，诚言将不再受政体和政治的限制，而成为哲学话语的基本存在方式，并且是一种与生活息息相关的存在方式。但哲学诚言与政治并没有脱离关系，只是它们之间的关系越来越令人觉得模糊不安。正因这种模糊不安，哲学诚言的风险相比伯里克利式的政

治诚言还要更大,哲学诚言也就需要更大的勇气。出于这种认识,福柯直接把哲学定义为“言说真理的自由勇气”(libre courage de dire la vérité):“为了支配其他人,从而引导他们按照所应当的方式行事,如果把哲学定义为冒着生命之危,为此目的而言说真理的自由勇气,此乃诚言的结果。”①若从真理言说的视角来审视哲学史,那么哲学史既不是存在的遗忘史,也不是理智的发展史,而是诚言的运动史。古代哲学乃是整个诚言运动史当中最重要的一步,原因如下:

第一,在古代,哲学乃是一种生活方式;而“哲学生活”(vie philosophique)同时也就是“真理的展现”(manifestation de la vérité)。所谓“真理的展现”,这是福柯晚期思想的一种常见表达,它强调的不是系统化的理论,而是强调以“品性”[êthos]、“对不同遭遇的反应”、“学说”这三个要素来展现真理的过程。②也就是说,在古代,真理不仅体现为理论,更重要的是体现为品性和生活。展现真理不仅是哲学的义务,而且它就是哲学本身的存在方式。所以必须在展现真理这个大背景下,来理解古代哲学作为一种生活方式。

第二,古代哲学作为诚言,这不仅因为古代哲学是一种生活方式,而且还因为哲学一直以各种不同方式对权力及其行使者言说真理。既有像苏格拉底、柏拉图一样,直接或间接地批评掌权者;也有像塞涅卡一样,直接充当君王的教育者;还有像犬儒第欧根尼一样,在拒绝、嘲讽、蔑视的同时,以自己的生活方式而对权力及其行使者展现真理。

第三,古代哲学作为诚言,不仅体现为对权力及其行使者言说真理,还体现为对个体及其生活的永恒督促。而采取的方式,既可以像苏格拉底一样,在街头巷尾督促人们关心他们的灵魂;也可以像伊壁鸠鲁或者爱比克泰德一样,在学校里教育人们。

本章分别研究福柯对柏拉图《书简七》、《斐德若》、《高尔吉亚》三部作品的读解,对应探讨诚言与政治的“相关”关系、诚言与修辞的“排斥”

---

① GSA. p.314.

② GSA. pp.315—316.

关系、诚言与个体灵魂之间的“爱慕”关系，通过这三种关系，对苏格拉底式的哲学诚言作初步界定。

一、哲学诚言相关于政治——福柯对柏拉图《书简七》的读解

（一）哲学话语对政治话语的绝对权利

据《书简七》自述，柏拉图的政治信念曾经历几番转变。年轻时柏拉图相信良好的法律制度足以确保城邦走正义之路，但伯罗奔尼撒战争期间雅典发生的几次政变，使柏拉图改变了看法。首先是“三十人”所掌握的寡头政权，卡尔米德（Charmide）和克里底亚（Critias）这两位柏拉图的亲戚也在其中。起初，柏拉图对这个政权寄予厚望，积极参加他们的政治活动。但柏拉图渐渐发现，他们其实是一个手段残忍的罪恶集团，连最正直的苏格拉底也险遭他们迫害。“三十人”政权垮台之后，雅典恢复民主制，再次点燃柏拉图从政的希望之光。但他怎么也没想到，正是这个民主政权荒谬地判了苏格拉底死刑，结束了他的生命。

柏拉图的亲身经历连同苏格拉底的惨死，使他意识到，原有的道德、法律和制度均已失效，试图通过变革法律制度而确立新秩序，挽救城邦，使城邦走上正义之路，这纯粹是妄想，所带来的无非政体的无休止更迭罢了。最终，柏拉图不得不宣布：

> 所有现存的城邦无一例外都治理得不好，它们的法律制度除非有惊人的计划并伴随好运气，否则是难以治理的。因此我被迫宣布，只有正确的哲学才能分辨什么东西对社会和个人是正义的。除非真正的哲学家获得政治权力[eis arkhas althê tas politikas]，或者出于某种神迹，城邦掌权者[tôn dunasteuontôn]成了真正的哲学家，否则人类就不会有好日子过。①

① 柏拉图：《书简七》，326a—b，参王晓朝译文。

出路只有一条:哲学家与掌权者成为同一个人。方式有两种:要么哲学家获得权力,成为掌权者;要么掌权者爱智慧,成为哲学家。惟有这条路能使城邦及其人民走上正义之路,过上幸福生活。柏拉图在《理想国》中借苏格拉底之口也表达了相同观点:

> 除非哲学家成为我们这些国家的国王,或者我们目前称之为国王和统治者的那些人物能严肃认真地追求智慧[philosophê gnêsiôs te kai hikanôs],使政治权力与哲学[dunamis te politikê kai philosophia]合而为一;那些得此失彼,不能兼有的庸庸碌碌之徒,必须排除出去。否则的话,我亲爱的格劳孔。对国家甚至我想对全人类都将祸害无穷,永无宁日。[……]除了这个办法之外,其他的办法是不可能给个人给公众以幸福的。①

这就是柏拉图赴叙拉古之前所持的信念。他坚信哲学家和政治家必须是同一人:"研究哲学和政治艺术的事情天然属于爱智者的哲学家兼政治家。"②把柏拉图的说法换成福柯的说法,其实就是"哲学修习"(exercice de la philosophie)与"权力行使"(exercice du pouvoir)两者的弥合。③并且,柏拉图在《书简七》和《理想国》中尤其强调哲学对于政治话语的绝对权利。我们记得,在欧里庇得斯或修昔底德笔下,以诚言方式而体现的政治话语,是有权能优势的个别公民针对其他公民所进行的实践。对此柏拉图虽未否认,但他强调的重点不是个别公民的优势,而是哲学的权利,是哲学对政治话语的绝对权利。也就是说,作为政治话语的诚言,它只能以哲学作为实践基础,甚至还得进一步,政治话语必须与哲学话语合二为一。此乃柏拉图政治哲学的核心观念。

(二)哲学的"事功"[ergon]

狄奥尼修一世死后,其子狄奥尼修二世执政,狄翁致信柏拉图,请

① 柏拉图:《理想国》,473d—e;法译见 GSA.274,注释 8。

② 柏拉图:《理想国》,474c。

③ GSA. p.200.

柏拉图赴叙拉古，以助他教育狄奥尼修二世。柏拉图虽然疑虑重重，但最终还是答应狄翁之邀，动身赴叙拉古。依柏拉图解释，促使他动身的原因既有表层也有深层。从表层讲，有两点可说：第一点是柏拉图与狄翁的友谊："没有可靠的朋友和支持者[aneu philôn andrôn kai hetairôn pistôn]，什么事情也做不成，而这样的人很难找到。"①柏拉图和狄翁的友谊基础不仅是他们私人的情感关系，更多是他们俩人的共同信念。在柏拉图眼里，狄翁与其他叙拉古人及希腊人都不同。狄翁"把道德看得比享乐和奢侈更重要"，从而一直"过着合乎美德的生活"。②狄翁还希望所有叙拉古人，尤其统治者更应当这样生活，所以狄翁请柏拉图教育狄奥尼修二世，希望把他培养为哲学家。第二点是时机："尽管我并没有停止思考和如何改进这种状况，如何改革整个制度，但我的行动推迟了，以等候有利的时机[tou de prattein au perimenein aei kairous]。"③而现在时机已经到来，因为狄翁在狄奥尼修二世身上看到了良好禀赋，他致信柏拉图说："当前是一个极好的时机，这种情况能够出现简直是一个奇迹，其他我们还有什么可等待的呢？"④

在解释了"友谊"和"时机"之后，柏拉图说，其实这仍然不是他叙拉古之行的真正动因。柏拉图之所以决定赴叙拉古，更深层的原因，是柏拉图对自身尊严尤其是对哲学尊严和哲学事功的考虑：

> 我的动机不是某些人所说的，其实我主要是为自己的尊严考虑。我担心自己最终除了空谈以外将一事无成[mê doxaimi pote emautô pantapasi logon monon atekhnôs einai]，也就是说，成为一个从来没有动手工作的人[ergou de oudenos an pote hekôn anapsasthai]，这样一来，我也就成为一个不忠实的人了。⑤

柏拉图所谓"不忠实"，针对的不仅是他与狄翁的之间的友谊，更是他与

① 柏拉图：《书简七》，325d；亦见 GSA. p.203，注释 6。
② 柏拉图：《书简七》，327b。
③ 柏拉图：《书简七》，326a—b。
④ 柏拉图：《书简七》，327e—328a。
⑤ 柏拉图：《书简七》，328c—d，亦见 GSA. p.204，注释 14。

哲学的之间的关系。柏拉图设想，如果他拒绝狄翁，狄翁因为他的拒绝而指责他：

> 到目前为止，你的行为确实算得上一名叛徒，不仅背叛我，而且背叛哲学，而你一直在赞美哲学，并指责其他人漠视哲学。[……]情况就是这样，你认为自己可以借口旅途遥远和艰险来逃避被人们指责为懦夫吗？这是根本不可能的。①

面对狄翁的指责，柏拉图承认，他无颜为自己辩护。在上面两段引文，即《书简七》(328c—d)之中，柏拉图使用了 logos 与 ergon 两个词。这是希腊语中表达对立的两个经典词。按福柯的解释，logô 与 ergô 的对立，即“在话语中”与“在行为中”的对立，或者“在语言中”与“在现实中”的对立，在这里的语境中，也可解释为就是哲学与政治的对立。②柏拉图在《书简七》中所表达的忧虑，是担心哲学只存在于“话语”[logos]之中而不存在于“行动”[ergon]之中。他远赴叙拉古的深层动机，就是为证明哲学的尊严不仅体现为“话语”，而且还体现为“事功”。因此福柯说：

> 如果哲学不仅仅是知识的学习，而且它也应该是一种生活方式，一种存在样式，一种与自我的实际关系，在这种关系中，我们塑造自身，在自己的身上下一番功夫；如果哲学因此成为一种“修习”[askêsis]，那当它不仅考虑自身问题而且也考虑城邦问题时，它就不满足于只是一种“话语”[logos]，不满足于言说真理，它还应该在“行动”[ergon]中亲自动手。③

哲学必须能“把手放在作品上”，必须能“动手操作”，必须能“创造作品”，④凡此种种表达，所提出的其实就是“哲学的实现或现实”问题。此乃福柯读解柏拉图《书简七》所要揭示的核心问题。哲学的实现问题，若从否定方面说，它“不是由询问——对于哲学而言的——现实之

① 柏拉图：《书简七》，328e—329a。

② GSA. pp.201—202。ergon 又译“事功”。

③ GSA. p.202.

④ mettre la main à l'œuvre 是法文对柏拉图文本的翻译。

所是来构成的；不是由询问哲学所涉及的内容来构成的”；①若从肯定方面说，哲学的实现问题，它“就是由在其现实性本身中询问诚言意愿之所是来构成的；这种独一无二的诚言活动、诚言行为——它也可能完全弄错，说出错误的东西——就叫作哲学”。② 总而言之，福柯的问题不在于：使得哲学可以说真假对错的现实性是什么？而在于：使得哲学不仅是一种空洞话语的诚言的现实性是什么？

这不仅是问哲学的理性“话语”涉及什么，而且还要问，作为“事功”的哲学怎样实践其诚言，以何种方式实践其诚言。不妨对比福柯对柏拉图《阿尔西比亚德》与对柏拉图《书简七》的读解而言：③在《阿尔西比亚德》中，从苏格拉底开篇即可知，决定苏格拉底对阿尔西比亚德实践诚言的时机，是他们之间的爱欲关系；在《书简七》中，决定柏拉图对狄奥尼修二世实践诚言的时机，是哲学自身的事功。因此，既不是爱欲关系，也不是逻各斯自身的机巧游戏，而是对君王言说真理的勇气，构成了哲学的考验和哲学的实现。

（三）哲学现实性的条件

以上论述了哲学的事功或者哲学的现实性是什么。下面要考虑的是怎么实现它。这里包含两个问题。第一个问题涉及哲学现实性的条件，也就是：哲学是不是只要对政治权力进行诚言，它的现实即可达成？第二个问题涉及哲学现实性的内容，也就是：哲学对政治权力进行诚言，是不是告诉掌权者该做什么和不该做什么？

首先，第一个问题，哲学的现实性条件。福柯读解《书简七》认为，哲学并不是只要对政治权力进行诚言，它的现实即可达成。哲学要达成其现实性，至少要满足三个条件：聆听的条件、哲学自身的实践条件、知识的条件。

---

①② GSA. p.210.

③ 福柯对《阿尔西比亚德》和《书简七》的比较见 1983 年 2 月 16 日第一小时的授课。

1. 聆听的条件

实现哲学,不意味着哲学诚言要对所有人、任何人说话。所谓聆听的条件,意思是,哲学只对那些愿听且有听力之人说话。柏拉图以病人作比说:

> 对生活方式有害健康的病人提建议,首先必须要他改变生活方式,不是吗?如果病人同意改变,那么可以对他提出其他告诫,对吗?然而,如果病人拒绝改变生活方式,那么在我看来,真正的人或真正的医生就不应当再给这样的人提建议,只有懦夫和骗子才会进一步这样做。对城邦来说也一样,无论它只有一个统治者还是有许多统治者。①

柏拉图经常把哲学、医学、政治三者作比,除此处的《书简七》,如《法律篇》(720a)、《理想国》(425e)也可见类似说法,甚至在其他古代作品中也随处可见。对于这一类比的含义,福柯认为可从三方面理解。②首先,这一类比首先体现的不是哲学的管理功能,即对正常事物进行管理,而是哲学的批判功能,即对患病城邦进行诊治,正如医生治病必须抓准时机,哲学家对权力诚言也必须把握时机。其次,这一类比表明,哲学诚言和医学技艺一样,都是关于说服的技艺。柏拉图说,自由人的医生说服病人,奴隶的医生命令病人。③以医生类比哲学家,说明哲学家对统治者进行诚言的方式不是命令,而是说服——以真实的逻各斯进行说服。最后,这一类比表明,优秀的哲学家与高明的医生一样,不仅治已病,而且治未病。所以高明的医生在治愈疾病之后,往往要针对患者的生活方式,从整体上提出有效建议,防止疾病反复;优秀的哲学家同样如此,不仅要能指出城邦法律制度的病根所在,而且还应当能从根子上,替城邦整体谋划,使之迈向幸福之路。

总之,对医生而言,只有把病人治愈,他的医疗工作才算完成;对哲学家而言,只有使他的诚言进入聆听者的灵魂,他的哲学才有可能变为

① 《书简七》,330d,王晓朝译文。

② 参 GSA. pp.213—215。

③ 参见《法律篇》,720a。

实现。哲学的诚言,不是随便逮住一个人,不管他是否具备聆听的意愿和能力,朝他的两耳灌一番空洞的逻各斯,以为这样就实现了哲学。不,绝非如此。事实正如福柯所说:

> 只有哲学以自己的语言来回答那些愿意听它,愿意被它说服的等候者和听众时,哲学的现实性才能存在,哲学才能与它的现实性相遇。如果一种话语只是对僭主权力的反抗、反对、呐喊以及愤怒,那它还不是哲学。①

哲学诚言不是表示呐喊和愤怒的语言,也就是说哲学诚言不是暴力语言。但哲学诚言也不是修辞语言,因为修辞的出发点不是自己,不是真理,而是听众的意愿,也就是说修辞只在乎听众是否爱听,只在乎是否能说服听众。哲学诚言恰好相反,它是自己的语言、真实的语言,它只从自身意愿出发,说它自身的真实意愿。哲学诚言当然也会考虑听众意愿,但它绝不会为了迎合听众意愿而放弃自己的真实意愿。哲学诚言以其自身的真实意愿,说服具有哲学听力的人。当且仅当哲学意愿与听众意愿合二为一时,哲学才有可能实现。

2. 哲学自身的实践条件

倘哲学的实现以聆听为前提,那怎样能发现具备哲学听力之人呢?柏拉图自述他考查狄奥尼修二世的方法是:

> 我一到那里,首先就要确定,狄奥尼修是否真的点燃了哲学的火苗,那些不断传到雅典来的消息是否属实。有一种巧妙的办法,完全可以用它来进行这种考验,尤其是针对那些满脑子塞满被误解了的哲学观念的僭主们,譬如狄奥尼修这种情况,我立即意识到:必须给他们指示哲学园地里的全部工作内容,包括它的特质,它的艰辛,它所要付出的劳作。听我讲这番话的人是不是个真正的爱智者,是不是具有神圣的禀赋而适合于这门学问,也配得上它呢?我指点给他的道路表面看来是令人赞叹不止的,其实他立即就会走上别的生活道路。于是,要么在通过引路人的不断努力之

① GSA. p.217.

下，使他在到达目的地之前绝不松懈，要么自己获得足够的力量来自我前行，不再需要引导者。这样的人就在这样的精神状态下生活：他虽从事于平凡的活动，但他却一直与哲学维系在一起，与这种以其审慎的精神赋予他灵敏的理智、坚韧的记忆、推理的才能。其他一切行为都不会使他害怕[我复印的文本只到这里，下面跳过几行——福柯注][……]这就是对那些自我放纵而不能做出努力的人的一种清楚无误的经验：他们不应该指责自己的引导老师，应该指责的是他们自己，如果他们没能实践哲学所必需的事情。①

柏拉图说首先要做的第一步是："必须向他们指示哲学园地里的全部工作内容，包括它的特殊性，它的艰辛，它所要付出的劳作。"福柯紧贴文本翻译了这句话：

对那些人、那些僭主，必须指明 to pragma 是什么，得经历什么活动或实践[di' hosôn pragmatôn]，以及包含怎样的苦痛[kai hoson ponon ekhei]。②

按福柯的读解，柏拉图在这段话强调给那些人和那些僭主指明的内容有三点。第二点"经历什么活动"和第三点"包含怎样的苦痛"容易理解。难的是第一点，柏拉图用了希腊文是 to pragma。该词往往译作"做出来的事、行动、应当做的事、事务、任务"等。③但福柯认为这个词还有语法、逻辑与哲学之义。我们分两层解释。第一层，pragma 作为逻辑术语或者语法术语，表示命题或者词语之"所指"。④柏拉图想对那些人和那些僭主指明，哲学及其现实性的所指是什么，也就是认识哲学是什么、哲学由哪些要素构成、哲学意味着什么。第二层，pragma 还可以作为活动，表示人们操劳某件事情的整个活动。从这个意义上说，pragma 与"闲暇"[skolê]是反义词。柏拉图想给那些人和那些僭主指

---

① 柏拉图：《书简七》，340b—341a；中文据福柯所引法文迻译，见 GSA. p.219。请注意，王晓朝先生对这段文本的汉译与法译有些差距，本书以法译为据。

② GSA. p.220.

③ 罗念生、水建馥编：《古希腊语汉语词典》，商务印书馆 2004 年版，第 714 页。

④ 这层含义相当于德语说的 bedeutung，见 HS. p.332。

明，他们必须进行的活动、训练以及难免的艰辛是什么。哲学的各种实践活动，也可用动词“做哲学”（philosopher）加以表示。何为“做哲学”？福柯说：“做哲学就是构成哲学实践的一系列活动和一系列pragmata。”①

柏拉图想要给僭主或其他任何人所指明的内容，首先意味着一种生存选择。用《书简七》的说法，你若是选择了哲学生活，你就不可能再“走上别的生活道路”[ou biôton allôs]，只有坚持不懈、全力以赴，走完全程；其次，你若是选择了哲学生活，你就必须实践哲学的原则，切实做到“敏于学”[eumathês]、“强于记”[mnêmôn]、“善于理”[logizesthai dunatos]。②若对比《书简七》与《阿尔西比亚德》，可以说，它们同样强调“转向”，但《阿尔西比亚德》强调的是注意力转向、目光转向，《书简七》强调的则是生活转向、抉择转向、道路转向。

总之，哲学现实性的第二个条件为哲学自身的实践。所谓哲学自身的实践，既不是作为逻各斯的实践，也不是作为苏格拉底式的对话实践，而是作为复数的“各种实践”的实践。③哲学就是在自身对自身的实践之中、行动之中、事功之中，完成其现实性。

3. 知识的条件

在考查狄奥尼修过后，柏拉图发现狄奥尼修有两个错误。第一，狄奥尼修认为他已经跟别人学习过哲学的“要义”，无需柏拉图再引导他入门；第二，狄奥尼修认为他已经到了撰写哲学论著的时候，无需再继续学习。关于撰写著作之事，我们知道，柏拉图本人所持的是拒绝态度，并且柏拉图不只在一处批评过写作。如在《书简二》中，④柏拉图针对自己的“著作”说：

考虑到这些事实，你要当心，免得到时候后悔现在不该把自己

---

① GSA. p.221.

② 希腊文据福柯，见GSA. p.222。

③ GSA. p.224.

④ 福柯认为《书简二》的写作时间是在《书简七》之后，并且很有可能是新柏拉图主义者的伪作。

这些看法不明智地公之于世。最安全的是不要写作，而是用心学习，因为要使写下来的文字不被攻击，这是不可能的。因此，我自己从未就这些问题而写作。没有任何柏拉图的著作，将来也不会有。你们目前看到的标有柏拉图之名的只不过是年轻的苏格拉底之作。再见吧，听我的。你要反复阅读这封信，然后把它烧了。①

相比《书简二》，《书简七》对书写的批评要清楚许多，因为《书简二》虽然批评写作，但因其语焉不详，且带有某种神秘色彩，整体看仍显得说服力不强。《书简七》则清楚表明了柏拉图对"知识"和"哲学"的看法。柏拉图先是泛泛批评了自称撰写哲学论著的人，然后特此针对自己说：

我肯定没有写过关于这个主题的书，今后也不打算这样做，因为这些问题实在无法像其他科学一样以**知识样式**[mathêmata]体现出来。②

在这段引文中，柏拉图首先批评那种以 mathêmata 的方式来学习哲学和论述哲学。这里的 mathêmata 一词有双重意义：既指知识或知识的内容，也指知识的样式或知识被给予的方式。③柏拉图过去未曾写，将来也不打算写任何哲学论著，原因不是他另有一套所谓未成文的"学说"[mathêmata]可以传授，而是他认为真正的哲学根本不能以"学说的方式"[mathêmata]来传授。

既不能以"学说"或"学说的方式"来传授和学习哲学，那又以何种方式进行？紧接上面引文，柏拉图说：

只有当我们长期**与这些问题打交道**[ek pollês sunousias]，只有当我们与它们**生活在一起**[suzên]，真理才会突然在灵魂中涌现，并信赖它，就如同火花的猛地点燃一样。④

---

① 柏拉图：《书简二》，314c—d，王晓朝译文；亦参福柯所引法译，见 GSA. p.227。

② 柏拉图：《书简七》，341c；见 GSA. p.237，注释 11。按：王晓朝先生此处译为"……无法像其他学问一样见之于文字"，其中"无法见之于文字"之句，窃以为不妥。法译为：«Il n'y pas moyen, en effet, de les mettre en formules(*mathêmata*)»

③ GSA. p.228.

④ 柏拉图：《书简七》，341c—d，据 GSA. p.237 注释 6 所引法文翻译。

柏拉图说哲学只能以 sunousia peri to pragama 的方式来获得,那么问题的关键就在于理解 mathêmata 与 sunousia 的区别。mathêmata 在上文已经解释过,现在解释 sunousia。该词为合成词:词根 ousia 意为"存在",前缀 sun 意为"结合"。合起来即为"与……一起存在"。①因此 mathêmata 与 sunousia 乃是两种截然相反的方式:前者作为知识的内容或样式,是通过老师传授、学生接受,从而固定下来;后者既不表示老师传授,也不表示学生接受,既没有任何知识,也没有任何知识的样式被固定下来,而是表示习者与哲学一起存在(être avec)、与哲学一起生活(vivre avec)、与哲学一起居住(cohabiter)。②如此长期以往,终有一天,真理就会像火花一样在灵魂中迸发。

所以柏拉图并没有任何真理秘传的意思。柏拉图所谓不能诉诸文字的东西,并非哲学史家所谓"未成文学说",而是哲学的"事功"或"现实"[ergon]。只要仍以"学说"[mathêmata]的方式来学习和传授哲学,那么哲学永不可能完成其事功、实现其自身。狄奥尼修等人的失败,原因正在于此。而在柏拉图和福柯看来,当且仅当哲学的火花经由"共同生活"[sunousia]的方式而在灵魂中点燃时,哲学的现实性才有可能。

以上是柏拉图从否定方面(即否定"知识"或"知识样式")解释他拒绝撰写哲学论著的原因。接着柏拉图从肯定方面进一步解释。这部分内容即所谓"离题话"。柏拉图在《书简七》中把存在物分为两大类:一为存在本身,一为对存在的认识。对存在的认识,即广义的知识,又细分为三种:(1)"名称"[onoma];(2)"定义"[logos];(3)"型相"[eidôlon]。柏拉图又把狭义的认识,即"知识"[epistemê](含"正确的观点"[orthê doxa]和"努斯"[noûs])当作第(4)种;把"存在"[to on]当作第(5)种。于是,"对存在的认识"与"存在"合在一起共有五种。其中,(1)(2)(3)是关于存在的描述,这些描述("名称、定义、型相")只存在于声音和图形中;(4)是对事物的认识,这种认识("知识")则存在于

① 罗念生、水建馥编:《古希腊语汉语词典》释为聚会、交际、交往等。柏拉图在这段文本中,既用了名词(sunousia),也用了动词(suzên)。

② GSA. p.228.

人的灵魂中;(5)是存在本身。①

且举一例,现有某存在物,名曰“圆”,此名即为(1);我们或可对其下一定义:圆是每一点到中心都相等的图形,此定义即为(2);我们也可在纸上画圆的图形来描述它,此图形即为(3);我们还可以抛开图形,以灵魂的努斯部分,对圆的各种性质形成抽象的理性认识,由此而形成关于圆的若干知识,此知识即(4)。但无论我们是发出“圆”这个声音来称呼它,还是以一个“定义”来说明它,抑或画“圆形”来表示它,又或是形成关于圆的各种“知识”,凡此种种,终究仍与圆的“存在”[to on]——此即为(5)——相隔一层。

“名称、定义、型相”,这三种方式都不能认识“存在”,原因是它们有天然缺陷。无论诉诸语言还是图形,它们自身之内都必定包含不固定的、对立的因素。以圆的名称为例,它可依语言文化的不同而发生变化;以圆的图形为例,其实它也并不尽然是圆,若分解来看,圆形中也包含直线。想以这三种方式认识存在,“其结果实际上就使每个人都成为困惑和不确定性的牺牲品”。②相对而言,“知识”(尤其当中的“努斯”)比以上三种更接近事物的“存在”。但如若人们以“知识”认识“存在”时,大多也以失败告终。原因既有认识对象本身的缺陷,也有人的灵魂本身的缺陷。双重缺陷使认识事物的存在成为不可能:“生来有缺陷的人的心灵无法得到天然有缺陷的事物的知识。”③

因此,灵魂要触及事物的存在,必须满足三个条件:首先,确保所认识的对象是完善的;其次,认识者的灵魂品质优异,即灵魂与对象有一种“亲缘性”[suggenês];④最后,柏拉图强调,品质优异的灵魂再经如下过程:

> 只有经过艰苦地琢磨[mogis de tribomena],在名称、定义、视觉

① 对以上分类的说明见柏拉图:《书简七》,342a—b;希腊文据福柯,见 GSA. pp.230—231。

② 柏拉图:《书简七》,343c。

③ 柏拉图:《书简七》,344d。

④ 同参 GSA. p.232 和《书简七》344a。

> 观念、感觉印象等之间进行琢磨，只有在对研究对象的善意争论中，在不带个人喜恶的问答中，智慧与理智之光[exelampse phronêsis peri hekaston kai noûs]才能在人可承受的全部力量之下被点燃起来。①

这段文本连用两个“只有”，以示灵魂触及存在之条件。福柯尤为注意其中的“tribê”一词，该词本义为“摩擦、历练、磨练、实践、钻研、下功夫”等，因此它与“理论”[methodos]及“技艺”[tekhnê]相对。②柏拉图首先用它比喻火花点燃的过程，其次用它更一般地表示训练。意思是，对诸如“正义”、“存在”这种高度完善的知识，断断不能以“知识”[mathêmata]的方式直接进行学习，而只能以“tribê”的方式。也就是说，经过持久永恒的磨练、琢磨、砥砺、切磋、修习，在灵魂与正义之间，或者灵魂与存在之间，建立一种亲缘性。只有建立这种亲缘性，灵魂才有可能触及正义或者存在。

这就是哲学的现实性的第三个条件——知识的条件。这个条件表面看确实是从对书写的拒绝推出的：书写本身属于“知识样式”，所以书写无法实现哲学；并且还可进一步推出，哲学家不该充当“立法者”[nomothetês]：

> 必定能得出这个结论：当我们看到一篇写下的文章时，无论是立法者所写的关于法律[en nomois]的文章，抑或无论什么人的什么主题的文章，如果作者本身是严肃认真的人，那他一定不会把他的文章当回事，他的想法只保留在作者最珍贵的东西里。如果他真以其文章为荣，把它当作很重要的东西，那“可以确定的是”，这是人，而非神，“使他失去了理智”。③

---

①　柏拉图：《书简七》，344b—c；据法文迻译，见 GSA. pp.237—238。中文版《柏拉图全集》译文为：“……理智的火花最后几乎不会闪烁与迸发了，而心灵也已经在人力的范围内使尽了力气，奄奄一息了。”这句译文受英译本的误导而与原意南辕北辙了。

②　参罗念生、水建馥编：《古希腊语汉语词典》，商务印书馆 2004 年版，第 897 页。

③　柏拉图：《书简七》，344c—d；据法文迻译，见 GSA. pp.233—234。引文的最后一句话化用自《荷马史诗·伊利亚特》：“如果你是认真地发表这段演说，那就是神明破坏了你的聪明才智”（第 7 卷，360）；“如果你刚才说这些话确实出于真心，那显然不朽的天神使你失去了理智”（第 12 卷，234）。

但柏拉图此处的要旨并不是拒绝书写。我们不能因此而下结论，说柏拉图拒绝文字书写，开了“语音中心主义”（phonocentrism）和“逻各斯中心主义”（logocentrisme）。①福柯提醒我们，在《书简七》中，有一点很明确，“逻各斯”（即“定义”）是与“名称”、“型相”归在一起，笼统称为在声音中和在图形中的东西，然后作为有天然缺陷的东西而遭拒绝的。也就是说，柏拉图拒绝书写的理由不在逻各斯，因为逻各斯是与书写是同时遭受拒绝的。这里并不存在所谓“逻各斯中心主义”的问题。因此福柯说，柏拉图拒绝书写并非以逻各斯为名，而是以 tribê 为名：

> 以**琢磨**[tribê]为名，以修习为名，以辛劳为名，以工作为名，以自我对自我的某种劳作关系的方式为名。这绝不是对书写的拒绝因而成为逻各斯主义的先声，这是一种把其现实性当作自我对自我的实践的哲学。实际上，西方的主体乃是始于对书写和与其相联结的逻各斯的同时拒绝。②

在澄清柏拉图与逻各斯中心主义的同时，福柯还指出，仅从《理想国》《法律篇》出发研究柏拉图政治思想也是片面的。③柏拉图在《书简七》中明确说，类似《法律篇》这种立法活动是不严肃的。那么哲学的严肃性究竟体现在何处？福柯回答：

> 哲学的严肃性不是由告诉人们一些法律以及什么是他们可以生活于其中的理想城邦构成，而是让他们（对那些愿意聆听的人，因为哲学的现实性只有它被聆听到才有可能）不断地想起哲学的现实性本身乃在于它的实践，这是人们对自我进行修习（on exerce de soi sur soi）的实践，同时也是知识的实践，在所有这些知识的形式中，人们上下求索，把它们相互琢磨、切磋，最终使存在本身的现实性显露出来。④

总之，倘哲学仅仅作为逻各斯，它无法经受现实的考验。就《书简

---

① 可以看出，福柯实际指的是德里达。

② GSA. p.235.

③ 福柯在此直接点明批评了卡尔·波普对柏拉图的误解。

④ GSA. p.236.

七》而言，哲学现实性的考验发生于哲学与政治的关系之中。但在处理哲学与政治的关系问题时，柏拉图所强调的关键在于，哲学自身对自身所下的功夫。所以福柯的结论便是："哲学的现实乃在于自身与自身的关系中。事实上，正是对自我的治理与对他人的治理的问题的关节点上，在这点上，在这段文本中，哲学形成了它的事功[ergon]，这是它的任务，同时也是它的现实性。"①

（四）进谏的方式、内容及性质

哲学的现实性考验体现为哲学与政治的关系。进一步说，哲学与政治的关系又是以哲学作为对政治的 sumbôulê[建议、进谏]而体现的。在 1983 年度法兰西学院课程中，福柯研究了柏拉图《书简》中的三组建议。前两组出自《书简七》，第三组出自《书简八》。

第一组是柏拉图在《书简七》中对狄奥尼修二世的建议。

他说："因此我以这种方式给你们提建议，这也是狄翁同意的，我让狄奥尼修每天都如此这般生活，以使他越来越能够**控制自我**[egkratês hautou autos]。"②

柏拉图在这里没有谈论政体及其声音问题，而是谈论生活问题。前文曾说，好谏者犹如好医生。好医生对病人，不像主人对奴隶是命令—服从的关系，而是说服—被说服的关系；好医生不仅治病救人，而且还要针对病人的生活方式，从整体上提供改善建议。于是柏拉图在这里的建议也分两步进行：先为狄奥尼修二世诊断病情，再说服狄奥尼修改变生活。第一步针对已病之病，第二步针对未病之病，所以第二步更治本。柏拉图诊断之后说，狄奥尼修的病情是："尽管努力了，他还是不能够使他们中的任何人成为他统治的同盟者[toutôn koinônon tês arkhês oudena hoios t'ên]。"③而导致此病情的根子是：

---

① GSA. p.236.

② 柏拉图：《书简七》，331d；据法文迻译，见 GSA. p.260，注释 17。

③ 柏拉图：《书简七》，332a；据 GSA. p.260，注释 8。

> 狄奥尼修虽然用他的智慧把西西里变成了一个城邦[eis mian polin],但他不相信任何人,这是一个大灾难。他缺乏经受过严峻考验的真正的朋友和忠实的人[andrôn philôn kai pistôn]。没有一种道德品性比这种品性更缺乏明显标志了。①

换言之,狄奥尼修不是以"友爱与忠诚"[philoi kai pistoi]为基础,而是依靠强力征服,把分散的城邦统一为"一个城邦"。为说服狄奥尼修二世,柏拉图以民主制的雅典和君主制的波斯为例。②虽然它们政治体制不同,但政权都能维持很长时间,原因正是他们彼此信任,以"友爱与忠诚"为基础,建立同盟,合理分配权力。

依据上述诊断,柏拉图提出两方面的建议。第一方面针对政制。柏拉图认为,不应把整个西西里变为一个城邦,变为同一种政制,应该给西西里的每个城邦以相应的"政制"[politeia]和"法律"[nomoi],而且柏拉图还建议用政制和法律把这些城邦与叙拉古联结起来。第二方面针对个人,即建议狄奥尼修二世改变生活方式。柏拉图认为,治理别人的前提是治理自己,他用 apergazein 一词,告诉掌权者必须塑造自己、美化自己,使自己变得明智、稳重、审慎、考虑周全;③此外掌权者还必须与他的亲朋好友保持"和谐"[sumphônous],尤其要与他本人保持和谐。此处又出现了《书简五》的声音问题——"和谐"的字面义即"同一个声音"。但此处强调的是"和谐"对城邦的重要性,正如福柯所说:"每个城邦必须有适合它的声音,但所有这些声音必须在一起发挥作用,成为和谐(harmonie)和同声(symphonie)。并且,作为不同城邦和谐的保障,首领必须先与他本人和谐。"④

显然,柏拉图第二方面的建议才是根本。前文曾说,柏拉图在《书简七》开篇即说,他建议狄奥尼修二世每天"过一种有助于**控制自我**

---

① 柏拉图:《书简七》,332c;参王晓朝译文,法译见 GSA. p.260,注释 8。

② 柏拉图在《法律篇》第 3 卷对居鲁士的统治方式有过细致讨论;在《阿尔西比亚德》中也曾提及。

③ 参柏拉图:《书简七》,332e;亦参 GSA. p.249、GSA. p.260 注释 9。

④ GSA. p.249.

[egkratês autos hautou]的生活”。①依福柯解释，“控制”[egkratês]在一般意义上是指成为自己的主人；狭义讲，“控制”专指成为欲望的主人，能够控制欲望，尤其食欲和色欲。②总之，“控制”乃意味着个体身上的权力关系，即：“通过与他自己的关系而成为他的主人”[Egkratês autos hautou]。因此福柯说，柏拉图此处对狄奥尼修二世的建议，不只是泛泛而谈的道德品质，更是强有力的“自我对自我的权力关系”。③

第二组是柏拉图在《书简七》中对狄翁的朋友们的建议。

在种种不幸（狄翁遭流放、内战、狄翁与狄奥二世冲突、狄翁逝世）之后，柏拉图将如何回答狄翁的朋友们？④ 柏拉图说，没有别的，仍然是“同样的建议”[hê sumboulê]。⑤可见诚言之为真理言说，它有别于修辞，不会见风使舵。

针对城邦，柏拉图仍旧不充当立法者，但建议请些智慧者制定法律。智慧者务必出身高贵、家产殷实、有妻有儿。无论战胜者还是战败者，都必须遵守由智慧者所订立的共同之法[koinos nomos]，并且战胜者比战败者更要遵守。⑥而要真正做到遵守共同之法，结束内战，关键是双方都必须有一颗恐惧之心[phobos]和羞耻之心[aidôs]，因为只有恐惧和羞耻能让人们遵守法律，成为法律的奴仆。⑦因此，与此前的建议之不同在于，柏拉图在此不是强调城邦的制度及结构本身，而是强调共同的法律。福柯认为这是新的历史阶段的开始。自此以后，统一问题、联盟问题以及帝国问题逐渐成为重点。

针对个人，柏拉图仍建议依正义生活。身体有别于灵魂，前者可朽，后者不朽，因而善恶只对不朽的灵魂发生影响。柏拉图说，虽然这条真理的奉行者狄翁已先于怀疑者狄奥二世死去，但是：

---

① 柏拉图《书简七》，331d；法译见 GSA. p.260，注释 17。

② GSA. p.249.

③ GSA. p.250.

④ 《书简七》假托的就是柏拉图对狄翁的朋友们所作的回信。

⑤ 柏拉图：《书简七》，334c；见 GSA. p.250 及 GSA. p.261 注释 19。

⑥ 柏拉图：《书简七》，336a—337a；亦参 GSA. p.251。

⑦ 柏拉图：《书简七》，337a—b；亦参 GSA. pp.253—254。

我们必须在任何时候都要毫不犹豫地赞同这个古老的、神圣的说法[tois palaiois te kai hierois logois]，他告诫我们灵魂不死，灵魂要受审判，灵魂在与身体相分离后要接受最严厉的惩罚。①

柏拉图建议狄翁的朋友们依正义生活，在此处的语境中，依正义生活也就是依法律生活，惟有如此，灵魂才可免遭惩罚。柏拉图在这里并未以理念论证明灵魂不死，也未提到哲学家的死亡练习，而是直接告诉大家，这是我们每个人都得遵守的“古老的、神圣的逻各斯”。

第三组是柏拉图在《书简八》中的建议。

福柯判断，《书简八》写于《书简七》之后。表面看，关于政制和法律的讨论占了该书简不少篇幅，似乎柏拉图充当了立法者。其实未必。理由有两点：第一，柏拉图在《书简八》对政制的建议，乃是以个人灵魂的幸福作为基础的。此乃柏拉图一以贯之的思想：

首先你们要接受这样的法律，你们清楚地看到这些法律不会使你们的思想和欲望转向挣钱和富裕。有三样东西：灵魂、身体、金钱。你们要把灵魂的美德放在最荣耀的位置上；其次是身体的美德，然后要使之从属于灵魂的美德；把第三和最末一位的荣耀给金钱，使之成为身体和灵魂的奴仆。②

第二点理由更重要。柏拉图说：

我此刻的观点是，我尽量用公正的、不偏不倚的理性**对你们诚言**[êgo peirasomai pasê parrêsia]。可以说是作为两派之间的调停者来说话[……]，向他们之间的每个人说话，就如同他是单独的一样。我要给出的建议[sumboulên]并不新鲜。③

这段话有五个特征：其一，它以柏拉图个人的名义说话，未以城邦、法律或神祇的名义说话。柏拉图用“在我看来”[ho de moi phainetai]、“我的建议”[emê sumboulê]等种种表达，④反复强调这是他

① 柏拉图：《书简七》，335a；福柯的分析见 GSA. p.253。

② 柏拉图：《书简八》，355b，王晓朝译文。

③ 柏拉图：《书简八》，354a，据 GSA. pp.255—256 迻译。

④ 柏拉图：《书简八》，355a；参 GSA. p.256。

个人的观点。其二，柏拉图说，他个人的观点，同时也是共同的逻各斯[koinos logos]。①倘若狄翁仍在世，他也会这样说。其三，这番话符合一般原则，但也针对此刻[ta nun]的形势。②其四，柏拉图在此不是作为立法者而说话，而是作为 diaitêtês 而说话。该词有两层含义，既可表示司法活动中的调停仲裁，也可表示医疗中的饮食法则。③其五，柏拉图的建议经得起现实的考验。对此柏拉图充满信心，他说，你们将在现实中认识它[ergô gnôsesthe]，因为现实就是最好的试金石[basanos]。④

我们所熟悉的诚言结构至此已经很明显。作为谏者的柏拉图，他要实践他的哲学诚言。哲学诚言不是空话，它得接受现实的考验。从这个意义上说，哲学诚言正如同神祇的梦幻，但这种梦幻惟有在清醒者之处，方可变为灿烂而又幸福的现实[enargê te exergasêsthe telesthenta kai eutukhê]。⑤这就是柏拉图在《书简八》结束时给狄翁的朋友所留的忠告。

(五) 小　结

哲学的事功确实是相关于政治而实现。但我们要澄清两点：其一，它不等于对政治权力横加干涉。福柯说："哲学不是针对权力(sur le pouvoir)的诚言，而是相关于权力(par rapport au pouvoir)而进行诚言。"⑥换言之，"哲学不是告诉权力该做什么，而是在与政治活动的某种特定关系中进行诚言而存在。"⑦表面看，《理想国》(437c—d)和《书简七》(326b)肯定了哲学与政治的一致性。但福柯通过文本细读告诉我们，柏拉图的强调的其实不是哲学话语与政治实践的重合，而是做哲

---

① 参柏拉图：《书简八》，357b；类似的说法也见于 354c、355a，参 GSA. p.257。
② 参柏拉图：《书简八》，354a；见 GSA. p.261，注释 34。
③ 参 GSA. p.258。
④ 参柏拉图：《书简八》，355d；见 GSA. p.258。
⑤ 参柏拉图：《书简八》，357a—d；见 GSA. p.236，注释 40。
⑥⑦ GSA. p.264.

学的人行使权力，或者行使权力的人做哲学。①后一种理解重在强调作为动词的哲学，即“做哲学”[philosophein]。福柯说：“这种哲学活动是个体把自我构造为主体——关乎特定生存方式的主体——的首要的、基本的、根本的方式。正是这种做哲学的主体之生存方式，构造了行使权力的主体之生存方式。”②因此，这里的一致性不是哲学知识与政治理性之间的一致性，而是做哲学的主体的存在方式与实践政治的主体的存在方式之间的一致性。换言之，相一致的不是哲学与政治，而是“主体的存在方式”：行使权力的主体必须同时作为实践哲学的主体而存在，反之亦然。

其二，哲学诚言与政治实践的如上关系可称为柏拉图式的关系，但哲学诚言与政治实践的关系并非只有这种，例如还有犬儒式的关系。犬儒式的关系与柏拉图式的关系正相反对，这从犬儒第欧根尼与亚历山大、柏拉图相遇的两则事例可见。据说，某日亚历山大去找第欧根尼，站在第欧根尼前面说：

——亚历山大：“我，我就是那个伟大的国王，亚历山大。”

——第欧根尼：“我，我就是那只狗，第欧根尼。”③

而第欧根尼与柏拉图相遇的场景则是，柏拉图某日看到第欧根尼在洗莴苣，于是上前搭话：

——柏拉图：“如果你向狄奥尼修献献殷勤，现在就不用洗莴苣了。”

——第欧根尼：“如果你洗了莴苣，就用不着向狄奥尼修献殷勤了。”④

比较两则事例可知：对柏拉图而言，哲学与政治虽不重合，但却永远内在相关；对犬儒而言，哲学与政治是永不重合的外在关系，甚至是

---

① 柏拉图：《书简七》326b，《理想国》437c—d；福柯对希腊本文的详细分析见 GSA. p.271。“做哲学”的希腊文是 philosophein，是“哲学”的动词形式，因汉语不能把“哲学”作动词用，姑且译作“做哲学”、“实践哲学”、“哲学活动”等。

② GSA. p.272.

③ 第欧根尼·拉尔修：《名哲言行录》，60；据 GSA. p.274 注释 2 的法文迻译；

④ 第欧根尼·拉尔修：《名哲言行录》，58，马永翔译文。

挑战、嘲讽、冲突的关系。此外，在犬儒主义这里，哲学与政治的冲突关系发生于公共空间（place publique）；而在柏拉图那里，哲学与政治之间相关又不重合的关系却是发生于君王灵魂（âme du Prince）。因此便有相互冲突的两极：一极是第欧根尼以及公共空间，一极是柏拉图以及君王灵魂。这两极之间的冲突一直贯穿西方政治思想史，不断引起人们的反思，乃至福柯认为它成为了西方政治思想不断追问的关键："哲学的真实话语，是否必定要为塑造君王的灵魂而对他说话？或者，哲学的真实话语，是否必定要在公共空间而与君王的活动和政治的活动处于一种挑战、冲突、嘲讽、批评的关系？"①

二、哲学诚言排斥于修辞——福柯对柏拉图《申辩》《斐德若》的读解

（一）问题：真理话语的本体论

自公元前 5 世纪末 4 世纪初开始，至古代晚期结束，哲学与修辞之争始终是西方思想史的一条重要线索。哲学与修辞是两种话语，或者说是话语的两种存在方式。但它们不是普通的话语，它们声称言说真理，并使真理对人的灵魂产生影响，因此它们自认是真理话语。研究这两种话语的存在方式问题，也就是研究"真理话语的本体论"（ontologies du discours de vérité）问题。

研究该问题可有两种方式。第一种是"知识论分析"（analyse épistémologique），指的是"分析不同话语作为真实话语被给予或被接受的独有结构"，这种结构，福柯称之为"知识论结构"。②第二种是"在其处境和形式中来分析言说真理话语的主体的行为方式，通过这些方式，主体展现自身：向他自己展现自身，并且在说真话的同时得到他人

① GSA. p.270.

② CV. p.5.

的确认”，这些方式，福柯称之为“诚现方式”（formes alèthurgique）。①如果说第一种分析重在关注言说内容的知识论结构，那么第二种分析则重在关注言说主体通过言说真理而展现自身和构建自身的方式：

> 在言说真理话语的行动中，个体采取什么方式来进行自我建构，并被他人确认为掌握真理话语的主体；说话者以什么方式向自己及他人的目光来展现自我，什么是说真话的主体采取的方式。②

福柯所取的分析方式是第二种。福柯认为，在古代伦理或者古代希腊罗马文化中，有一原则极为重要，即：“必须言说关于自身的真理”（Il faut dire vrai sur soi-même）。③因此，以第二种方式分析真理话语的本体论问题，至少得关注三种存在方式问题：④首先，这种真理话语独有的存在方式是什么？其次，这种真理话语所言说的实在的存在方式是什么？最后，这种真理话语加之于其话语主体的存在方式是什么？

在福柯看来，要回答这三个问题，必须把话语理解为实践（pratique）；必须把话语理解为真理言说的游戏（jeu de véridiction）；必须把思想史理解为虚构（fiction），即独特发明的历史（histoire des inventions singulières）。⑤福柯眼里的思想史，不是认识形态转化的历史；福柯眼里的思想史的研究，不是为各种知识或认识进行分类和编码。因此，在进行思想史研究时，不能仅仅以知识史的尺度来衡量思想史；也不能以知识史的标准来确定真理与谬误，而是要研究真理与谬误之分在知识史中是如何产生的。

以上为读解《申辩》与《斐德若》的问题背景。

（二）《申辩》：为哲学诚言之辩

“我将表明自己完全不是能说会道。”⑥——这场申辩一开始，苏格

---

① CV. p.4. “alêthourgia”是福柯生造的一个词，用以表示“真理之展现”（manifestation de vérité），此处且译为“诚现”，以体现与“诚言”之联系。福柯曾在 1980 年 1 月 23 日和 30 日的课堂上解释过该词，见 CV. p.20，注释 3。

②③ CV. p.5.

④⑤ 参看 GSA. p.285。

⑥ 柏拉图：《申辩》，17b，王太庆译文。

拉底就把自己的话语方式与原告的话语方式对立起来：原告精通言说技艺[tekhnê]，能说会道，把话说得天花乱坠，但却没有一个字是真实的；苏格拉底则相反，他在这里完全是个 xenos[外地人、外行]，[1]没有任何言说技艺，只会说真话。苏格拉底不仅替自己申辩，更替哲学话语的存在申辩。《申辩》因关系到苏格拉底的生死以及哲学的存亡而显得十分要紧。

苏格拉底申辩时所展示的哲学话语，其特征有三。[2]第一，哲学话语是日常话语。哲学没有自创一套独特的概念术语和专业术语。它所使用的话语就是街头巷尾的话语，就是每天都讲的大白话，与市场上、钱铺里的话语并没有什么两样。所以苏格拉底说：

> 在我答辩的时候，如果听到大家在市场上、钱店里或者什么别的什么地方听我常说的一些字眼，请不要见怪，不要打断我。[3]

第二，哲学话语是顺其自然的话语。"自然的话语"当然不等于"胡言乱语"。"自然"的对立面是"刻意"。就是说，哲学话语不刻意在表达方面下功夫，不刻意安排句式，不刻意遣词造句，不刻意字斟句酌，总之就是不刻意把话说得漂亮。所以苏格拉底说：

> 我的话不像他们那样字斟句酌，也没经过仔细安排，只是信口说出，不加选择。[4]

第三，哲学话语是可信的话语。"可信"可从两方面说。一是从哲学家这方面说，哲学家所说即所想，所说的即是他真实相信的，所以苏格拉底说：

> 我说的只有实话，没有别的。[5]

类似说法《会饮》中也可见。在《会饮》中，苏格拉底排在阿伽通之后赞颂爱若斯，但轮到他时，他却说他根本不会作颂词，他只能"用自己的方

---

① 柏拉图：《申辩》，17d。
② GSA. pp.288—289.
③ 柏拉图：《申辩》，17c—d。
④ 柏拉图：《申辩》，17b—c。
⑤ 柏拉图：《申辩》，17b。

式专说些老实话”。[1]二是从话语这方面说，哲学家不仅说他所想，而且说他所认为是真实的，他所说的即是他相信真实的。所以苏格拉底说：

> 我相信我说的是正理[*pisteuô dikaia ha legô*]，你们别指望有什么别的意思。[2]

苏格拉底自信他说的是“正理”，自信他的话一定是真实的，理由何在？福柯认为，这与希腊语当中的一个普遍观念相关。这个观念即“真实的逻各斯”[logos etumos]。[3]它指的是，“逻各斯”与“真实”之间有一种源初的、天然的联系，从本来意义上说，逻各斯所表达的肯定是事情的“本质”[ousia]；倘出现错误，这错误并非逻各斯本身所固有，而是歪曲运用逻各斯的结果。

总之，哲学话语作为日常话语而存在，作为自然的话语而存在，作为可信的话语而存在。以这种方式存在的哲学话语，福柯以希腊文称之为 parrêsia[诚言]。这是苏格拉底所坚持使用的话语，也是苏格拉底为之反复申辩的话语。所谓“哲学诚言”，就是依“诚实”[pistis]原则与“真理”[alêtheia]维系起来的逻各斯，亦即“真实的逻各斯”[logos etumos]。修辞话语则相反，它不是日常话语，而是技术话语、规则话语；不是自然话语，而是雕琢修饰的话语；不是可信的话语，而是动听的、说服性的话语。所谓“修辞话语”，就是依“技艺”[tekhnê]原则而表达的话语，因而它不必与“真实”[alêtheia]或“本质”[ousia]相维系，不必是真实的逻各斯。这一结论在读解《斐德若》之后会更加清楚。

（三）《斐德若》：修辞技艺与辩证技艺

《斐德若》的主体部分包含三篇讲辞。前一篇为吕西阿斯所作，后两篇为苏格拉底所作。此处主要论述第三篇讲辞。这篇讲辞作为苏格拉底的“洗罪书”，涉及双重之真：话语之真与爱欲之真。[4]

---

① 参看柏拉图：《会饮》，199a—b。

② 柏拉图：《申辩》，17c，希腊文参看 GSA. p.289。

③ 出自柏拉图《斐德若》，243a；参看 GSA. p.290。

④ “爱欲的真实”详见福柯《性经验史》第二卷《快感的利用》第五章“真正的爱欲”。

我们首先澄清一个误解:《斐德若》拒斥文字书写,开创了逻各斯中心主义。此误解根深蒂固、流传甚广。然而,从福柯读解柏拉图的总体思路看,我们认为它实在不能成立。这种误解常常在柏拉图的《书简七》或者《书简二》之中找支持论据。但我们在前面论述福柯对《书简七》的读解时曾说,柏拉图对书写文字的拒绝并非以口说话语(希腊文即 logos)为名,而以砥砺、琢磨、历练(希腊文即 tribê)为名;以 tribê 为名,口说话语与书写文字乃是同时被拒绝掉的。就此处所讨论的《斐德若》来说,柏拉图也没有以逻各斯为名而对书写文字加以拒斥。例如斐德若称吕西阿斯只不过是一个"逻各斯的写作者"(logographe),即写作话语的人。[①]可见在柏拉图这里,逻各斯既指口说话语,也指书写文字;逻各斯并不专指与书写文字截然分离的口说话语。苏格拉底接着说:"写作逻各斯[to graphein logus]这件事本身并没有什么可丑。"[②]也可见苏格拉底并非就写作本身而批评写作本身。修辞学家未能言说关于爱欲的真理,原因不在写作本身,而在写得坏。[③]显然问题的关键不在区分书写的逻各斯与口说的逻各斯,而在怎么区分好的逻各斯与坏的逻各斯。柏拉图关注的不是逻各斯被书写还是被口说,而是关注逻各斯是以好的方式还是坏的方式被写和被说,即关注的是逻各斯自身的品质好坏。问题就是:如何区分逻各斯的品质好坏?

苏格拉底的答案是,逻各斯(口头语言和书写文字)的品质好坏取决于逻各斯的使用者是否知晓论述对象的真相[to alêthes]:

> 在言辞方面,一种真正的技艺[etumos tekhnê],如果不与真相维系起来[aneu ou alêtheias],就没有,而且永远不会有它。[④]

修辞学家在使用逻各斯的时候不与真相维系。他们只需了解多数人的意见,没必要了解真相,因为说服不靠真相,而靠众人意见。[⑤]亚里士多

① "逻各斯的写作者"乃由"逻各斯"与"书写"两词相合而成,出自《斐德若》,258d;参 GSA. p.302。

② 柏拉图:《斐德若》,258d,参考朱光潜先生译文,改动之处不一一注明。

③ 柏拉图:《斐德若》,258d。

④ 柏拉图:《斐德若》,260e;法译见 GSA. p.309,注释 8。

⑤ 参柏拉图:《斐德若》,260a。

德就曾据此把修辞术定义为“一种能在任何问题上找出可能说服方式的功能”。①如此使用逻各斯，修辞学家可就同一件事，时而说好时而说坏，时而说是时而说非。②他们之所以能这样，诀窍是抓住事物的相似性，以相似模糊差异，诱使人们混淆是非好坏。因此苏格拉底说修辞术是一种灵魂引导术，是一种“通过逻各斯[dia logôn]来实现灵魂引导[psukhagôgia]的方法”。③这是苏格拉底对修辞术的定义。

如此说，逻各斯不仅关乎真相，而且关乎灵魂。倘要以言辞技艺[tekhnê logous]引导灵魂，那么引导者必须依言辞对象的实存[tên ousian]，揭示该对象的本性[tês phuseôs]。④而言辞对象不是别的，正是灵魂。苏格拉底说：

> 既然言辞独有的力量[logou dunamis]在于灵魂引导，那想做修辞家[rhêtorikon]的人，就得知道灵魂有多少样式[eidê]。⑤

灵魂样式不同，言辞样式也不同，言辞样式随灵魂样式的不同而不同。哪种技艺可以识别各种样式？修辞技艺[tekhnê rêtorikê]首先被排出。苏格拉底打比方说，修辞技艺家声称懂得灵魂样式，好比稍懂处理身体冷热的人声称知晓医道，又好比稍懂声律高低的人自称音乐家。能够真正分晓事物实存和事物本性的技艺，绝不是修辞技艺，苏格拉底另赋这种技艺一个名称，唤作辩证技艺[tekhnê dialektikê]。⑥辩证技艺有两个法则：一依普遍理念统观全体，一依自然关节分解全体。⑦总之就是“如其本然地看出一与多”。⑧惟有辩证技艺可以识别灵魂样式，以适宜的言辞样式引导灵魂。此乃辩证技艺的功用所在。苏格拉底说：

> 运用辩证技艺[tê dialektikê tekhnê]在一个适宜的心灵里种下言辞的种子，这种言辞后面有真知识，既可以辩护自己，也可以

① 亚里士多德：《修辞学》，1355b，罗念生译文。
② 参柏拉图：《斐德若》，261c—d。
③ 柏拉图：《斐德若》，261a；法译见 GSA. p.309，注释 9。
④ 柏拉图：《斐德若》，270e，法译见 GSA. p.309，注释 15。
⑤ 柏拉图：《斐德若》，271c—d；法译见 GSA. p.307。
⑥ 参柏拉图：《斐德若》，276e。
⑦ 参柏拉图：《斐德若》，265c—e。
⑧ 柏拉图：《斐德若》，266b。

辩护种植人。①

在灵魂里种下的言辞种子，即哲学诚言；哲学诚言的技艺，即真正的技艺[etumos tekhnê]。它先以辩证技艺，认识真理本身，再以灵魂引导的方法，把真理写入灵魂。辩证技艺与灵魂引导，乃是哲学诚言不可分离的两种存在方式；对存在的认知与灵魂的实践运动，是同一过程不可分离的两个侧面。所以福柯说：

> 辩证技艺与灵魂引导是同一过程之两面，是同一技艺之两面，这是关于逻各斯的技艺之两面。因为哲学的逻各斯，或者说关于逻各斯的哲学技艺可以同时达至对真理的认知以及灵魂的实践。②

哲学诚言因与真理维系，因与灵魂的本性维系，所以是唯一的真正的技艺[etumos tekhnê]。而修辞技艺既与真理无关，也与灵魂的本性无关，根本就不是技艺，或者用苏格拉底的话说，是非技艺[a-tekhnia]。③

（四）小　结

在《申辩》中，苏格拉底通过比较被告的话语与他自己的话语，区分了修辞与哲学两种话语的存在方式。就内容而言，哲学话语“真”，修辞话语似真而实“假”；就态度而言，哲学话语“诚”，修辞话语“虚”；就功用而言，哲学话语督促人们关心智慧、真理与灵魂；修辞话语唆使人们关心钱财、名声与荣誉。

在《斐德若》中，苏格拉底通过比较吕西阿斯的关于爱欲的讲辞与自己关于爱欲的两篇讲辞，区分了修辞技艺与辩证技艺。修辞技艺不知道灵魂的真相，因而没法实现对灵魂的引导，也没法为自己辩护；辩证技艺懂得按照灵魂的本性说话，也能够为自己辩护，因而辩证技艺才是真正的技艺。这个结论通过以下对《高尔吉亚》的读解将会更加

① 柏拉图：《斐德若》，276e。

② GSA. pp.307—308.

③ 柏拉图：《斐德若》，274b。

明了。

三、哲学诚言爱慕于灵魂——福柯对柏拉图《高尔吉亚》的读解

(一) 什么是修辞技艺?

《斐德若》和《高尔吉亚》都涉及修辞。但两篇对话涉及修辞的方式不同:《斐德若》是以如何写作对爱欲的赞美文章而转入讨论修辞的。苏格拉底由对爱欲的赞美出发,通过模仿修辞技艺的方式,进而批评修辞技艺,最终结论是修辞技艺并不能对真实的爱欲进行真实的赞颂。而《高尔吉亚》则是劈头就问"什么是修辞技艺?"[*Tis an eiê tekhnê têss rêtorikês*?]①

修辞学家高尔吉亚先后给出了两个关于修辞的定义:第一,修辞技艺是"通过话语来产生影响的技艺";②第二,"修辞技艺是说服的创造者,它所有的活动都与此相关"。③苏格拉底说,我们要回答修辞是什么,亦即界定修辞技艺区别于其他技艺的本质。而这两个定义不能实现此目的,因为我们仍可举反例,如医生治疗病人、教师教授学生,也得以话语为手段进行说服,而且医生和教师肯定比修辞学家更具说服力。那么医生、教师与修辞学家区别在哪呢。此论证适用其他任何一个专业技艺领域。受苏格拉底反驳后,高尔吉亚进一步回答,修辞技艺是在最高尚的、最善的事情上使用话语:

> 我指的是在法庭上用言语劝说法官、在议会中用言语劝说议员、在公民大会或其他政治集会中用言语劝说参会者的能力。④

显然,在高尔吉亚眼里,最高尚的、最善的事情指的是政治事务,修

① 柏拉图:《高尔吉亚》,448e,见 GSA. p.329。
② 柏拉图:《高尔吉亚》,450d。
③ 柏拉图:《高尔吉亚》,453a。
④ 柏拉图:《高尔吉亚》,452e,王晓朝译文。

辞作为用话语为手段来产生影响的技艺，所特指的是在政治场景中的运用，因而涉及公正或不公正的事情。但苏格拉底和高尔吉亚都一致认为，修辞学家不是关于公正的教师，因为他们不可能在如此短暂的时间内教会人们关于公正的知识，他们只是通过劝说，让人相信什么是公正。所以苏格拉底说：

> 修辞术不需要拥有关于它们所谈论的事物状况的任何知识，它只需要发现某种产生劝说的技巧，为的是使他自己在那些没有知识的人的眼中显得比那些实际拥有知识的人更有知识。①

引文中译为“技巧”的词，并不是“技艺”，或可译为“本领”。就是说，在苏格拉底看来，修辞技艺其实根本不能称作“技艺”[*tekhnê*]，它只是一种“技巧”，一种使人产生快感和满足感的技巧，苏格拉底把这种技巧叫作“奉承”[*kolkeia*]。②“奉承”有四种：烹调术、美容术、修辞术、智术。烹调术和美容术针对身体，是体育和医学的伪装；修辞术和智术针对灵魂，是立法和公正的伪装。烹调术和美容术对身体，犹如修辞术和智术对灵魂：烹调术以美食的快感假冒医学，犹如智术以知识技能假冒智慧；美容术以形状或颜色迷惑人们放弃体育，犹如修辞术以动听的语言迷惑人们放弃实践灵魂的善。③因此，高尔吉亚所谓“在法庭上用言语劝说法官”，其实是劝说法官让作恶者逃避惩罚，这不仅对作恶者没有任何好处，反而更加深了他灵魂的恶，就好比劝说医生不要对病人进行治疗，这只会加重他身体的病情。

（二）修辞技艺的功用

如果承认修辞技艺确实是奉承，那它就不像它所声称的那样，是为

---

① 柏拉图：《高尔吉亚》，459b—c，王晓朝译文。

② 柏拉图：《高尔吉亚》，463b。古典学家 A.E.泰勒认为这个词译为“迎合顾客心情”比译为“奉承”更准确。因为在公元 5 世纪的语言中，kolae 表示喜剧称为“食客”的人。详见 A.E.泰勒：《柏拉图——生平及其著作》，山东人民出版社版 1996 年版，第 161 页，注释 1。

③ 参看《高尔吉亚》463b 以下。

人类最高尚、最伟大的事物而使用语言的。那它功用何在呢？苏格拉底的答案是，它没有任何功用，因为作恶已属不幸，而作恶之后逃避惩罚更是不幸中的不幸，因此，苏格拉底说：

> 人们必须小心谨慎地不作恶，因为他若是作恶就会受到重大伤害。但若他或其他那些他关心的人作了恶，他必须自愿去法官那里接受惩罚，越快越好，就像去看医生一样，他要尽快防止邪恶蔓延，以免在灵魂上留下无法治愈的溃烂的疮口。①

如果非要说修辞技艺有什么作用，那除非对它采取相反的用法。这种用法可分两种情况：一种针对自己和亲朋，一种针对敌人。针对自己和亲朋的使用情况是：

> 若要为自己的罪行辩护，为自己的父母、朋友、子女、国家所犯的罪行辩护，修辞术没有任何用处，除非我们持有相反的观点，假定某人必须首先责备自己，然后责备他在某个时候作恶的亲属和朋友，他一定不能隐瞒罪恶，而要将之公布于众，以便使罪犯接受惩罚，重获健康。他会要求自己和其他人不要胆怯，而要闭上眼睛，勇敢地面对刀子和灼烧，不畏痛苦，追求良善和光荣。如果他的罪要受拷打，那么就接受拷打；如果他的罪该坐牢，那么就接受捆绑；如果要付罚款，那么就交罚金；如果该流放，那么就接受放逐；如果该处死，那么就去死。②

犯了罪必须遭受处罚，逃避不仅无济于事，而且只会招致更严重的处罚，哪怕死后灵魂依然要受审判。因此，揭露所犯恶行，并接受相应处罚，避免因掩盖恶行而带来更大的不幸，这是修辞技艺针对自己或亲朋的使用。若针对敌人的使用则恰好相反，修辞技艺不仅不揭露他的恶行，反而为其恶行辩护，以使他遭受更严重的惩罚：

> 如果你的敌人伤了其他人，你应当尽一切可能，凭言语和行动，让他逃避惩罚，不上法庭。但若他在法庭上出现了，那么你

① 柏拉图：《高尔吉亚》，480a—b。

② 柏拉图：《高尔吉亚》，480b—d；亦参看 GSA. p.330。

一定不要让他挨打和受罚。但若他在法庭上出现了，那么你一定不要让他挨打和受罚。如果他抢了别人一大笔钱，不要让他偿还，而是让他无视诸神和凡人继续拥有和挥霍这笔钱。如果他的罪行应当处死，那么只要有可能，就不要让他死，而要他永远生活在罪恶中，就算不能如此，也要让他尽可能活得长。波卢斯，我们前面的讨论已经表明修辞术没有用，如果说修辞术有什么用的话，那么我认为它可以用来实现这种目的，但它对不想作恶的人来说没有用。①

总之，无论对自己和亲朋，还是对敌人，修辞术的使用对象都是恶人；反过来说，对不作恶的正义者，修辞术没有作用。而恶人的生活一定不是好生活，我们必须小心谨慎，避免作恶。倘承认此前提，那就可以下结论：修辞术什么都不是，修辞术什么用都没有。

（三）哲学诚言爱慕于灵魂

修辞术一无是处，修辞术一无用处。听到这样的结论，在场的卡利克勒再也忍不住了。犹如《理想国》中的色拉叙马霍斯，《高尔吉亚》中的卡利克勒也对苏格拉底发动了类似批判。卡利克勒说，强者即正义，此乃真理；正义优于非正义，纯属谬论。正义有天然与习俗之分，天然的正义只属于天然的强者。苏格拉底驳倒高尔吉亚和波卢斯的秘密是他把天然的正义偷换为了习俗的正义。

接着，卡利克勒对哲学发动了激烈批评，认为哲学害人不浅，苏格拉底便是典型的受害者。因为苏格拉底自幼埋头研习哲学，既不懂城邦礼法，也不通人情世故，说话不分场合，开口便遭人嘲笑，总之就是缺乏杰出公民所必备的修养。②卡利克勒说：

你和那些在哲学上走得更远的人就不认为你们的处境很可悲

---

① 柏拉图：《高尔吉亚》，480e—481b；亦参看 GSA. p.334。

② 参看柏拉图：《高尔吉亚》，484c—e。

> 吗？如果现在有人抓住你，或其他像你这样的人，拉着你去监狱，你们没犯罪也说你们有罪，那你就会发现自己不知如何是好，嘴张个没完，却说不出话来，如果你被送上法庭，乃至碰上一位非常恶毒的无赖似的原告，如果他要求处死你，那么你会被处死。①

卡利克勒所谓“嘴张个没完，却说不出话来”，这不正是在法庭申辩时说“我将表明自己完全不是能说会道”的苏格拉底吗？所谓“被送上法庭”、“被处死”，这不正是苏格拉底的真实命运吗？因此，在卡利克勒看来，哲学完全无力为自己辩护。而造成哲学无力为自己辩护的原因，在卡利克勒看来，正出自哲学本身，哲学家从开始就走错了路：

> 你放弃了你最应当关心的事，你既不能在抓住有理的、令人信服的话语，更不能代表别人提出高明的建议。②

在卡利克勒眼里，哲学不仅无用——既不能为自己辩护，也不能对别人提供益处，而且更为严重的是，哲学简直就是“使天赋良好的人变坏的技艺”。

哲学能否为自己辩护，这不是一个虚拟的理论问题。因为苏格拉底亲自上过法庭，以诚言的方式为自己和哲学申辩过。结果我们都知道，苏格拉底被定罪。但面对法官和指控者，苏格拉底说：“我之所以定罪，是由于缺少一样东西，但是缺少的不是言辞。”③而面对卡利克勒的指责，苏格拉底又将如何申辩呢？苏格拉底既不恼怒，也不急于申辩，而是对卡利克勒说：

> 如果我的灵魂是一块黄金，卡利克勒，你不认为我应当为能够发现一块最好的试金石而感到高兴吗？如果我能找到这样一块试金石，能用它来检验我的灵魂是否成熟，那么我就能确信自己是否处在良好的状态中，而不再需要别的检验了。④

我们知道，在《书简七》中，柏拉图已经从哲学与政治的关系出发，回答

---

① 柏拉图：《高尔吉亚》，486a—b。

② 柏拉图：《高尔吉亚》，485e—486a；语出欧里庇得斯：《安提俄珀》残篇 21。

③ 柏拉图：《申辩》，38d。

④ 柏拉图：《高尔吉亚》，486d。

了哲学诚言能否经受现实考验的问题。而在这里，苏格拉底以“试金石”[basanos]比喻灵魂，表示不同灵魂之间所进行的相互考验。因此，《高尔吉亚》不同于《书简七》之处就在于，苏格拉底没有从政治的角度讨论哲学经历的现实考验，而是从灵魂的角度讨论哲学经历的品质考验。

试金石之所以能够检验黄金，原因是它与黄金有相同本性。同理，灵魂之所以能够互相检验，原因也是灵魂有相同本性。所以，灵魂检验是灵魂相同本性的体现，当然也是灵魂真实性的展现，正如石头经由试金石检验确实为真。而灵魂真实性的展现，其结果乃是 homologia，即不同灵魂之间所实现的逻各斯的一致性。于是在灵魂检验中，“逻各斯的真实性”也就是“逻各斯的一致性”，二者说法不同，意义相同。并且“逻各斯的真实性”也就是“真实的逻各斯”，而“真实的逻各斯”即通常所谓“真理”。因此，“真理”不是思想与思想对象之间的吻合，而是灵魂之间的逻各斯的一致。它包含三个标准：知识[epistemê]，善意[eunoia]，诚言[parrêsia]。①苏格拉底对卡利克勒说：

> 任何人想要恰当地检验一个人的灵魂是善良还是邪恶，必须具有三项品质，而这些品质你全部都有，这就是知识、善意、诚言。②

按福柯理解，此处的“知识”，指的不是对话中所学的知识，而是对话者清楚对话内容的真实性；此处的“善意”，指的不是对话者相互利用，而是由衷盼望对方好的友爱善意；此处的“诚言”，指的不仅是坦率，而且还是真理言说之勇气。要之，福柯说：

> 知识使得所说所想是真的，善意使得仅为着善意而交谈，诚言给予说出想法的勇气。③

这三个条件确保“逻各斯的一致性”[homologia]，使逻各斯能够成为灵魂的试金石。哲学诚言的话语就是一种作为试金石的话语。通过哲学

①③　参看 GSA. p.342.
②　柏拉图：《高尔吉亚》，487a。

诚言而实现的这种话语一致，与通过修辞所实现的话语一致，这两种一致有本质差别。对修辞而言，演说者掌握听众喜好，专挑他们爱听的话来说，演说者以这种方式与听众达成的一致，不是逻各斯的一致，而是快感和欲望的一致。

苏格拉底式的哲学诚言不仅不同于修辞，也不同于伯里克利式的政治诚言。因为对伯里克利而言，他的诚言在于说服并支配其他人，达到统治城邦的目的；要说服其他人，伯里克利除了具备理性的逻各斯之外，他在一定程度上也得依赖修辞技艺。而在苏格拉底这里，其目的并非支配和控制其他人，而是实现逻各斯的和存在本身的一致。因此苏格拉底式的哲学诚言所依赖的不是“修辞”，而是“爱”。①因此故说哲学诚言爱慕于灵魂。这也是《斐德若》和《高尔吉亚》两篇对话讨论修辞却又总牵连爱的原因。

总之，运用话语的技艺有两种：一种是修辞技艺，它尽挑听众爱听的话，达到奉承的效果；一种是哲学诚言，它不说好听的话，只说真实的话，功效是让公民的灵魂尽可能变好。苏格拉底说，只有这样运用话语的演说家才是真正的有技艺的演说家、好的演说家：

> 当他把他的任何话语以及他的所有行为，他的所有馈赠或收取，应用于人们的灵魂的时候，他会注意到的事情。他总是关注公正如何能够在他的同胞公民的灵魂中产生和存在，不公正如何能够被消除，自我节制如何能够产生，缺乏约束如何能够被消除，其他优点如何能够产生，邪恶如何能够离去。②

（四）小　　结

通过以上对《申辩》、《斐德若》、《高尔吉亚》的读解，哲学诚言与修辞的关系已经很清楚了，两者是一种排斥关系；哲学诚言与灵魂的关

---

① 参看 GSA. p.344.

② 柏拉图：《高尔吉亚》，504d—e，王晓朝译文。

系，也很清楚：哲学诚言爱慕于灵魂。但哲学诚言与政治的关系则要复杂许多。首先哲学诚言与政治的关系，既不像与修辞的关系是一种排斥关系，其次也不像与灵魂的关系是一种爱慕关系。在读解《书简七》时，我们已经说了，哲学诚言与政治的关系是一种相关关系。在此，我们仅限《申辩》《高尔吉亚》再申述几句。

其一，在《申辩》中，苏格拉底说，他对政治是"外行"；还说"以私人身份提出劝告，却不敢参加议院，向城邦提意见"；①我们在此处的读解也说，苏格拉底关心的乃是灵魂的善恶问题。依常规看法，灵魂的善恶属于伦理问题，这是否意味着苏格拉底抛开了自然问题和政治问题，转向了伦理问题。自然问题我们暂时不谈，我们只想强调，在苏格拉底眼里，灵魂问题就是政治问题，而且是真正的政治问题，对此，苏格拉底说得非常明确："我是少数掌握了真正技艺，从事真正的政治的雅典人之一。这是因为，我在各个场合的讲话不以使人满意为宗旨，而以至善为宗旨。"②

其二，至于是不是像卡利克勒所说，苏格拉底因为过分钻研哲学，过分关注灵魂问题，结果无力为自己辩护。对此，苏格拉底的回答也非常明确。他说这不是因为钻研哲学之故，而是因为他不愿意做卡利克勒所推荐的那些事情，也就是不愿意像修辞学家那样，枉顾公正与否，唯以讨好听众为目标，所以他在法庭上不知道该说些什么。③苏格拉底在《高尔吉亚》此处的说法与在《申辩》的说法是相吻合的。并且苏格拉底还预料到，如果他受审甚至被判死刑，这并没有什么可奇怪的。苏格拉底打了个比方，他的受审，好比医生的受审：被告是一名厨师，陪审团是一群儿童。如果厨师对儿童控诉说：这位医生用手术刀伤害你们，恐吓你们，不仅不给你们吃大量的、各种甜食，而且还逼迫你们吃苦药。而我与他相反，我不会限制你们，我会让你们想吃什么就吃什么。苏格拉底说，面对这样的指控，这位医生还能说什么呢？这位医生不愿意撒

① 柏拉图：《申辩》，31d，王太庆译文。

② 柏拉图：《高尔吉亚》，521d，王晓朝译文，有改动。

③ 柏拉图：《高尔吉亚》，521e。

谎讨好孩子，但如果他实话实说：孩子们，我所做的事情都是为了你们的健康。这些法官儿童会听他的话吗？① 所以，苏格拉底最后说：

> 如果我由于缺乏这种能力（指自我辩护的能力——引者注）而被处死，我真的会十分恼火。但若我走到生命的尽头是由于缺乏这种奉承的修辞术，那么我知道你会看到我从容就义。②

作为灵魂医生的苏格拉底，就这样为哲学诚言付出了生命的代价，死在了修辞家的手里，死在了灵魂患病的雅典同胞手里。

---

① 柏拉图：《高尔吉亚》，521e—522a。

② 柏拉图：《高尔吉亚》，522d。

第三章　苏格拉底式的哲学诚言的对象:真理与生活

上一章通过研究诚言与政治、修辞、灵魂之间的关系,对苏格拉底式的哲学诚言作了初步界定。本章延续上一章思路,进一步研究苏格拉底式的哲学诚言,明确其具体对象是什么。苏格拉底式的诚言与伯里克利式的诚言,虽同属真理言说,但其对象和目标不同:伯里克利式的诚言对象是政治,目标是治理;苏格拉底式的诚言对象是灵魂,目标是生活。我们先以福柯对柏拉图《拉凯斯》的读解开始,引出"生活艺术"[tekhnê tou biou]的主题;继而过渡到福柯对犬儒主义的读解,论述什么是"真正的生活"[alêthês bios];最后以福柯对苏格拉底临终遗言的读解结束,论述苏格拉底以及福柯的临终遗愿:"关心自己"[epimeleia heautou]。

一、真理、勇气与生活艺术——福柯对柏拉图《拉凯斯》的读解

福柯于 1984 年 6 月 25 日逝世。1984 年 2 月 1 日—1984 年 3 月 28 日,福柯在法兰西学院授课,这是福柯最后一次在法兰西学院授课,课程名为"真理的勇气:对自我和他人的治理(2)"。这两个月的授课,因其充当福柯临终遗言的角色而显得分外重要。具体内容分两块:一是对苏格拉底之死的读解,一是对犬儒主义的读解。对苏格拉底之死

的读解涉及柏拉图的《申辩》、《克力同》、《斐多》三篇对话，对犬儒主义的读解涉及爱比克泰德、第欧根尼·拉尔修、琉善等人的记录。在读解完苏格拉底之死之后，福柯并没有立即开始读解犬儒主义，而是转入读解柏拉图的《拉凯斯》。也就是说，对《拉凯斯》的读解介于对苏格拉底之死的读解与对犬儒主义的读解之间，成为从读解苏格拉底之死到读解犬儒主义的过度。如此安排，福柯用意何在？这得从《拉凯斯》的思想史位置讲起。

（一）西方哲学的两大主题及《拉凯斯》的思想史位置

在柏拉图研究史上，《拉凯斯》往往被看作“早期苏格拉底对话”，并与《卡尔米德》、《吕斯思》置于一组，称为“定义对话”(dialogue of definition)，[①]因其对话的目的在于寻找德性的定义：《卡尔米德》寻找“明智”的定义，《吕斯思》寻找“友爱”的定义，《拉凯斯》则寻找“勇敢”的定义。总之，它们都属于伦理学对话，而且是“次要的”伦理学对话。[②]但在福柯看来，《拉凯斯》这篇对话不仅不是次要的伦理学对话，而且在柏拉图对话甚至整个西方哲学史上，它都具有独特的重要意义。

首先，按福柯的看法，在希腊思想中，有四种真理言说的方式：预言的方式、智慧者的方式、技艺传授的方式、苏格拉底的方式。《拉凯斯》所体现的正是苏格拉底言说真理的方式。它包含三个要素：诚言[parrêsia]、检验[exetasis]、关心[epimeleia]。诚言是指苏格拉底言说真理的勇气，检验是指苏格拉底对别人的灵魂进行检验，关心是指诚言的目标——关心年轻人的教育，关心年轻人的德性，关心年轻人的灵魂。

第二，从表面看，《拉凯斯》的主题是讨论“勇气”(或“勇敢”)这一德

① W.K.C. Guthrie, *A history of Greek Philosophy*, Vol.4, Cambridge University Press, 1975, p.70.

② A.E.泰勒把这一组对话称为“次要的苏格拉底对话录”，见 A.E.泰勒：《柏拉图——生平及其著作》，谢随知、苗力田、徐鹏译，山东人民出版社 1996 年版，第 74 页。

性。但福柯认为，除了勇敢，《拉凯斯》还有另一个主题，就是“真理”（或“真相”）。“真理”与“勇气”的关系问题乃是贯穿整部《拉凯斯》的核心线索。若把勇气看作伦理，那勇气与真理的关系问题，也就可表述为“真理之伦理”（éthique de la vérité）问题。在福柯看来，这是西方哲学的一个关键问题。众所周知，西方哲学史从毕达哥拉斯到笛卡尔乃至当代哲学，如果主体要达到真理，如果主体要与真理维系起来，那么主体必须净化自身，排出欲望、激情以及感官世界的干扰，使灵魂保持纯净。而依福柯看，“净化”或者“主体之净化”只是真理之伦理的一方面；真理之伦理还有另一方面，即“勇气”或者“真理之勇气”（courage de la vérité）。①于是，关于西方哲学史的主体与真理的关系问题，也就相应有两种分析：第一是分析“为了真理的净化”（purification pour la vérité），即分析主体为了达到真理，必须对自身进行什么样的净化；第二是分析“真理的意志”（volonté de vérité），即主体为了达到真理，必须具备什么样的勇气、决心、斗争甚至牺牲，总之就是具备什么样的意志。如果说福柯在主体与真理的关系问题上有别于其他哲学家，那主要就体现在他所选择的分析是“真理的意志”，而非“主体的净化”。就柏拉图对话来讲，如果说《斐多》偏向“主体的净化”一方，那《拉凯斯》则偏向“真理的意志”一方，所以福柯在此选择《拉凯斯》。

第三，虽然《拉凯斯》与《阿尔西比亚德》都涉及“关心”（epimeleia）的问题，都涉及塑造和培养年轻人的问题，但这两篇对话仍有很大差别。《阿尔西比亚德》的论证是，自己指的是灵魂，关心自己指的是关心灵魂，因而它最终强调的是灵魂的神圣本性；而在《拉凯斯》中，关心的重点对象不是灵魂，而是生活[bios]。因此《拉凯斯》的始点及结论，不是“灵魂之认识”（connaissance de l'âme），而是“生活之考验”（épreuve de la vie）。②这样，在福柯眼里，柏拉图对话就可分为“灵魂之认识”与“生活之考验”两种哲学主题，或者说“灵魂的存在”（être de l'âme）与

① CV. p.117.

② CV. p.119.

“生存的风格”(style de l’existence)两种哲学主题。这两种哲学主题对整个西方哲学史来说都至关重要。它们并非水火不容,甚至在柏拉图之处,它们从根基上就是联系在一起的。但从整个西方哲学史来看,它们的分离仍远大于它们的联系。所以福柯说:

> 在这里就有两个出发点,可以说是哲学活动的两个侧面,西方哲学实践的两个侧面。一方面是哲学必须置自身于灵魂的知识的涵义之下,这种哲学使得对灵魂的认识成为一种自我本体论(ontologie du soi);另一方面是哲学作为生活之考验,生活乃是一种自我艺术(art de soi-même)的对象和伦理的素材。柏拉图哲学的这两大侧面,希腊哲学的这两大侧面,西方哲学的这两大侧面是显而易见的。①

总之西方哲学有两大主题:一是以灵魂为对象的自我本体论,一是以生活为对象的自我艺术。在柏拉图哲学之中,这两大主题彼此相联,平衡发展,不可分割。柏拉图之后的西方哲学逐渐把这两大主题割裂开来,并且越走越偏,最终可以说,以生活为对象的自我艺术在主流哲学中几近消失,以灵魂为对象的自我本体论成了哲学的大势。福柯在1984年的课堂读解《拉凯斯》,试图与1982年的课堂读解《阿尔西比亚德》形成对比,揭示作为“自我艺术”的西方哲学这一被遗忘的侧面。

(二)“诚言”的合约

前文说过,苏格拉底言说真理的方式包含“诚言”、“检验”、“关心”三个要素。实际上,在苏格拉底还未出场时,也就是在《拉凯斯》的开篇,已经为这篇对话定下了诚言的合约。开篇是吕西马柯(*Lysimakhos*)对尼基雅(*Nikias*)和拉凯斯(*Lakhês*)所说的话:

> 尼基雅和拉凯斯啊,你们已经看见了那个练武装格斗的男子汉,可是为什么梅雷西阿(*Melêsias*)要请你们跟我们一道去看,我

① CV. p.119.

们当时没有说，现在要把它告诉你们了，因为我们认为应该对你们诚言不讳[ge humas parrêsiazesthai]。有的人不屑于这样做；人家询问他的意见时，他不说自己心里的想法，却揣摩对方的心思，说些违背本心的话。可是我们认为你们不仅能够对事情作出判断，而且在作出判断之后会坦白地说出自己心里的想法，所以要向你们咨询，请你们评评我们要在你们面前摊开的事情。①

斯得西劳(*Stêsilaos*)是一名自称懂教育，能够传授知识和本领的格斗教练。吕西马柯和梅雷西阿请拉凯斯和尼基亚到剧场看斯得西劳格斗，其实是想请受邀者分辨斯得西劳是否真懂教育。邀请者认为，受邀者作为军事首领，有能力判断这件事情，而且更重要的是，邀请者认为受邀者坦率诚言，从不掩饰自己的真实想法。不过邀请者事先并没有告诉受邀者来这里的真实目的。受邀者不知事情原委就直接被带到事情面前，他们将用他们的眼睛作判断。总之，种种特征表明了诚言的场景和前提。对话由此展开。

邀请者所关注的是教育问题：怎样关心和教育青年，使青年成长为正直的人。邀请者对此有切身体会，因为他们年幼时父辈不关心他们，任由他们放肆生活，结果"把全部注意力放在别的事情上"[ta tôn allôn pragmata]，忽视了自身。②可见《拉凯斯》开篇就把"诚言"[parrêsia]与"关心"[epimeleia]的主题联结在了一起。而此前有人对邀请者推荐了武装格斗，说武装格斗适合教育青年，于是他们请受邀者来看格斗表演，以便借机求教。不过受邀者并没有回答他们，而是转荐苏格拉底。因为受邀者认为，苏格拉底一向热衷于青年教育，不邀请苏格拉底参与他们的讨论，于情于理都不合。苏格拉底加入讨论，标志着《拉凯斯》的对话真正展开。

两位受邀者先后发言，表达对军事训练和青年教育的意见。他们针锋相对，坦率直言，如此正是我们所熟悉的诚言的政治实践场景。在

---

① 柏拉图：《拉凯斯》，178a—179a，王太庆译文。

② 柏拉图：《拉凯斯》，179d；见 CV. p.123。

他们各自发表看法之后，轮到苏格拉底。苏格拉底认为事情的判断标准不在人数，而在知识，其实是他们两位的发言方式。苏格拉底继续说，此时商议的这件事关乎青年教育，关乎青年灵魂健康，是一门“灵魂的治疗技艺”[tekhnikos peri psukhês therapeian]。①此事非同小可，必须求教于精通这门技艺的大师。苏格拉底自己承认不懂这门技艺，他也未曾见过精通这门技艺的大师。因为灵魂技艺与建筑技艺一样，技艺的掌握者得以作品为证，表明谁受他教育而变好。显然那些自称掌握灵魂技艺的智术师们不能拿出任何作品，他们并不是真正精通灵魂技艺的师傅，因此技艺的方式也徒有虚名。既然政治的方式和技艺的方式都不可行，于是对话转向了哲学的言说方式，即苏格拉底式的诚言。从形式上看，这种诚言不是演说，而是问答。问答要能进行，它要求问答者双方之间必须建立某种合约。而这种诚言的问答合约一旦建立，苏格拉底的检验也就立即开始。

（三）苏格拉底式的检验

动词“检验”[basanizesthai]出自名词“试金石”[basanos]。该词在前文论述《高尔吉亚》时已经出现，指的是以一个灵魂作为试金石而对另一个灵魂进行检验。该词也有在政治意义上的使用，可由《理想国》(537b)和《政治家》(308d)见出。但在此处的《拉凯斯》中，苏格拉底所要检验的，既非政治，亦非灵魂，而是生活。按尼基雅叙述，苏格拉底的检验方式和检验内容如下：

> 只要一进入谈话，尽管他开头说的是完全另一回事，说下去就不可避免地被拖着转来转去；直到**给出关于自己的逻各斯**[didonai peri hautou logon]，说自己现在是怎样生活的，以及过去怎么样；苏格拉底一抓住他就不肯放，直到把他的根和底搞得一清二楚

---

① 柏拉图：《拉凯斯》，185e；见 CV. p.126。

为止。①

所谓“给出关于自己的逻各斯”，这指的是诚言内容。也就是说，苏格拉底式的诚言，其检验内容既不涉及技艺，也不涉及政治，甚至不涉及苏格拉底反复强调的灵魂，而是“说自己现在是怎样生活的，以及过去怎么样”，亦即“生活方式”[hontina tropon nun te zê]。②所以福柯说：“苏格拉底式的诚言既非技艺传授的理性环节，亦非灵魂的本体论存在，而是生活风格、生存方式，也就是我们赋予生命本身的形式。”③

苏格拉底的诚言，其检验内容为“生活方式”，那检验方式如何呢？拉凯斯接过尼基雅的话头往下说：

> 尼基雅啊，**我对于言论的看法很简单，也可以说不简单，是两重的。因为我在一个人看来可以是喜爱言论的，又是讨厌言论的**。如果我听到一个人谈美德或者谈某种智慧，而这人是一个真正的人，是配得上说这种话的，我就非常高兴；我见到说话的人与所说的话完全符合一致，感到说不出的痛快，觉得这样一个人好像一个音乐家，调配出最美的和声，用的并不是竖琴或别的乐器，而是他自己的**生命合奏**，他的一切行动与全部言论和谐一致，是多里亚式的，而不是伊奥尼亚式的、弗吕及亚式的或吕狄亚式的，这是唯一地道的希腊曲调。这样一个人使我高兴，他只要一开口，我就显出爱好言论的样子。谁要是反其道而行，我就对他非常反感，他说得越来劲，我就越露出厌恶言论的神态。
>
> 至于苏格拉底，我还不大了解他的言论，但是对于他的行动我相信已经很熟悉了；**我发现他的行动配得上最完美的诚言**[pasês parrêsias]。如果他是你说的那样，我很高兴同他在一起，乐意受他考查[exetazesthai]，好不厌烦地跟他学。我倒是同意梭伦的说法，希望老了还多多地学，不过还要补充一点：要跟好人学。因为他会在这一点上对我让步，同意教人的本身也是好人，这样我就不

① 柏拉图：《拉凯斯》，187e—188c；福柯的希腊文解释见 CV. p.133。

② 希腊文见 CV. p134。

③ CV. p.134.

> 致于显得不好教、不乐意学了。至于教人的是不是年纪比我小而且没有名气之美，我是并不在意的。苏格拉底啊，我请你毫无保留地教我、考问我[elegkhein]，也跟我学我所知道的东西。我对你非常放心，自从你跟我一同遇到危险的那一天起就是如此，那时候你用行动证明了你的品格，只有高尚的人才能这样做。你想怎么说就怎么说吧[leg'oun ho ti son philon]，不要顾虑我们的年龄差别。①

哲学史家往往认为，这段文本旨在称赞苏格拉底的勇敢，因为在拉凯斯看来，苏格拉底是用行动证明了什么是勇敢。福柯对此有两点异议：第一，从整体看，正如我们上文所说，《拉凯斯》开篇并非由勇敢引出话题，应该是反过来说，从青年教育的话题引出勇敢，我们稍加留意即可发现，《拉凯斯》从开篇到现在，所讨论的都是青年教育。第二，从本段引文看，拉凯斯确实提到苏格拉底在战场上的表现，但他称赞苏格拉底所使用的词并非勇敢[andreia]，而是德性[aretê]。②因此，若把《拉凯斯》的主旨理解为关于勇敢的讨论，实在是以偏概全。这段引文重点不是说苏格拉底如何勇敢。拉凯斯的话以对言论[logos]的双重态度开始：他既喜爱言论，也厌恶言论。喜爱还是厌恶，取决于说话者的言论与行为是否符合：言论与行为相符，拉凯斯就喜爱；言论与行为不符，拉凯斯就厌恶。拉凯斯之所以向苏格拉底请教什么是勇敢，并不是因为他认为苏格拉底是真的勇士，而是因为他认为苏格拉底的言论与行为相符，苏格拉底用言论与行为的和声谱写了最美的"生命合奏"，苏格拉底的生活"配得上最完美的诚言"。如福柯所说：

> 因此，它不是这种轨迹：苏格拉底的勇敢(在德里昂战役中的表现)使他有资格胜任讨论军事上的勇敢。而是：在苏格拉底的生活与诚言实践之间、与自由话语实践之间的符合一致。③

也正是出于上述原因，拉凯斯乐意接受苏格拉底的检验[basanos]和考

---

① 柏拉图：《拉凯斯》，188c—189b；法译见 CV. p.136。

② 参看 CV. p.137。福柯告诉我们，andreia 一词是到后面的 190d 处才出现的。

③ CV. p.138.

查[exetasis]。

除了检验的内容及方式，还有检验的目的。苏格拉底的检验所要实现的最终目的，是为了"有利于以后的生活"。①因此它不仅是在年轻时候，而是终其一生都要做的事情，即梭伦所谓"愿意终生学习"。从这个角度看，《拉凯斯》的主题其实不仅是青年教育的问题，更是我们每个人的问题，尼基雅的话可证："苏格拉底所说的话并不是涉及孩子们的，而是涉及我们自己的。"②

（四）"关心自己"的必要性

再重复一下，《拉凯斯》讲的是，两位邀请者请两位受邀者判断某位格斗教练教育青年的方法是否得当。两位受邀者则认为苏格拉底是讨论青年教育问题的最佳人选。于是苏格拉底也受邀就"以什么方式能给他们的儿子带来美德，以改善他们的灵魂"的问题进行讨论。③在这一背景下，对话引出关于勇敢的定义问题，因为两位邀请者认为勇敢比其他德性更适合教育青年。对话最终没有给出勇敢的确切定义，但这并不意味着对话失败，而是表明从知识[epistemê]的角度不能定义勇敢。

最终，能"改善孩子灵魂"的人，不是勇敢的格斗教练，而是其生活"配得上最完美的诚言"的苏格拉底。因此两位受邀者建议两位邀请者请教苏格拉底，苏格拉底"关心他们"[tôn meirakiôn epimeleisthai]，能使他们变好。④苏格拉底也乐意帮助他们，因为"不帮助任何人变好当然不对"。⑤这也正如苏格拉底在《申辩》所说，关心别人、使人变好，此乃神给他分配的任务。但苏格拉底又反讽说，既然我们之中谁都不能承担此项任务，那么我们大家必须共同地找一个最好的老师。这个老

①② 柏拉图：《拉凯斯》，188b。

③ 柏拉图：《拉凯斯》，190b。

④ 参见《拉凯斯》，200c—d；亦参 CV. p.140。

⑤ 柏拉图：《拉凯斯》，200e。

师是谁？学者们对此见仁见智。福柯认为肯定不是尼基雅所说的智术师达孟，这从苏格拉底所说“不用花费金钱或别的东西”可知。其实苏格拉底所谓的老师不是人，而是逻各斯，即开辟真理通道的话语。正因如此，所以它是——包括苏格拉底——都共同听从的老师；不仅是为了青年而听从，而且是为了“共同关心我们自己和年轻人”。①如果谁想要关心、教育青年，改善青年的灵魂，他要首先听从逻各斯的指导，关心他自己。也就是说，关心自己乃是关心别人的前提，因此苏格拉底说找老师“首先是为了我们自己”。②两位受邀者在教育青年方面之所以失败，就是因为他们“不看自己，只看别人”。③

总之，老师是逻各斯，苏格拉底只是逻各斯之路的向导。明白这个道理，吕西马柯在《拉凯斯》末尾对苏格拉底所说“你成全我吧，明天一早到我家来，不要爽约”④便可理解了：他请苏格拉底来家里，表明他已接受苏格拉底的引导，开始走上逻各斯之路，开始关心自己。所以福柯说：

> 来我家里——这种关心[epimeleia]的合约现在出现了：你将要照看我的孩子，不仅关心我的孩子，而且同样要关心我——按照对话开始的提出的原则，一个人终其一生，哪怕是上了年纪，也必须质疑他的生活方式。⑤

(五) 小　结

福柯对《拉凯斯》的读解概括起来有三个要点。首先，这篇对话体现了苏格拉底式的诚言对象是“生活”[bios]。其次，这篇对话把“真理”与“勇气”相联。最后，这篇对话把“诚言”[parrêsia]、“关心”

① 柏拉图：《拉凯斯》，201b。
② 柏拉图：《拉凯斯》，201a。
③ 柏拉图：《拉凯斯》，200b。
④ 柏拉图：《拉凯斯》，201c。
⑤ CV. p.142.

[epimeleia]、“生活”[bios]相联：诚言引导我们关心自己，关心自己改变我们的生活方式。

福柯以《拉凯斯》为基点，为西方哲学史开辟了一条“生活艺术”的思想道路。此乃“灵魂本体论”之外的另一条道路。他说：

> 这种苏格拉底的诚言，它将谈论什么？它不谈论技能，不讨论技艺。它谈论别的事情：生存方式、生活方式。生活方式乃是作为诚言之基本的、根本的相关物。在这种关心人们的诚言秩序中，这是对他们的生活方式提出质疑，试图对这种生活方式进行考验，而后明确什么是有益的什么是好的，或者相反，什么是在这种生活方式中必须被排斥和拒绝的。在这里，你们可以看到这个基本的链条组织起来，即**“关心”**、**“诚言”**以及生存秩序中的好与坏的**“伦理区分”**(partage éthique)。我相信，我们在此得出了苏格拉底式的诚言的概貌或草图，它再也不是我原来说过的政治诚言。这是一种伦理诚言。其突出对象、基本对象，乃是生活和生活方式。①

苏格拉底式的伦理诚言有别于伯里克利式的政治诚言，就在于苏格拉底式的诚言把“关心”、“诚言”、“伦理区分”三者相联，把生活和生活方式作为自己的突出对象、基本目标。苏格拉底式的诚言要我们把生活作为美的作品来加以塑造。生活作为美的作品，即福柯所谓“生活美学”(esthétique de la vie)，关于生活美学的历史即“生存风格史”(histoire de la stylistique de l'existence)。但在西方思想史中，这一以“生活”为对象的“风格史”，却长期受以“灵魂”为对象的“形而上学史”(histoire de la métaphysique de l'âme)所掩盖。②福柯所要做的，就是探讨这两种历史在苏格拉底之处的结合，即：

> 生存的美的对象与关心自己的任务，如何在诚言的游戏中结合在了一起；生存艺术与真理话语之关系，**美的存在**(existence belle)与**真的生活**(vraie vie)——**真理之中的生活**(vie dans la

---

① CV. p.139.

② CV. p.149.

vérité)或者**为真理而生活**(vie pour la vérité)——之间的关系,这就是我想来重新把握的。①

要之,福柯所要重新把握的,就是"美"与"真"的关系。"美"是指"生活艺术","真"是指"真理话语"。而在苏格拉底—柏拉图之处,"生活艺术"与"真理话语"是在"诚言"之中结合在一起的。正如拉凯斯所说,苏格拉底的行动配得上最完美的诚言。

二、什么是"真正的生活"[alêthês bios]——福柯对犬儒主义的读解

《拉凯斯》从"真理"与"勇气"的联结出发,提出了"生活艺术"问题。但毕竟,《拉凯斯》并没有直接把"真理"与"生活"相联系,从而问"什么是真的生活"。把这一问题尖锐突出来,并把"生活"变为"真理的展现",此乃犬儒主义者所努力实现的事情。

(一)"alêthês"[真正的]释义

依据福柯解释,中文"真正的"所对应的古希腊文"alêthês"(名词为a-lêtheia)有四种基本含义:②

第一,否定性的含义,即词根"掩盖"[lêthês]加上表示否定性的前缀"不"[a],表示"不掩盖"、"不隐藏"。这种构词方式在古希腊语中很普遍,如"不欺骗":ne-mertês;"不弯曲":a-trekês。总之,"alêthês"的第一种含义是,没有任何隐藏,不假任何遮掩,整体呈现于视野,全部可见。中文所谓"真相大白"大致相应于此。

第二,仍然表示否定,但不是不遮掩,而是没有掺杂其他任何成分,不与其他任何东西相混。在此意义上而言的"真",就是"纯",就是"假"

① CV. p.150.

② CV. pp.201—202.

的对立面，例如“真金”就是“纯金”。总之，alêthês 的第二种含义是不掺假、不混合。在中文里，“纯”“真”可互训，所谓“纯真”之说，大体相应于此。

第三，表示理所应当的、直接的、公正的。在希腊语中，倘以 alêthai 形容某种行为，意思就是说，这种行为是符合公正的。中文所谓“真正”或者“正直”大体相应于此。在中文里，“真”可训为“正”；“正”又可训为“直”。“真”“正”“直”含义相通，可互训。“真”一旦训为“正—直”，便不再是知识论的含义，而具有了伦理含义。所以 alêthês 的第三种含义正直、公正，多用于形容人的行为品质。

第四，还可表示“总是”之意。“真”的这种含义，中文也不难找到相应表达，如我们说某人脾气真好，也就意味着总是很好，绝不会时好时坏。所以，alêthês 的第四种含义指的是永恒，永远如此，不会改变它的本性。

总结以上四种含义：不掩盖、不混合、正直、永恒。前两种为否定含义，后两种为肯定含义。它们既可形容行为，也可形容逻各斯。所谓“真正的逻各斯”[logos alêthês]，福柯解释说：“这不仅是一系列真的命题，而且也是一种言说方式。在其中，没有什么被隐瞒；没有任何讹误、观念、表象掺和进真实里；这是一种公正的话语，符合规则与律法的话语；也是一种不可更动的话语。”①关于“真理话语”[logos alêthês]的这种观念，福柯认为，它对古代伦理乃至对全部西方“思想体系史”而言，都非常关键。福柯对“主体”与“真理”的关系的研究，无论是前期著作《词与物》和《知识考古学》，还是中晚期的法兰西学院课程如《话语的秩序》、《对自我和他人的治理》，都是或显或隐地围绕“真理话语”这一观念而展开。

(二) 柏拉图的“真正的生活”[alêthês bios]的四种含义

在柏拉图哲学中，alêthês 有三种重要的联缀方式：第一种是上面

① CV. p.202.

所谓 logos alêthês[真正的逻各斯];第二种是 alêthês erôs[真正的爱];[1]第三种是 alêthês bios[真正的生活]。在福柯眼里,"真正的爱"与"真正的生活"乃是柏拉图主义的两个重要论题,此处只论述"真正的生活",其含义可由"真"的四种含义推出。

首先,真正的生活是不假掩饰的生活。这可从《小希庇阿斯》(Hippias Mineur)见出。在这篇对话里,希庇阿斯引阿基琉斯对奥德修斯所说的话:

> 我必须不兜圈子向你说出我的想法,以便实现它们,我知道它们肯定会实现。有人把事情藏在心里,嘴里说另一件事情,在我看来这就好比冥王的大门那样可憎。[2]

在此,荷马把阿基琉斯与奥德修斯作对比,称奥德修斯为"足智多谋的奥德修斯"[polumêkhan'Odusseu],就是说他擅于掩饰,说话经常兜圈子;而阿基琉斯则从不兜圈子,直接说心里所想,所以苏格拉底形容他"最简单又最真实"[haploustatos kai alêthestatos]。其中 haplous 指的就是直接的、简单的、不兜圈子的。如《理想国》说:

> 神在言行方面都是**简单的、真实的**[haploun kai alêthes],他是不会改变自己,也不会白日送兆,夜间入梦,玩这些把戏来欺骗世人的。[3]

简单与真实连用,形容道德品质,这在希腊语文中很常见。福柯说:"当关涉个人、性格、生存及生活方式时,简单与真实的联结[即 haplous 与 alêthês 的联结]是相当常见的。"[4]

第二,真正的生活在柏拉图那里表现为不混合的生活,即没有好与坏的混合、快乐与痛苦的混合、美德与邪恶的混合。[5]无论城邦还是个

---

① 按上述"真"的四种含义,"真正的爱"首先是没有任何隐藏的爱,其次是纯粹的爱,再次是符合律法习俗的、正当的爱,最后就是永恒的爱。关于该主题,详见《快感的利用》之章五《真正的爱》。

② 柏拉图:《小希庇阿斯》,365a;见 CV. p.204。

③ 柏拉图:《理想国》,382e。

④ CV. p.204.

⑤ CV. p.205.

体灵魂，皆以单纯为善，切忌芜杂混合。在《理想国》第八卷，柏拉图描绘了民主制的灵魂，这种灵魂的生活芜杂，集诸多习性于一身，不对欲望和快乐加以区分，因此不具有真实的逻各斯[logos alêthês]。在《克里底亚》，柏拉图解释亚特兰蒂德的堕落，原因正是“他们心灵上的神性成分由于经常搀合大量的凡俗成分而变淡变弱”。①

第三，真正的生活是正直的生活。正直即遵守规范。柏拉图在《书简七》说，他之所以应狄翁之邀，原因是狄翁能按他所要求的规范生活，即过一种真正的、幸福的生活[bion eudaimona kai alêthinon]。②《高尔吉亚》叙述灵魂受审的故事说，拉达曼达斯之所以能辨别邪恶的灵魂，原因是人的恶行会在灵魂里留下标记。恶人的生活没有真理[aneu alêtheias]，所以“这样的灵魂没有什么东西是正直的[euthus]”；③哲学家或其他过着圣洁生活的人，他们的灵魂与真理相伴[met'alêtheias]，死后被送往福岛生活。④

第四，真正的生活不会改变本性，因而是永恒不变的；真正的生活不依赖其他东西、自身同一、自足自为，因而是自由的、至上的、幸福的。柏拉图在《泰阿泰德》中区别了两种生活。第一种是神和幸福的人共同享有的生活。享有这种生活的人看似笨拙无用，实则“生长于自由与闲暇中”，他们的生活是真正的生活、幸福的生活、不朽的生活。相反，其他一些人看似机灵细巧，其实根本不能“对神与人之真正的生活致雍雍中节的颂词”，⑤他们的生活不是真正的生活。

（三）犬儒主义者的“真正的生活”

如今，犬儒主义成了颠覆传统习俗、蔑视普遍价值、取消绝对真理

① 参柏拉图：《克里底亚》，121a—b，戴子钦译文；亦参 CV. p.205。

② 柏拉图：《书简七》，327d；见 CV. p.211，注释 12。

③ 柏拉图：《高尔吉亚》，525a；见 CV. p.207。

④ 柏拉图：《高尔吉亚》，526c；见 CV. p.207。

⑤ 柏拉图：《泰阿泰德》，176a；见 CV. p.208。

的代名词。倘要描绘犬儒，相信许多人会用上衣衫褴褛、愤世嫉俗、独立特行、性情乖张等词语。其实犬儒现象的复杂性，远不是这些词语所能概括的。下面看福柯如何读解犬儒主义。

1. 犬儒主义的"真相"[alêtheia]与"诚言"[parrêsia]

我们在论述福柯对《拉凯斯》的读解时，曾借拉凯斯之口说，苏格拉底的行动配得上最完美的诚言。也就是说，在苏格拉底那里，真正的生活是言行一致的生活，是话语与德性相符的生活。犬儒也如此，但在犬儒这里，诚言、真相、勇气与生活之间的关系，要比在苏格拉底之处更紧密，也更复杂。甚至可以说，就真相、勇气与生活艺术的联结而言，在西方哲学史上没有哪一个学派比犬儒主义更突出、更典型。

诚然，犬儒主义是一种哲学形式，但这是一种通过真正的生活而体现的哲学形式。在犬儒主义的生活方式中，"真相"与"诚言"径直交织在一起。不过，犬儒的真相与诚言既非伯里克利的政治冒险，亦非苏格拉底的伦理勇气，而是存在的基本特征和生活的基本要素。据第欧根尼·拉尔修《名哲言行录》记载：

> 有人问他（犬儒第欧根尼）对人类而言，最美好的事物是什么[kalliston en tois anthropois]，第欧根尼回答：诚言[parrêsia]。①

据琉善《哲学市场》载，犬儒第欧根尼自我介绍说：

> 我是真相与诚言的预言者[alêtheias kai parrêsias prophetês]②

爱比克泰德《谈话录》则把犬儒比作真相的侦查员：

> 一个犬儒主义者确实是一个侦查员[kataskopos]，他要找出什么事物对人类是友好的，什么是有敌意的；所以他首先必须要准确地侦查，等到在侦查回来之时，他必须道出实情[apaggeilai talêthê]。③

总之，最美好的事物、真相与诚言的预言者、侦查员，这些表达尽可说明，真相与诚言是犬儒生活不可或缺的基本要素。

---

① 第欧根尼·拉尔修：《名哲言行录》，6，68—70；见 CV. p.154。

② 转引自 CV. p.155。

③ 爱比克泰德：《谈话录》第 3 卷，第 22 章，24—25，吴欲波译文；法译见 CV. p.155。

除了真相与诚言，犬儒在吃穿住用行各方面也有一些独特的基本要素。爱比克泰德笔下的犬儒说：

> 我没有家，没有城邦，没有财产，没有奴隶；我睡在地上；我无妻无子，没有那可怜的统治者的宅邸，我所有的一切只是大地、天空和一顶简陋的斗篷。①

第欧根尼·拉尔修记述的犬儒第欧根尼也是类似形象：

> 这位名人手拄拐杖，对折斗篷，露天席地。②

而另一位犬儒克拉特斯(Crates)，据第欧根尼·拉尔修记述说，因实在摆脱不了希帕基亚的追求，被迫对她说：

> 克拉特斯站起来，脱下衣服放在她面前，说："这就是新郎，这里是他的所有家当；那么请你抉择吧；因为，如果你不分享我的追求，就不能成为我的伴侣。"女孩做出了选择，她穿上同样的衣服，和丈夫四处流浪，露天席地，陪他外出讨饭。③

从这些古代记述可见，斗篷、手杖、流浪、贫穷、乞讨，这些也都是犬儒生活不可或缺的基本要素。这些要素与真相和诚言有密切关系，福柯把它概况为三点：

首先是器具功能，即是真相与诚言的必要器具和可能性条件。爱比克泰德说，犬儒有如侦查员，必须敢于言说真相；要敢于言说真相，必须无牵无挂、自由自在；最终，要无牵无挂、自由自在，只有一无所有——或者仅有如斗篷、手杖等必要器具。为真相与诚言而一无所有，此乃爱比克泰德心目中的犬儒形象。

其次是简化功能，即简化不必要的习俗和义务。在第欧根尼看来："如果吃早饭不荒谬，那么在集市中也不荒谬；既然吃早饭不荒谬，那么在集市中吃早饭也不荒谬。"④第欧根尼的意思是，没有任何习俗规定必须在固定地点吃饭。他不仅针对吃饭，其他事情同样如此。

---

① 爱比克泰德：《谈话录》第3卷，第22章，47，吴欲波译文。

② 第欧根尼·拉尔修：《名哲言行录》，6，76—77，马永翔等译文。

③ 第欧根尼·拉尔修：《名哲言行录》，6，96—98。

④ 第欧根尼·拉尔修：《名哲言行录》，6，68—70。

最后是考验功能。考验针对生活，把生活化简为零。如爱比克泰德的记录所说："我所有的一切只是大地，天空和一顶简陋的斗篷。然而我缺少什么？难道我没有摆脱痛苦与恐惧，难道我不自由？"①

总之，犬儒言说真理，以言说真理的方式展现生活，并且言行一致，但他们不满足于此，他们还把生活彻底暴露在外，使生活成为可见的、真正的生活。正如福柯所说："犬儒主义以一种更紧张、更确定的方式，把生活方式与真相联结在一起。犬儒主义使生活方式成为诚言的一个基本条件，使生活方式成为一种简约的实践，以便给诚言腾出空间。最后，它使生活方式在姿态、身体、衣着以及行为与生活方式上，成为一种可见的方式。总之，犬儒主义使生活[bios]成为一种我们所谓的诚现(alèthurgie)，即成为真理的展现(manifestation de la vérié)。"②正如公元4世纪拿先斯的格列高利(Grégoire de Nazianze)所说：

> 你是最好的、最完美的哲学家——我还要补充一点：是作为真理的见证者[marturôn tês alêtheias]。③

"真理的见证者"这一表达虽然出自后人，但福柯认为它是对古代犬儒主义的最好描述。犬儒以他们的身体、衣着、饮食、言行见证真理，不仅冒险言说真理，而且冒险展示生命。可谓以真实生命而冒险，为真实生命而冒险。因此，在西方的真理与主体的关系史之中，犬儒主义的确扮演了重要角色。

2. "改变通货的价值"[parakharattein to nomisma]

据载，犬儒祖师第欧根尼曾去德尔斐神庙求问神谕，得到的回答是："改变通货的价值。"④

这句神谕颇隐晦，第欧根尼一时难以领会。或以为第欧根尼的父亲是银行家，所以神叫第欧根尼改变通货的价值。但福柯发现，在第欧

---

① 爱比克泰德：《谈话录》第3卷，第22章，47—48。

② CV. p.159.

③ 转引自CV. p.162，注释20。

④ 第欧根尼·拉尔修：《名哲言行录》，6，21—23。注：nomisma的意思是钱币，据拉尔修记载，第欧根尼的父亲是管理城邦钱币的银行家，这个词与nomos同源，译为"通货"恰能照顾到这两层含义。

根尼·拉尔修笔下的犬儒之中，这是一个普遍现象，并非只有第欧根尼涉及钱币。如莫尼摩(Monime)原是银行家的侍从，因崇拜第欧根尼，故意装疯卖傻扔掉主人的钱币，被解雇而成为犬儒；①再如犬儒派的著名弟子克拉特斯(Cratès)，据说此人曾经家产殷实，但他把全部家产兑换为钱币，散发予众，跟随第欧根尼；②又如被贩为奴的彼翁(Bion)，在主人死后变卖遗产，到雅典研习哲学；③此外还有被称作"按日发放贷款者"的梅尼普(Ménippe)，更是显而易见。④

可见，犬儒与钱币相关，这不是偶然现象。它生动地体现了犬儒主义的的哲学原则。据罗马帝王哲学家朱利安说，犬儒主义有两个基本特征，可表达为两条神谕：第一条是苏格拉底的"认识你自己"，第二条是犬儒第欧根尼的"改变通货的价值"。朱利安大帝认为，这两句神谕所体现的原则乃是哲学的普遍原则。⑤值得注意的是，朱利安并不特指犬儒主义哲学，而是就一般意义而言哲学的普遍原则。那么朱利安大帝出于何种联系而把这两句神谕放在一起呢？他的解释是："改变"必须以"认识"作为基础。也就是说，我们只有先认识自己，再摈弃自己的虚假观念，最后才能改变通货的价值。⑥

而理解"改变通货的价值"的含义，关键在于理解"通货"一词。在古希腊文中，"通货"[nomisma]与"法律"[nomos]两词同源。"通货"是众人所共同认可的价值，也就是"法律"(或习俗、规范)。所谓改变通货的价值，即不以大众价值为准则，不按常规生活，不依法律行事。但改变价值不等于取消价值，不依法律行事也不等于任意妄为。犬儒也有他们自己所认可的价值准则。"犬儒"之为犬儒，意思是，他们以"狗的生活"[bios kunikos]作为准则。引亚里士多德注释者俄里亚斯(Élias)

---

① 第欧根尼·拉尔修：《名哲言行录》，6，81—83。

② 第欧根尼·拉尔修：《名哲言行录》，6，86—88。

③ 第欧根尼·拉尔修：《名哲言行录》，4，46—48。

④ 第欧根尼·拉尔修：《名哲言行录》，6，100—102。

⑤ Julien(l'Empereur)，*Contre les cyniques ignorants*，188a—b，8；见 CV. p.223。

⑥ Julien(l'Empereur)，*Contre Héracleios*，211b—d，8；见 CV. p.223。

之说，“狗的生活”有四点特征：[1]其一，不恪守人的法规，不知道人的羞耻，经常在公共场合做一些被常人看作羞耻的事情。其二，满足于自己所拥有的东西，不追求享受，不贪得无厌，不为外物所动，此即希腊文 adiaphoros 所表达的含义。其三，感觉敏锐，能准确分辨敌友、善恶、对错，绝不稀里糊涂、浑浑噩噩，此即希腊文 diakritikos 所表达的含义。其四，敌我分明、爱憎分明，不惜性命对付敌人、保护主人，此即希腊文 phulaktikos 所表达的含义。

因此，改变通货的价值，不是简单地反叛传统道德价值，提出新奇的理论主张，而是彻底改变生活的要素准则，过另一种生活。对犬儒而言，真正的生活（vraie vie）就是另一种生活（vie autre）。犬儒主义的这一主张和做法，对西方思想而言，既特殊也重要。他们不是用抽象的理论学说，而是用自己的生活方式，给西方思想提出了一个无法回避的难题：“生活，为了确实成为一种真正的生活，它必定要成为另外一种生活吗？必定要成为彻底的、反常的另外一种生活吗？”[2]

我们知道，西方哲学在苏格拉底尤其在柏拉图主义开始的根基处，已经作了两个世界的划分，已经提出了另一个世界（autre monde）的问题，而且主张真正的世界乃是另一个世界；但也正是从苏格拉底尤其犬儒主义开始，西方哲学提出了另一种生活（vie autre）的问题，质问真正的生活究竟是不是另一种生活：真正的生活，是否必须反叛传统的道德价值？真正的生活，是否必须反叛常见的言行举止？真正的生活，是否必须反叛普遍的哲学修习？总之，另一个世界与另一种生活，这是西方哲学史当中两个非常要紧的问题。正如福柯所说：“归根结底，另一个世界与另一种生活，在我看来，这是两个重大的论题、两种重大的方式、两条重大的界限，西方哲学就不断地在它们之间展开。”比如，新柏拉图主义从另一个世界出发，开出灵魂的本体论论题；犬儒主义则从另一种生活出发，开出生活艺术的论题。当然也得承认，在西方悠远的历史之

---

① CV. p.224.

② CV. p.226.

中，这两大哲学论题及对应的两种哲学实践，往往互相交织、彼此渗透，在诺斯替教运动和基督教灵修运动当中尤为明显。而福柯的思想体系史研究以及考古学和谱系学的方法，目的就是在历史深处对这些不同细节进行分辨。

3. 犬儒主义的“真正的生活”[alêthês bios]

上文已经对“真正的生活”作了分析。我们说，“真正的生活”在柏拉图那里体现为不掩饰的生活、不混合的生活、正直的生活、永恒的生活。若从这一角度出发，依这四种含义衡量犬儒主义，不难看出，与其说犬儒主义是对哲学传统的反叛和断裂，不如说是对哲学传统的回应和延续。但在这个过程中，犬儒主义采取了极化的方式，把“真的生活”所具有的四种含义强有力地推到它的极限处。在此意义上，福柯说：

> 与其因为犬儒主义是大众性的，从没有直接接受城邦中有教养的哲学团体及其普遍教义，从而把犬儒主义看作一种突变的哲学，不如把犬儒主义看作一段通向边界之处的途径；与其说它是一种异在(extériorité)，不如说它是一种外推(extrapolation)，一种以真正的生活为主题的外推和转变(retournement)，在一种既与真正的生活典范相吻合，但又是在对其进行嘲弄中实现的外推和转变。①

那么在什么程度上，在何种意义上，我们能说犬儒的生活是对“真的生活”的外推和复归呢？福柯解释说：

> 这种**真的生活**[bios alêthês]，这种在**真**[alêtheia]之中的生活，这是一种不假掩饰的生活，是一种无所隐藏的生活，是一种不会为任何事情而自觉内心惭愧的生活。那么，这种生活至其极限处，就是犬儒的不知羞耻；不动心[adiaphoros]的生活，它一无所求，它满足于它所拥有的，满足于它所遇到的，满足于别人抛给它的，这种生活无非是真的生活的基本特征之一(即非混合的生活、自足的生活)的连续、延伸、极化、以及丑剧式的复归；敌我分明的生活，谩骂

① CV. p.210.引文所译“转变”的 retournement，同时也有“复归”之意。

> 叫嚣的生活，它能分别对待善与恶、友与敌、主人与外人，这是对正直的生活、服从于法律[nomos]的生活之延续，也是丑剧的、暴力的、极端化的复归；最后，作为护卫之犬的生活，搏斗与服侍的生活（这是犬儒的特征），它也是对恬静生活、自主生活、至上生活（这是真的生活的特征）的延续和复归。①

以下我们分作四个层面，论述犬儒主义怎样把“真的生活”所具有的四种含义推向极限。

第一，犬儒主义对“不遮掩的生活”（vie indissimulée）的极化和转变。真正的生活是无需任何遮掩的，这在柏拉图之处很明显，前文已论。斯多葛主义继承并发展了这一生活原则。在塞涅卡看来，真正的生活必定是受别人目光注视的生活。朋友间的通信便是这种生活的体现：用书信向别人展示自己的生活，征求别人的建议；把自己的灵魂状态暴露给别人，恳请别人监视自己。②在爱比克泰德看来，人之所以是最重要的存在者，是因为人是神的一部分；人之所以为人，是因为人总是随身携带着神。③因此，神无时无刻不与人同在，无时无刻不注视着人，我们的任何举动都逃不出他的目光：“当你关上门，使屋里一片漆黑时，请记住，永远不要说自己是一个人。”④举头三尺有神明，此之谓也。既然人在任何地方、任何时候，做任何事情都逃脱不了神的监视，那么在斯多葛主义看来，人该做的就不是遮掩，而是善良正直。犬儒主义把不遮掩的生活原则推向了极限，但与柏拉图和斯多葛主义不同的是，犬儒主义所强调的，不是无法遮掩，而是无需遮掩。在犬儒主义看来，符合自然的就是符合道德的。如饮食男女之欲符合自然，也符合道德，满足这种既符合自然也符合道德的欲望，天经地义，有什么可遮掩的？并

---

① CV. p.225.

② 如塞涅卡在给鲁斯里乌的信中说，这封信用途有三。两种针对鲁斯里乌：其一建议鲁斯里乌不要被丧子之痛压垮，其二使真理成为与不幸作斗争的装备。第三种针对塞涅卡本人，这封信也是他对死亡这个无法逃脱的不幸所作的理解和训练。参看 HS. p.343。

③ 爱比克泰德：《谈话录》第 2 卷，第 8 章，11—14。

④ 爱比克泰德：《谈话录》第 1 卷，第 14 章，13。

且,在犬儒主义看来,不遮掩的生活不仅仅是道德理想,而是应该切实体现于衣着服饰、行为举止等各个方面。对人类来说,家是行为的庇护之所,衣是身体的庇护之物,在犬儒看来,二者均属多余。饮食起居、男女性爱,这是自然所赋予的行为,哪里皆可,何必在家;身体发肤、高矮胖瘦,这是自然所赋予的物质,无关善恶,何必穿戴掩饰。总之,既然自然的整体是朝向善的,那它就不是恶;既然它不是恶,那就无需遮掩。犬儒的"无羞耻的生活"[anaideia],是对"不掩饰的生活"的戏剧化实现。

第二,犬儒主义对"不混合的生活"(vie sans mélange)的极化和转变。"不混合"可指灵魂与身体的关系,这个意义上的不混合即灵魂净化,尤见于柏拉图主义;也可指人与物质财富的关系,这个意义上的不混合即生活自足,尤见于斯多葛主义和伊壁鸠鲁主义。而在犬儒主义之处,"不混合的生活"则是体现为"不动心的生活"[adiaphoros bios]。所谓不动心,不仅要求不为名声、财富、欲望所动,而且还要求最大化的贫穷。以最大化的贫穷而达"足乎己,无待于外"之境。因此犬儒主义与斯多葛主义不同,贫穷不只是德性或灵魂的修习,而是事实;犬儒主义与苏格拉底也不同,贫穷不只是俭朴,而是确实一无所有。如苏格拉底有妻有儿,有鞋有房,这在第欧根尼看来是不行的。[①]再如第欧根尼见有孩子用手捧水喝,用空心面包盛扁豆,于是扔了自己的水杯和碗,说:"一个孩子在生活俭朴方面打败了我。"[②]总之,对苏格拉底和斯多葛主义而言,简陋生活只是作为考验灵魂、训练德性的手段,俭陋生活只是作为美好德性之衬托而存在;而对犬儒主义而言,贫穷、简陋本身即是他们追求的目标,他们从不关心德性的塑造问题。甚至在犬儒主义者的眼里,美丑之分也都不存在。表层的丑貌或丑行、深层的生活美学或生活艺术,这两者在犬儒主义之处形成了巨大矛盾。在他们看来,"臭名昭著"[adoxia]不仅不可耻,而且反而具有正面的、肯定的、积极

---

① 参看 CV. p.238。

② 第欧根尼·拉尔修:《名哲言行录》,6, 37。

的生活价值。[1]因此贫穷对犬儒而言，不是无奈的忍受，而是主动的选择。流浪行乞，甚至贩身为奴，这都是他们主动的选择。在他们看来，这样的生活真正的生活。

第三，犬儒主义对"正直生活"（vie droite）的极化和转变。我们在前文曾说，在柏拉图之处，符合自然的生活与符合法律的生活都是真正的生活。但在犬儒主义之处，只有符合自然本性的生活才算是正直的生活。因为在他们眼里，只有自然本性才能算是真正的法律，其他任何习俗都是人造的虚伪。以对婚姻家庭的态度为例，犬儒主义要么主张妻儿共有，要么排斥婚姻、拒绝家庭，把婚姻家庭看作法律习俗的多余产物。在犬儒主义看来，法律习俗只能局限于某个特定城邦，真正唯一的国家是宇宙本身。因此没有哪件事是应该彻底杜绝的，如希腊法律禁止吃人肉，但异国法律却认为它合法。[2]又如悲剧《俄狄浦斯王》涉及的相关神谕，在金嘴迪翁看来，拉伊俄斯和俄狄浦斯对神谕都是一知半解，神谕确实说不要有孩子，但神谕也说一旦有了孩子就应该按照自然行事，抚养孩子，不能抛弃他。[3]

第四，犬儒对"至上生活"（vie souvraine）的极化和转变。真正的生活必定是永恒的、幸福的、至上的生活。这种生活的享有者必定是至上者、王者。帝王与哲学家的关系在柏拉图之处可从两个角度理解。首先是类比关系，帝王在城邦里建立完善秩序，而哲学家在自己的灵魂里建立完善秩序，因此帝王对城邦的统治与理性对灵魂的统治本质类似；其次是教育关系，哲学家教育帝王，完善帝王灵魂，使帝王成为真理主体、伦理主体、治理主体。在斯多葛派之处，帝王与哲学家之间的亲缘关系更明显。哲学家可作帝王师，引导帝王灵魂，也可作民众的生活顾问，引导民众灵魂。犬儒主义有别于柏拉图和斯多葛主义，在犬儒眼里，他自己就是独一无二的帝王。他把现实的政治帝王视作自己的影子，蔑视政治帝王。因此犬儒是"反王之王"（roi anti-roi）。亚历山大曾

---

① 参看 CV. p.240。

② 参看《名哲言行录》，6，72—73；亦参 CV. p.243。

③ 参看 CV. pp.243—244。

说，如果他不是亚历山大，他愿做第欧根尼。可见亚历山大与第欧根尼虽同为帝王，但却是不平等的帝王。政治帝王与犬儒帝王之间的不平等有四点：①

其一，政治帝王要行使权力，确保统治地位，必然会有所依赖，比如依赖下级、军队和战争，而有所依赖的东西必然是脆弱的。犬儒帝王则无所依赖，他不必依赖任何人、任何东西，因为他的至高无上性不是源自针对别人的权力，不是源自针对现实的政治统治，而是源自内心的自由，因此犬儒帝王坚不可摧。只有坚不可摧的帝王才是真正的帝王。

其二，政治帝王无论以世袭方式登基，或是以其他方式登基，都要依“法”[nomos]行使权力，因此必须具备一定的“教养”[paideia]。犬儒主义者则无需教养，因为他作为王者，其依据不在“法”[nomos]，而在“自然或本性”[phusis]，在“宇宙或天”[comos]。对犬儒而言，重要的不是灵魂的“教养”，而是灵魂的“勇气”[andreia]。有勇气的灵魂，依金嘴迪翁说，也就是“伟大的灵魂”[megalophrosunê]。只有具备一颗伟大灵魂之人，方能称为宙斯之子、天子。

其三，政治帝王必然战胜敌人，征服对手。亚历山大向第欧根尼炫耀说，我不仅是希腊人之王，而且还是波斯人之王、梅德斯人之王，因为我即将征服他们。第欧根尼反问亚历山大，你以为你征服了希腊人、波斯人、梅德斯人，你就战胜敌人了？你不知道，你的敌人其实是你自身的邪恶。因此，即便政治帝王征服广袤土地，他仍然没有战胜他自己。犬儒主义者则相反，他无需征服任何一寸土地即已是王，因为他需要战胜和征服的不是别人，而是他自己，并且他也确实战胜了他自己。只有能战胜包括自己在内的任何敌人的帝王才是真正的帝王。

其四，政治帝王随时有丧失统治权的可能，变得一无所有，于是在掌权时竭尽可能满足私欲，心甘情愿成为私欲的奴隶。犬儒帝王则不可能遭遇这种不幸，因为他早已摆脱欲望，进入了无欲之境，或者至少控制了欲望，成为欲望的主人。无论摆脱还是控制，犬儒帝王都不再受

---

① 见 CV. pp.253—255。

欲望的烦扰，不再需要满足欲望，从而实现了真正的自由。只有自由的帝王才是真正的帝王。

总之，犬儒帝王因其坚不可摧，犬儒帝王拥有伟大灵魂，犬儒帝王能战胜任何敌人，犬儒帝王自由自在，所以是真正的帝王。在犬儒那衣衫褴褛、愤世嫉俗、不知羞耻的外表下，其实隐藏的是至高无上的尊贵性。作为王者的犬儒与作为统治者的政治帝王一样，其首要职责就是关心、照看他的子民，替他的子民操劳。但犬儒的关照方式与政治帝王的方式不同：其一，政治帝王采用的是行政方式，犬儒则是以自己的生活艺术作为表率，以此督促人们、关心人们，必要时甚至可以为他的生活艺术献出生命。其二，政治帝王对民众的关系是统治与被统治的关系，犬儒帝王与民众的关系则是医患关系。犬儒往往把自己看作医生，竭尽所能治愈病人，使他们恢复健康幸福的生活。其三，犬儒履行职责所采取的方式，往往是激烈的论战和斗争。犬儒无时无刻不在揭发、批判那些侵蚀人们健康机体的邪恶力量，无时无刻不在与这些邪恶力量搏斗，目的是改变人们的生活方式，变化人们的"气质"[êthos]。因此从斗争的角度出发，犬儒往往把自己比作侦察兵或竞技者。

从犬儒所承担的任务和充当的角色看，福柯把犬儒比作十字路口上的赫拉克勒斯（Héraclès）。同赫拉克勒斯一样，犬儒主义者也选择了德性之路、沉重之路。我们知道，赫拉克勒斯在希腊神话谱系中的形象与众不同。赫拉克勒斯不以足智多谋取胜，也不靠美貌和财富出名。相反，赫拉克勒斯是"受尽折磨的"[ponouta]、"经历斗争的"[agônizomenon]，所以赫拉克勒斯被说成是"最悲惨的人"[anthrôpôn athliotaton]。而在希腊文中，"悲惨"[athlios]与"竞技"[athlêtês]是同源词。因而金嘴迪翁在他的第三篇《演说词》中把赫拉克勒斯称为悲惨的竞技者[athletes athlios]。①他衣衫褴褛、形容肮脏、不畏寒暑、风餐露宿、寝食不安。但正是这样的英雄，这样的王者，逐一消灭了"不义的

① 参 CV. pp.259—260。

僭主”(Dimède le Thrace)、“财富占有者”(Géryon)、“淫秽之邦”(Les Amazones)。在金嘴迪翁笔下，与赫拉克勒斯相对的是普罗米修斯，虽然普罗米修斯给人类带来火种，传授人类技艺，但同时也给人类播下恶因，因而普罗米修斯在此是负面形象。而作为英雄的王者赫拉克勒斯，不仅惩恶扬善，而且还拯救了具有先见之明的普罗米修斯。①

以上即犬儒主义对“真正的生活”的极化和转变。结论是，犬儒主义不是古代哲学的异类，不是哲学传统的断裂。犬儒主义不过是以一种戏剧化的方式来实现传统哲学主题；或者说，犬儒主义不过是把古代哲学的论题推向极限的尽头。相对传统而言，犬儒主义确实有较大转变。但转变不是抛弃，而是复归——推往极限处再回来。福柯说：

> 通过指出这些不同的主题，我们已经看到犬儒以不知羞耻的、赤裸裸的实践把不假掩藏的生活变得戏剧化，从而改变了这个理念；犬儒以贫穷的方式把独立自足的生活变得戏剧化，从而改变了这个理念；犬儒主义以动物的方式把正直的生活戏剧化，从而改变了这个理念；我们还可以说，他们以所谓军事方式的生活，斗争的生活，通过对自己也对别人、为自己也为别人的搏斗，从而改变或逆转了至上的生活(宁静的生活、有益的生活：对自己的宁静或自我享受、对别人有益)这个主题。②

4. 斯多葛主义者眼里的犬儒形象——福柯对爱比克泰德《谈话录》的读解

某日，一位犬儒的仰慕者问爱比克泰德怎样成为合格的犬儒。爱比克泰德没有正面回答他，而是告诫他不要对犬儒有误解：

> 事情并不如你所想的那样。“我现在穿的是一件粗陋的大衣，到时候，我还要穿一件粗陋的大衣；我现在睡的是一张硬床，以后，我还要睡一张硬床，我还要拿上一只小口袋和一根拐棍，我要到处

---

① “普罗米修斯”的希腊文字面意思为“先见之明”。

② CV. p.261.

游荡，遇到谁就向谁乞讨，遇到谁就骂谁。假如我看见有人要拔掉自己身上的毛，或者发型时髦，或者身穿紫衣招摇过市，我就会大声谴责他们。”如果你认为犬儒主义者就是这个样子的，那么，你就走远一点，因为这不是你应该做的事情，这跟你没有什么关系。①

在这段话中，爱比克泰德虽然没有正面说犬儒是什么样子，但他说了犬儒不是什么样子：不是衣不蔽体，不是居无定所，不是行乞为生，不是骂骂咧咧。爱比克泰德所否定的犬儒形象，正是其他古代作者所描述的犬儒形象，正是人们心目中所熟悉的犬儒形象。所以爱比克泰德要告诫人们：“如果你认为犬儒主义者就是这个样子的，那么，你就走远一点。”那他心目中的犬儒该是什么样子呢？

爱比克泰德认为，犬儒与其他人的区别首先不体现在外表，而体现在所担任的职责和所从事的事业。犬儒的职责非同小可，犬儒的事业非常重大，但这不是犬儒自命不凡的选择，而是神意的安排：

没有神，要从事这么重大的事业，只能招致神怒。而且，这样做只能是使自己在大庭广众之下丢脸。②

不过，说犬儒的职责由神安排，这并不表示犬儒没有选择，只需坐等神的安排。事实上，爱比克泰德反复强调，犬儒的生活方式乃是个人主动选择的结果，但不是随意选择，而是依据神给他指定的职责和位置来决定。接下来要考虑，犬儒的职责是什么，以及如何选择成为一名犬儒？

要成为犬儒，得先看看自己是否够格，因此必须经历一番考验，用爱比克泰德的比喻说，在决定从事重大事业之前，最好“先拿一面镜子，照照自己的肩膀，照照自己的腰，照照自己的大腿”；③“好好想一想，认识你自己。”④福柯称之为“自我对自我的考验”(épreuve de soi sur soi)。⑤

---

① 爱比克泰德：《谈话录》第3卷，第22章，9—11，王文华译文。

② 爱比克泰德：《谈话录》第3卷，第22章，2。

③ 爱比克泰德：《谈话录》第3卷，第22章，51。

④ 爱比克泰德：《谈话录》第3卷，第22章，53。

⑤ CV. p.272.注：“努力避免那些会丧失自我的东西”句，王文华译本为“你想要回避的东西也一定要仅仅是你意愿之内的事情”；吴欲波译本为“你必须把你的回避转向自由意志领域之内的事物”。兹据CV. p.272法译校改。

具体分三种。第一种是：

> 首先，在与你自己有关的事情上，你要彻底改变自己现在的行为和做法，既不责怪神也不抱怨人；你必须完全抛弃你的一切欲望，努力避免那些会丧失自我的东西，不能有气愤、怨恨、嫉妒、怜悯；在你眼里，美女、名誉。变童和美食根本不是什么美好的东西。①

因为气愤、怨恨、嫉妒、怜悯，以及美女、荣誉等这些都不是什么光彩、美好的东西，所以人们在愤恨、嫉妒、享乐时，往往会寻求某种掩饰，或在房屋进行，或在暗地行事。而犬儒要使自己的生活成为真正的生活，就必须彻底抛开这些掩饰，因为：

> 对于一个犬儒主义者来说，他不会用这些办法来掩饰自己，而是以自尊当作他的防御；否则，他在露天之下便会自己蒙羞了。他的自尊就是他的房屋，他的门，他的卧室门口处的守卫，他的黑暗。因为他不应该想着要隐藏自己所做的一切，否则的话，他[这个人]就消失了，他就失去了犬儒主义[的品格]，他就失去了在户外[阳光下]生活着的人[的品格]，他就失去了自由人[的品格]。②

真正的生活无需掩饰和隐藏。爱比克泰德所描述的犬儒生活，原则上与我们前文的论述相符，唯细节上稍有差别：前文说，犬儒奉行"狗的生活"原则，把"真正的生活"的第一种含义——不隐藏的生活——推向极限，成为不知羞耻的生活；但这里不仅没有把犬儒的生活说成是不知羞耻的生活，相反，爱比克泰德说，犬儒"以自尊当作他的防御"。

自我对自我的第二种考验是，犬儒必须对外物无所求、无所待，保持独立自足。爱比克泰德说：

> 我的微不足道的肉体对我而言无足轻重；它的各个部分对我而言也无足轻重。死亡？不管是整体的还是部分的死亡，它想什

① 爱比克泰德：《谈话录》第3卷，第22章，13。注："努力避免那些会丧失自我的东西"句，王文华译本为"你想要回避的东西也一定要仅仅是你意愿之内的事情"；吴欲波译本为"你必须把你的回避转向自由意志领域之内的事物"。兹据CV. p.272法译校改。

② 爱比克泰德：《谈话录》第3卷，第22章，15—16。

> 么时候来临就什么时候来临吧。流放？任谁能把我逐出到哪里去？他总不能把我逐出这个宇宙。不论我到哪里，那儿都有太阳、月亮、星星、梦、预兆，有我与诸神的交谈。①

此乃“真正的生活”的第二层含义：adiaphoros bios，即不混合的生活、自足的生活、不动心的生活。在爱比克泰德看来，幸福既不取决于权力和财富等外物，也不取决于身体，而是取决于作为自身主导要素的灵魂：

> 所以，你一定要净化自己的主导要素，坚持这样一种生活方式：“从今以后，对我来说，我的思想就是我应该努力加工的材料，就好像木材之于木匠，皮子之于鞋匠；我的工作就是正确运用表象。”②

爱比克泰德在这里说，幸福与否取决于能否正确运用表象。“表象”作为灵魂部分，指的是“我们常常用来希望得到东西、回避东西，驱动我们到底应该采取行动还是不采取行动的那一部分”。③我们运用表象，正如木匠加工木材，皮匠加工皮革。为了学会正确运用我们的表象，我们必须对灵魂下一番功夫，净化灵魂，力图使灵魂从外界纷扰中挣脱出来，保持无所求、无所待的自足状态。

第三种自我对自我的考验是，犬儒必须能够区分善恶、辨别好坏。“辨别”[diakritikos]本为“狗”之所长。犬儒既然奉行狗的生活原则，他自己必须能够分辨善恶，并且还要告诉别人何者为善何者为恶。爱比克泰德说：

> 一个真正的犬儒主义者，他必定知晓他是被宙斯派下人间，部分地是作为一个信使，为的是向人们展现在好与坏的问题上，人们已经误入歧途，人们正向错误的地方去找好与坏的本质，而这本质的真正所在，他们却从来没有想到；部分地是作为一位**侦察员**[kataskopos]，这是第欧根尼在凯罗尼亚战争之后被派到菲利普

---

① 爱比克泰德：《谈话录》第3卷，第22章，21—22。

② 爱比克泰德：《谈话录》第3卷，第22章，19—20。

③ 爱比克泰德：《谈话录》第3卷，第22章，31。

去之前说的话。因为一个犬儒主义者确实是一个侦察员，他要找出什么事物对人类是友好的，什么是有敌意的；所以他首先必须准确地侦察，等到回来之时，他必须**说出真相**[apaggeilai talêthê]。①能够辨别敌友，能够区分好坏，对敌毫不留情，对友敢于言说真相，是为合格的“侦察员”，是为真正的犬儒。此乃“真正的生活”的第三种含义。

于此，我们得以明白上文所引爱比克泰德的警告：倘若你打算仿效犬儒的外表，那么请你走远一点，这跟犬儒无关。理由正如福柯所说：“犬儒的任务不能从外部特征来寻找，犬儒的任务唯有在修习[askêsis]当中才能认识。即在不遮掩、不混合、能辨别好坏的生活当中进行持续不断的修习和实践，只有这些才是犬儒主义的任务特征”。②犬儒执行任务犹如参加战斗，修习和考验乃是参战的准备。赫克托尔劝妻子进屋织布，因为：“战争是男人的事情，尤其是我的事情。”③同样，真正的哲学生活就是一场战争，不是每个人都有资格上战场，只有具备高度忍耐精神，经受重重磨难和考验之人——“以至于普通人会认为他全无感觉，认为他是一块石头④”——方可参战。因此，犬儒所遭遇的痛苦折磨，其实是宙斯对他的考验，不经考验，犬儒无力承担并完成他的任务。犬儒的任务与医生类似，都是关心和照看病人，为病人诊疗，但犬儒的任务比医生更伟大，也更困难，因为作为王者的犬儒，他要照看的不只是病人，而是全人类：“犬儒主义者是所有人的父母，所有的男人都是他的儿子，所有的女人都是他的女儿，他就是这样对待所有的人，他就是这样照料着每一个人。难道你认为，他完全是出于爱管闲事才责骂自己遇到的人吗？他这么做，完全是作为一个父亲，作为一个兄长，作为所有人的父亲——宙斯——的臣仆才这么做的。”⑤

有趣的是，在上段论述中，为了说明犬儒的任何职责，爱比克泰德

---

① 爱比克泰德：《谈话录》第 3 卷，第 22 章，23—25。

② CV. pp.273—274.

③ 爱比克泰德：《谈话录》第 3 卷，第 22 章，108；原文出自《伊利亚特》第 6 卷，第 492 行。（王文华译本注为第 490 行，兹据福柯之说。）

④ 爱比克泰德：《谈话录》第 3 卷，第 22 章，100。

⑤ 爱比克泰德：《谈话录》第 3 卷，第 22 章，81—82。

使用了双重的对立比喻：一方面是战争，是暴力，是无情的“石头”；另一方面则是照顾，是关心，是温暖的“父母”。战争和暴力，目的是为更好地照顾和关心；把自己变成无情的石头，目的是为成为温暖的父母。从这里可以看出，犬儒没有婚姻家庭，没有子女，不是因为他们排斥婚姻家庭，排斥子女，而是因为他们卸去自己的家庭负担，以便更好地照看其他有婚姻家庭，有子女的人。①“他如果忙于料理自己的那些日常生活事务的话，哪里还会有时间从事这些［犬儒主义者］的事业呢？”②换言之，犬儒没有家庭，原因是他们把宇宙视作家庭；没有子女，原因是他们把人类视作子女。犬儒的一无所有，目的是为了实现全部拥有。

由此出发，我们得以明白，犬儒对人们的关心照看，确实就像父母对孩子的关心照看。但这里的“孩子”不是作为个别人的孩子，而是整个人类；这里的“父母”也不是作为个别孩子的父母，而是全人类的父母。犬儒对人类的贡献，实在不是那些结婚生子之人可比的。爱比克泰德问道：

> 是谁对人类的贡献更大呢？是给世界带来三两个长着一副丑脸的孩子的人们［即结婚生子的人们——福柯注］贡献更大呢，还是那些尽其力对整个人类**实施监督的人**［hoi episkopountes］呢？这些人观察人类在做什么，怎样度过他们的人生，他们关心的是什么，以及他们不尽责地忽视了什么。③

这段引文把犬儒说成是全人类的“监督者”。监督［episkopountes］与多管闲事［polupragmosunê］不同。爱比克泰德说：“因为，当他监督着人间事务的时候，他并不是在干涉别人的事务，而是在管理自己的事务，否则，你干脆把军队里的将军对士兵的视察、考核和监视以及对那些不守纪律的士兵的惩罚也叫作多管闲事的人算了。”④作为人类的监督

① 可以看到，爱比克泰德眼里的犬儒主义其实是融合了斯多葛主义分子的犬儒主义，这由爱比克泰德对一般人的婚姻所持的赞成态度可见一斑，因为犬儒主义从根本上是反对婚姻的。

② 爱比克泰德：《谈话录》第 3 卷，第 22 章，74。

③ 爱比克泰德：《谈话录》第 3 卷，第 22 章，77；见 CV. p.277。

④ 爱比克泰德：《谈话录》第 3 卷，第 22 章，97；见 CV. p.286。

者，犬儒监督人类怎样生活，怎样度过他们的一生。当犬儒执行这项任务时，他其实是充当“人类总体的公务员”的角色，充当“伦理的普遍性的公务员”的角色。这种普遍性，不是个别政治团体、个别种族、个别国家的普遍性，而是全人类的普遍性。

为人的普遍性负责，充当人类总体的公务员，此乃最高贵的职务，此乃最高尚的政治。爱比克泰德说：

> 也许会问我，犬儒主义者是否应该积极从事政治。你这个傻子，你想寻找比他现在所从事的更高尚的政治吗？或者你想让他上前对雅典人发表关于收益与岁入的演说吗？但他其实是个应该与所有的人，雅典人、科林斯人、罗马人谈论关于幸福与不幸，成功与失败，奴役与自由的问题，而不是关于岁入、收益、和平、战争的问题的人。当一个人在从事那样一种高贵的政治的时候，你还要问我他是否要从政的问题吗？你也许还会问：他是否会承担公职。我将再次告诉你：蠢人，与他现在所担任的职务比较起来，他还能担任什么更高贵的职务吗？①

真正的、最高的“政治”[politeuesthai]根本不再是法律、税务、战争等这些琐碎问题，②而是人类总体的自由和幸福问题；不再是城邦或国家的政治问题，而是世界整体的治理问题：

> 犬儒主义者所想的事情从来都是要做神的朋友，宙斯的臣仆，**与宙斯共同治理这个世界**[metekhôn tês arkhês tou Dios]，所以，无论什么时候，他都准备着这样一句话：“指引我吧，哦，宙斯；哦，命运。”③

此乃真正的生活的第四种含义：永恒的生活、至上的生活、王者的生活。真正的王，不是地王、人王，而是天王——分享宙斯的权力、与宙斯共同

---

① 爱比克泰德：《谈话录》第3卷，第22章，84—85。

② 福柯解释 politeuesthai 为：“politeia 的真正的职能”(veritable function de la *politeia*)，见 CV. p.278.

③ 爱比克泰德：《谈话录》第3卷，第22章，95；“与宙斯共同治理这个世界”字面意思为“分享宙斯的权力”或“参与宙斯的治理”；见 CV. p.278. 及 CV. p.282。

治理，此之谓也。

犬儒的王者生活同时也是真理的展现。爱比克泰德说，犬儒不仅具备诚言的勇气[tharrein parrêsiazesthai]，而且还能够宣布真理[appaggeilein talêthê]。[1]在整个西方哲学史中，犬儒与真理的关系最直接、最紧密，犬儒不仅以逻各斯，也不仅以行为，而且还以身体来见证真理。可以说，犬儒与真理的关系，是一种“与身体的符合关系”。[2]爱比克泰德说：

> 如果一个肺痨患者走上前来，弱不禁风，面色苍白，他的见证就不会有多少分量。因为他绝不能仅仅通过展示一下他的灵魂的性质来向俗众证明，没有他们所崇拜的东西的帮衬也做一个美好而高贵的人；他必须通过他的身体状况向人们表明，他这种在露天底下的朴实而简单的生活实在不会伤害到身体的：“看”，他说，“我可以作证，而且我的身体也可以为真理作证”。第欧根尼就是经常这样做的。他四处走动时，常常神采奕奕，精力充沛，吸引了许多人的目光。可是，一个让人怜悯的犬儒主义者必定会被人当作乞丐，唯恐避之不及，人人皆可冒犯他。因此，他不应该外表脏兮兮的，以免把人吓跑；哪怕他的贫困也应该是干净的、富有魅力的贫困。[3]

在犬儒主义者这里，因为“真理本身的存在，乃是经由身体而成为可见的”，[4]所以身体与灵魂、形体与言辞同等重要。爱比克泰德眼中的犬儒，再也不是衣衫褴褛、面容航脏、面色苍白、精神萎靡的异类，而是衣着整洁、外貌干净、神采奕奕、富有魅力的常人。犬儒不仅要以审慎得体的行为，而且也要以富有神采的外表而吸引人。

总之，爱比克泰德不立足于个别人，不立足于另外一种生活，而是立足于人类全体，立足于普遍生活。他通过折中、结合犬儒主义元素与斯多葛主义元素，使“真正的生活”不再是“另一种生活”，使“真理之路”

---

①② CV. p.283.

③ 爱比克泰德:《谈话录》第3卷，第22章，86—89。

④ CV. p.284.

不再是“另一条路”在他看来，那些认为走上另一条路的人，无异于到处乱窜的盲眼人：

> 哦，可怜的人啊，你们要干什么呀？你们瞎子似的脚步踉跄着到处乱窜。你们已经离开了**真理之路**[tên ousan]，正在走上**另一条路**[allên hodôn]。①

三、生活果真是一场疾病吗？——福柯对苏格拉底“临终遗言”的读解

（一）《申辩》与苏格拉底式的诚言

《申辩》是苏格拉底在法庭上为自己，为哲学，为哲学诚言以及哲学生活所作的辩护。我们知道这场申辩之后不久，苏格拉底即饮鸩而亡。据柏拉图记述，面对死亡的苏格拉底在申辩时说过这么一句话：“我如果很久以前就从政，那就早已被处死。”②这句话实在令人难以捉摸。难道苏格拉底也怕死？如果不怕死，那他为何这么说？

前文论述哲学诚言与修辞术之关系的部分，已经涉及了苏格拉底的申辩，我们说，这一申辩确立了哲学诚言作为真理话语的本体论地位。现在我们再进一步，看苏格拉底如何实践哲学诚言。我们对比苏格拉底的哲学诚言与伊翁或伯里克利的政治诚言来思考这一问题。伊翁或伯里克利实践政治诚言的基本方式，是在公民大会上当众发言，对公众言说真理。而苏格拉底则相反，他在《申辩》中明确说了他从不当众对人发言：

> 我走来走去，干预别人的事务，私下向大家进忠告，却从来不敢当众[dêmosia]对人们发言，向城邦提意见[sumbouleuein tê polei]。③

① 爱比克泰德：《谈话录》第3卷，第22章，26；见CV. p.287.

② 柏拉图：《申辩》，31d—e，王太庆译文。

③ 柏拉图：《申辩》，31c；见GSA. p.85，注释7。

引文里译作“提意见”的 sumbouleuein，在古希腊语中是一个技术用语，专指对城邦献计献策。苏格拉底从不敢公开向城邦提意见，只是私下对个人进忠告。就诚言实践而言，苏格拉底的形象与梭伦形象恰好形成鲜明对比。普鲁塔克《梭伦生平》、第欧根尼·拉尔修《名哲言行录》、亚里士多德《雅典政制》都有关于梭伦的相关记述。在所有这些记述中，梭伦都是一个当众发表演说、公开实践诚言的人物形象。[①]梭伦打心眼里看不起那些沉默者：

> 雅典人啊，我比你们中的一些人更智慧，比另一些人更勇敢——比那些觉察不出庇西斯特拉图的圈套的人更智慧，比那些尽管看穿了这个圈套，但却因为害怕而保持沉默的人更勇敢。[②]

梭伦在这段话中描述了一类人，他们虽然有智慧，能够看穿事实，但却因为害怕而保持沉默。梭伦认为他自己不仅能够看穿事实，而且能够勇敢地言说真相。问题的关键在于，苏格拉底是梭伦所说这类人吗？既是又不是。他说：

> 我如果很久以前就从政，那就早已被处死，不能给你们或者给我自己做什么好事了。[③]

这句话包含两方面的意思：一方面，苏格拉底不敢当众发言，的确是因为害怕——害怕早已被处死，从这个角度说，苏格拉底是梭伦所说这类人；但另一方面，我们应该更精准地理解，苏格拉底害怕的不是死，而是怕死了不能给同胞或者自己做有益的事情。他说，凡是有益的事，“无论如何，我不会改变我的行径，虽百死犹不悔。”[④]显然，如果苏格拉底确实怕死，那么原因根本不在于死亡是一件要加以避免的坏事，而在于死亡阻止人继续做好事。苏格拉底保护自己的生命，是为了做更多有益别人也有益自己的事情。而苏格拉底所谓有益的事情就是实践诚言。不过他所实践的不是梭伦或伯里克利式的政治诚言，而是哲学—

① 参见 CV. p.70。
② 第欧根尼·拉尔修：《名哲言行录》，1，49—50。
③ 柏拉图：《申辩》，31d—e。
④ 柏拉图：《申辩》，30a—c；同样说法亦见 32b—e。

伦理领域的诚言。从这个角度说，苏格拉底既不是梭伦口中所说这类人，但也绝不是梭伦这样的人。福柯由此推测，苏格拉底经常听到的那个告诫、阻止他的声音，其实所说的就是：“你不是梭伦，你是苏格拉底。”①

那么苏格拉底怎样实践他的哲学—伦理诚言呢？同样是在《申辩》中，苏格拉底说，他的角色犹如父亲或兄长，把雅典同胞视作自己的孩子或者幼弟，关心、照看、督促他们，叫他们不要关心名声、财产和地位，而是关心他们自己的灵魂。苏格拉底说这是他永不放弃的任务：

> 只要我还有口气，还能动弹，我绝不会放弃哲学，绝不停止对你们劝告，停止给我遇到的你们任何人指出真理，以我惯常的方式说：“高贵的公民啊，这里是最伟大的城邦，最以智慧和力量闻名，如果你只关心获取钱财，只斤斤于名声和荣誉，既不关心，也不想到**明智**[pronêsis]、**真理**[alêtheia]、和自己的**灵魂**[psukhê]，你不感到惭愧吗？”②

苏格拉底督促人们关心自己，所谓“自己”，用福柯的术语说，也就是一系列的“自我关系”(rapport de soi à soi)。这种关系包含三方面的内容：“明智”[pronêsis]、“真理”[alêtheia]、“灵魂”[psukhê]。具体解释，它们的关系是：③明智是实践中的理性，是能使人作出趋善避恶的选择的理性；真理是作为明智的指引与明智紧密相联，是明智试图寻求和获得的东西；真理同时也与灵魂紧密相联，是人们以灵魂的具体形式而加以整饬的存在。总之，明智、真理、灵魂紧密相联，环环相扣：倘若人们能够拥有明智，从而作出好的选择，原因是人们与真理有关系，而人与真理的关系又是以灵魂的存在本性作为基础的。

因此，“关心自己”即意味着塑造明智、真理、灵魂这三者之间的完善关系。这种完善关系就叫品德[êthos，或译品性、气质]。苏格拉底的诚言实践对象不是政治，而是品德。苏格拉底的诚言塑造人们的品

---

① CV. p.70.

② 柏拉图：《申辩》，29d—e。

③ CV. p.79.

德，督促人们塑造自己的品德。从品德出发，每个人都能依照灵魂的存在本性，成为明智的存在者，以明智的行为方式生存，而明智的方式也就意味着真的方式和好的方式。苏格拉底说如果他做别的事情，他的守护神会发出声音阻止他，独有这件事，守护神不仅不加阻拦，而且还命令他赶紧去做，因为这本来就是神明给他分配的任务。为此，苏格拉底作了一番探索，以完成任务、实践诚言。据柏拉图《申辩》的记述，苏格拉底的探索过程包含三个步骤：①

第一步以希腊文表示即 zêtein，意为寻访、探索。苏格拉底听神谕说他最有智慧之后的反应是："他的意思我很久不能理解，后来我决定以如下方式来证实这件事[epi zêtêsin autou toiautên tina etrapomên]。"②他所决定采用的方式就是寻访、探索。显然，在对待神谕的态度上，苏格拉底与伊翁各不相同。伊翁是对神谕进行解释，苏格拉底则是以寻访、探索的方式来证实神谕。苏格拉底自叙说，他逐一对城邦中的各等人物进行了寻访，上至政客，中及诗人，下至手艺人，都是他的寻访对象。

第二步以希腊文表示即 planê，意为调查。第一步的"寻访"是为了第二步的"调查"。苏格拉底对法庭上的人说："我必须对你们叙述一下调查的行程[tên emên planên]。"③按苏格拉底的叙述，他调查所采取的具体形式是"辩驳"[elegkhos]。在苏格拉底寻访、调查的过程中，若有人自称自己有智慧，苏格拉底就抓住这个人，盘问他，与他讨论和辩驳。而无论寻觅还是调查，都是为了最终检验谁有智慧。

第三步即希腊文 exetasis 所表示的检验、审查。这也正是苏格拉底招人嫉恨的原因所在。苏格拉底解释说："雅典公民们，就是这一番审查[exetazomenoi]给我引来了许多人的敌意。"④并且，雅典的年轻人也模仿苏格拉底进行审查："他们喜欢听我讲怎样对人们进行审查，自

---

① 参看 CV. pp.75—78。

② 柏拉图：《申辩》。21b；希腊文据 CV. p.86，注释 24。

③ 柏拉图：《申辩》，22a；见 CV. p.86，注释 26。

④ 柏拉图：《申辩》，22e；见 CV. p.86，注释 31。

己也学着我的样去审查别人。”①审查首先固然是为证实神谕，但更是为检验灵魂。苏格拉底的终生志业，既非钻研天上地下之事，亦非传授技艺以牟利，而是检验灵魂。凡是城邦中的人，不分职业、地位，苏格拉底都对他进行审查和检验。

总之，苏格拉底不从政是为了保住性命；保住性命是为了做他认为有益的事情。此乃苏格拉底的任务和职责所在：

> 真理就是这样：一个人的职位在哪里，不管这是自己选定的还是上级指派的，他都应该坚守在那里，面对着危险，不考虑死亡，也放弃其他顾虑，决不让荣誉受到损害。②

苏格拉底的任务是什么呢？自然就是我们前文所说的“关心”[epimeleia]——像兄父般关心他的雅典同胞，同时也督促他们关心他们自己的灵魂。因此，若把“关心”算作第四步，那么苏格拉底的诚言便可归结为如下四个步骤所组成的序列：“探索[zêtêsis]—调查[planê]—检验[exetasis]—关心[epimeleia]”。或者也可依福柯，把“调查”并入“探索”，仅归结为三个步骤所组成的序列：“探索[zêtêsis]—检验[exetasis]—关心[epimeleia]”。③福柯认为，正是这一序列界定了苏格拉底式的诚言，界定了苏格拉底区别于政治诚言的哲学诚言的勇气。并且，这一序列的每个步骤紧密相联，形成了一个圆环：首先探索神谕所说，然后检验彼此相关的灵魂，最后关心作为探索对象和检验对象的灵魂。

（二）读解苏格拉底的“临终遗言”

自苏格拉底作出“哲学”就是“练习死亡”的规定后，哲学与死亡便不可分地联在了一起。哲学家的死亡，历来就是人们所关注的事情。尤其苏格拉底本人的死亡，更成了一场重大事件——具有历史意义、思想史意义的事件，因此也是西方哲学史千百年来所解释的焦点之一。

---

① 柏拉图：《申辩》，23c；见 CV. p.86，注释 32。

② 柏拉图：《申辩》，28d。

③ CV. p.80.

在众多解释者中，尼采和福柯尤为重要。理由有浅有深。浅的是，尼采、福柯与苏格拉底，都是西方哲学史中的划时代巨匠：苏格拉底划开了前苏格拉底哲学与希腊古典哲学，尼采划开了西方哲学史与现代西方哲学，福柯划开了现代西方哲学与后现代西方哲学。深的是，使苏格拉底之死成为问题的，首先并不是理论，而是生活——哲学生活（以及哲学生活与政治生活之间的关系）。尼采和福柯正是实践哲学生活的典型代表，哲学对他们而言，首先不是理论问题，而是生命问题或者生活问题。①总之，若要研究哲学生活的问题，不可不研究苏格拉底、尼采和福柯。被处死的苏格拉底，终其一生都在为哲学生活申辩，直至在监狱饮下毒鸩那一刻；发疯而死的尼采，以及染病而死的福柯，他们虽未直接评论过自己所过的哲学生活，但都曾解释过苏格拉底之死，尤其解释过苏格拉底的临终之言。②本章通过论述尼采和福柯对苏格拉底临终之言的解释，进而回答生命与哲学的相关问题。

所谓苏格拉底的"临终之言"[ho dê teleutaion ephthegxato]，按柏拉图《斐多》的记述是：

> 克力同，我们还欠阿斯格雷彪一只公鸡。**还了这笔债，别忘了**[alla apodote kai mê amelêsête]。③

阿斯格雷彪（Asklêpiôs）乃希腊医神。历史学家的研究证明，如果人们向阿斯格雷彪献祭，那意味着阿斯格雷彪确实治愈了人们的疾病。④苏格拉底既然叫克力同向阿斯格雷彪献祭，可以推断苏格拉底确

---

① 希腊文 biôs，犹如英文 life，兼生命和生活二义，下文不再重复。

② 尼采于1900年8月25日在精神错乱中病逝，他对苏格拉底临终之言的解释主要见于《快乐的科学》和《偶像的黄昏》。福柯于1984年6月25日因染艾滋病去世，他知道自己的病，但始终没有评论过一句，他所问医生的唯一一个问题，只是"我还剩多少时间？"（*Chronologie*，Michel Foucault，*Dits et Écrits* Ⅰ，Gallimard，2001，p.89.）不过，就在他离世前不久，即1984年2月15日，福柯曾在法兰西学院课堂解读过苏格拉底的临终之言。因此，作为哲学家的福柯，作为法兰西学院教授的福柯，其临终之言便留在法兰西学院课堂上，留在对苏格拉底临终之言的解读中。

③ 柏拉图：《斐多》，118a。注：有法译本把苏格拉底所说 alla apodote 译为"还了我的债"（*ma* dette），杜梅兹勒认为这是误译，应为"还了这笔债"（*la* dette），杜梅兹勒强调，欠债的不只是苏格拉底，而是他和克力同，也许还有别的若干人，见 CV. p.88。

④ 这是杜梅兹勒提醒我们的。

实患病，并且已经治愈——至少在临终这一刻。那么问题的关键是，苏格拉底究竟所患何病？

1. 尼采答：生命就是一场疾病

对这个问题，尼采的回答最著名也最有影响：生命或生活本身就是苏格拉底所患之病。苏格拉底临终之言“噢，克力同，我还欠阿斯格雷彪一只公鸡呢”被尼采读作：“噢，克力同，生命就是一场疾病。”不过这种读法也并非尼采的发明。在尼采的身后，有一个强大的古典解释传统在支撑着他。该传统认为，既然苏格拉底说欠阿斯格雷彪一只公鸡，既然这句话出现于苏格拉底临终时刻，这就表示苏格拉底把生命看作一场疾病；而死亡恰好是对这场疾病的治愈，因此苏格拉底在临终前不忘献祭医神。从大诗人拉马丁（Lamartine），到声名卓著的古典学家罗班（L. Robin）、伯奈特（J. Burnet），均持此论。甚至，这种解释观念还可以再往前追溯，譬如可追溯至古代晚期的新柏拉图主义者奥林匹欧多亚（Olympiodore），他在评注《斐多》时说，死亡治愈了变化之中[en tê genesei]的灵魂，使灵魂成为不变的存在，迈入不朽之列。①这种解释明显有悖于苏格拉底一生的哲学活动，尼采对此也有所察觉，但他始终不肯放弃“生＝病”的观念，决意坚持苏格拉底临终时所说的就是这个秘密。在《快乐的科学》题为“临终时的苏格拉底”第340条格言，尼采写道：

> 我真希望他在生命的最后一刻也是保持沉默的，果真如此，他在天才人物队伍里的身价会更高。然而，不知是死神、毒药，还是好心或恶意，总之有某个东西使他临死时终于开口说话了“噢，克力同，我还欠阿斯格雷彪一只公鸡呢。”听见这句既可笑又可怕的遗言，有人明白了他的含义：“噢，克力同，生活是一场疾病啊！”可谓一语中的。作为须眉男子，苏格拉底在众人眼前犹如猛士，活得潇洒、快乐，可谁料到，他竟然是个悲观主义者呢！他直面人生，强颜欢笑，而把自己最深层的情愫、最重要的评价隐藏，隐藏了一生

① 参看CV. p.89。

呀！苏格拉底啊，苏格拉底深受生活的磨难！但他对生活也实施报复——使用隐晦、可怖、渎神的言语！①

这段格言得放在一个更加广阔的文本语境中来理解，即题为“苏格拉底的问题”的《偶像的黄昏》第二章。本章集中论述的就是苏格拉底问题，而且《偶像的黄昏》也是尼采亲自出版的最后一本著作，因此本章所提供的将是尼采“最终的苏格拉底形象”②。本章第一句话即说：“关于生命，历代最智慧的人都作出了同样的判断：它毫无价值……”③尼采认为，所有最智慧的人，无一例外都对生命充满了怀疑，充满了忧郁，充满了厌倦，充满了反对，此乃“智慧者的共识”(consensus sapientium)。其中甚至包括苏格拉底——以“什么样的生活值得过”为终身审查对象的苏格拉底：“甚至在临死之前，苏格拉底还说：‘生命——这意味着长久的病痛。我欠拯救者阿斯格雷彪一只公鸡。’”④

问题是，如果生命就是一场疾病，那苏格拉底知道吗？如果他知道，那他的生命是否值得过？又或是到了临终之时才知道？尼采的回答是：苏格拉底知道，而且一直都知道，所以苏格拉底也对生活实施报复——他一生所说的那些隐晦、反讽、渎神的言语，就是他的报复。但苏格拉底又隐藏了他所知道的真相，而且还隐藏了一生，原因是他看透了一切，他知道雅典正处于随时毁灭的危险之中，雅典人都是一些患了病的“精神畸形者”(monstrum in animo)。“本能”正成为精神的暴君，统治着雅典人。苏格拉底要成为医生，治愈他们，不得不发明另一个更强有力的暴君、能抗衡本能的暴君，这个暴君就是“理性”。然而，理性成为暴君，同样也是精神的畸形，同样也是疾病，无非另一种形式的疾

① [德]尼采：《快乐的科学》，“临终时的苏格拉底”，黄明嘉译，华东师范大学出版社 2007 年版，第 316 页。

② [美]丹豪瑟：《尼采眼中的苏格拉底》，田立年译，华夏出版社 2013 年版，第 166 页。

③ [德]尼采：《偶像的黄昏》，“苏格拉底的问题”，李超杰译，商务印书馆 2014 年版，第 12 页。“它毫无价值”原译文作“它毫无用处”，此处乃据《尼采眼中的苏格拉底》的中译文改，类似改动以下还有，恕不一一注出。

④ [德]尼采：《偶像的黄昏》，“苏格拉底的问题”，李超杰译，商务印书馆 2014 年版，第 12 页。

病。也就是说，作为医生的苏格拉底，同时也是病人。对此，苏格拉底当然心知肚明，不过他仍要隐藏真相，因为这至少能够保存雅典人，尽管只是病态的保存。而对雅典人来说，就算他们知道苏格拉底的生命是一场疾病，他们也只能选择苏格拉底，因为他们别无选择：如果不想追随本能暴君走向灭亡，那就唯有选择理性暴君以求保存。这也就解释了苏格拉底为什么既令雅典人反感乃至痛恨，但同时又具有不可抗拒的诱惑力，因为苏格拉底本身就是一个"精神的畸形者"，或者说是一个"怪物"①。不同的是，苏格拉底是一个智慧的怪物、一个节制的怪物、一个勇敢的怪物：智慧意味着苏格拉底知道雅典人以及他自己所患之病，节制意味着苏格拉底能控制自己并隐藏疾病真相，勇敢意味着苏格拉底敢于选择死亡来治愈自己。所以，苏格拉底最终选择了死亡，因为他渴望死亡：既然生命本身就是疾病，既然活着就是疾病，那唯有死亡，使生命消失的死亡，才是医生。所以尼采说：

> 不是雅典人，而是他自己给自己递上了盛有毒药的酒杯，他迫使雅典人为他递上盛有毒药的酒杯……"苏格拉底不是医生"，他轻声地对自己说："在此，只有死亡才是医生……苏格拉底只是长久地患了病……"②

2. 福柯问：生命果真是一场疾病吗？

关于"生＝病"的主张，也有古典学家持反对意见。维拉莫威兹(Wilamowitz-Moellendorff)认为，就算苏格拉底确实病了，那这个病也绝不会是生命本身，可能是他临死时想起原来治好的什么病。③库蒙(Frantz Cumont)则从另一个角度来理解苏格拉底临终时提到公鸡的原因，他认为公鸡源自波斯，而在波斯神话中，当灵魂脱离肉体时，公鸡

---

① 据载，曾有面相学家经过雅典，当面说苏格拉底是个怪物，而苏格拉底对此表示承认："先生，您是了解我的。"见尼采：《偶像的黄昏》，"苏格拉底的问题"，李超杰译，商务印书馆2014年版，第14页。

② [德]尼采：《偶像的黄昏》，"苏格拉底问题"，李超杰译，商务印书馆2014年版，第18页。

③ 参看CV. p.93。

会引导和保护它通往冥府，所以苏格拉底临终时提到公鸡。①

在这些持反对意见的学者中，尤数杜梅兹勒(Georges Dumézil)对福柯的影响最大。福柯接受杜梅兹勒的解释，并把杜梅兹勒的解释与他自己对希腊哲学的解释思路相结合。杜梅兹勒承认“阿斯格雷彪＝公鸡＝疾病”的公式，认为从苏格拉底的临终之言，确实可以推断他病了，并且不只是回想到原来的病那么简单，苏格拉底的临终之言必定大有深意。②但杜梅兹勒坚决反对以生命解释疾病，认为它与希腊文化对生命的看法明显不符，也与柏拉图笔下的苏格拉底形象明显不符。③

福柯接受杜梅兹勒的看法，并且认为，即使不考虑柏拉图其他对话，只看《斐多》本身，也不难发现反驳上述解释的论据。如苏格拉底在讲述毕达哥拉斯派所谓“人生如在狱中”的秘传学说之后，他评论说：

> 我觉得此说晦涩，不知所云。格贝啊，我认为最好是说**神灵关心着我们**[to tous theous einai epimeloumenous]，我们是神灵的**所有物**[tôn sautou ktêmatôn]。④

倘苏格拉底认为生命是疾病，死亡是治疗，那他怎么会反对自杀？此其一。其二，苏格拉底认为生命就是监狱的说法不知所云，他怎么又会主张生命是疾病呢？在苏格拉底看来，恰当的说法是神灵关心[epimeleisthai]着我们，我们是神灵的所有物[ktêmata]。⑤因此，“关心”既不是狱卒对牢犯的看管，也不是主人对奴隶的监督。“关心”的意义是正面的，比如父母对孩子的关心、牧人对羊群的看护。⑥既然神灵关心我们，我们在神的关心下生活，那么我们自杀当然是对神的不敬。

诚然，苏格拉底说他死后灵魂所到达的世界比生前的世界更好，但这并不能得出生命为疾病、死亡为治愈的结论。他的真实意思是：从生到死不是质变，不是疾病到病愈；而是量变，是好到更好。苏格拉底还

---

①② 参看 CV. p.94。

③ 参看 CV. p.89。

④ 柏拉图：《斐多》，62b，王太庆译文；法译见 CV. p.14，注释 14。

⑤ 关心又译照看、关照、守护；所有物又译财产、羊群。

⑥ 参看 CV. p.91。又，苏格拉底在《申辩》中说他的任务就是像父亲或兄长一样关心别人，督促别人关心他们自己。

说，要认识事物本质，必须抛弃身体，用灵魂观看事物，但他并未鼓励我们以死换取真理，因为他说这是在“有生之年”、“在生命中”所完成的训练。①真理就在生命之中，哲学修习就是在生命之中实现的。所谓“死亡练习”，其实是练习灵魂与身体分离，使灵魂不受身体欲望的干扰，这是在活着的时候应该做的事。倘若生命是疾病、死亡是治愈，那死亡就该是苏格拉底求之不得的好事，这样的话，我们如何解释苏格拉底害怕被处死：“我如果很久以前就从政，那就早已被处死，不能给你们或者给我自己做什么好事了。”②苏格拉底说他如果被处死，他就不能“做什么好事了”，可见死亡并不是他所认为的好事。

生命不是疾病，死亡不是对疾病的治愈。《斐多》从头至尾都在强调，因为灵魂是不死的，死亡只意味着灵魂彻底脱离身体，并不意味着灵魂必然有好归宿。脱离了身体的灵魂，其遭遇乃由生前的生活方式所决定。好人的灵魂与坏人的灵魂，在死后的遭遇是不同的。好人的灵魂死后进入不可见的、神圣的、不朽的、智慧的境界，摆脱谬误、愚昧、恐惧，免除凶猛的欲望，不受邪恶摆布，无比幸福。坏人的灵魂则因迷恋身体，死后仍徘徊于可见世界，依以前的生活方式被重新囚禁于另一个身体，作为对邪恶生活方式的惩罚。如贪图饮食的人被囚禁于诸如驴子等牲口，作恶多端的人被囚禁于诸如豺狼等猛兽，生活习惯较好的人稍幸运些，被囚禁于诸如蜜蜂等较温和的、有社会生活的动物。③所以正确的理解应该是像苏格拉底在《申辩》结束时所说：

> 对一个好人来说，**无论他在生时还是死后**，他都不会遇到不详，因为**神灵不会忘记他的幸福**[oude ameleitai hupo theôn ta toutou pragmata]。④

很明显，对好人来说，无论在生时还是死后，他都是幸福的，没有任

① 参看《斐多》67a。

② 《申辩》，31c—e。

③ 柏拉图：《斐多》，81a—82b。

④ 柏拉图：《申辩》，41d。福柯解释道，“神灵不会忘记他的幸福”直译就是“这个人的事情[ta toutou pragmata]不会被神忘记”。见 CV. p.93。

何不同。此乃苏格拉底告诉大家"一定要记住"的"一条真理"。同时我们也可以合理地推出，对坏人来说，无论生前死后，他也都是不幸的，灵魂并不由于脱离身体就能逃脱惩罚。

3. 福柯答：疾病乃是灵魂被坏的意见所感染

既然把"我们还欠阿斯格雷彪一只公鸡"解释为"生命就是一场疾病"是错误的，那正确的解释是什么？杜梅兹勒和福柯认为，要解释苏格拉底的临终之言，必须整体考虑描写苏格拉底之死的三篇对话：《申辩》(法庭)—《克力同》(监狱)—《斐多》(离世)。福柯发现，这三篇对话正好首尾相接，形成一个圆环。《申辩》的开头一句，苏格拉底说：

> 听了原告的控诉，雅典公民们，各位心里怎么想，我不知道，至于我，我几乎**忘掉我自己了**[emauton epelathomên]。①

而《斐多》的最末一句，苏格拉底说：

> 克力同，我们还欠阿斯格雷彪一只公鸡。**还了这笔债，别忘了**[alla apodote kai mê amelêsête]。②

"别忘了"[mê amelêsête]，这是苏格拉底在有生之年说的"最后一句话"[ho dê teleutaion ephthegxato]的最后一个词。从"几乎忘掉我自己"到"别忘了"，苏格拉底用一正一反的复沓方式，究竟想叫人们记住的是什么？杜梅兹勒和福柯认为，既然苏格拉底的临终之言是对克力同说的，答案就该到《克力同》中去找。并且，苏格拉底叮嘱克力同偿还的这笔债不只是"我"的，而是"我们"的——"我们还欠阿斯格雷彪一只公鸡"——至少是克力同和苏格拉底两人共同的。所以，为解释《斐多》中的苏格拉底的临终之言，杜梅兹勒和福柯折回头来读解它之前的《克力同》。

在《克力同》中，疾病的观念出现在克力同去监狱劝苏格拉底逃离，然后苏格拉底回答克力同。当时克力同指责苏格拉底说，你现在的选择，实在不是善良勇敢之人所为；如果你真就这么死了，你不仅辜负了

---

① 柏拉图：《申辩》，17a。

② 柏拉图：《斐多》，118a。

你自己，而且也辜负了你的孩子和你的朋友；你死以后，其他人不知还会有多少恶名加在你和我们身上。①面对这些指责，苏格拉底问克力同，当我们考虑问题时，是要听从所有人，还是只需听从内行？克力同回答只需听从内行，以健康为例即听从医生或教练。于是苏格拉底和克力同一致认为，在涉及正义与不义、善与恶、美与丑之事同样如此，我们也只需"重视好的意见，不管那些坏的意见"。②

健康与正义分别对应身体与灵魂：身体受健康改善、受疾病毁坏，灵魂受正义改善、受不义毁坏；听从外行的意见饮食和锻炼会毁坏身体，听从不懂正义者的建议行事会毁坏灵魂；身体毁坏了没法再活，比身体贵重得多的灵魂毁坏了更不可能再活。③余下的问题便是：能分辨对身体有益或是有害者是医生和教练，那能分辨对灵魂正义或是不义者又是谁？苏格拉底说，它是"真理"[alêtheia]：

> 我最好的朋友啊，那我们就不能**听从**[phrontizein]④众人对我们的说法，只能听从那一个深知道义和不义的人的说法，听从**真理**本身了。⑤

谈论身体的疾病和健康，为的是引出灵魂的疾病和健康。灵魂的疾病从何而来？听从"大众的说法"、"坏的意见"或者"错误的观念"而来。灵魂的疾病何以得治？听从"真理"得治。因此，疾病所指不是生命本身，而是坏的意见或错误的观念。据杜梅兹勒说，这种表达方式在希腊文学中非常常见，如索福克勒斯《安提戈涅》、欧里庇得斯《阿伽门农》都把坏意见称作疾病[nosos]。⑥所以结论便是，灵魂受坏意见所毁坏，犹如身体受疾病所毁坏；身体因医生而治愈，犹如灵魂因真理而变好。为使灵魂变好，我们必须听从[phrontizein，考虑、服从]真理，即理

---

① 柏拉图：《克力同》，44b—46a，王太庆译文。

② 参看柏拉图：《克力同》，47a—b。

③ 参看柏拉图：《克力同》，47d—e。

④ phrontizein 一词，王太庆先生译为"听从"，水建馥先生译为"考虑"，两者皆可，兹从王译。

⑤ 柏拉图：《克力同》，48a。

⑥ 参看 CV. p.97。

性的逻各斯,其特征是明智[phronesis]。①克力同与苏格拉底对话之后,不再顾虑大众意见,彻底抛弃帮助苏格拉底逃走的念头,而是听从真理,使因听从坏意见而染病的灵魂得到了治愈,所以苏格拉底叫他给别忘了给医神阿斯格雷彪献公鸡。

福柯认为,且不说《克力同》,即使只看《斐多》本身,也能找出把错误的观念看作疾病的说法。他在法兰西学院课堂上读解了《斐多》的两段文本,以支持杜梅兹勒对《克力同》的上述读解。在《斐多》中,当苏格拉底表达灵魂不朽的观点后,格贝和辛弥亚分别提出各自的论证来反驳。格贝把灵魂与身体的关系比作音乐与竖琴的关系:音乐是竖琴的和声,灵魂是身体的和声。弦断琴毁,音乐即亡。②辛弥亚虽同意灵魂先于身体存在,但也只能说灵魂比身体活得更长,不能说灵魂在身体腐朽之后还存在,因为一个灵魂可能耗去数个身体,正如一位织工穿破数件衣服,但终将在某件衣服上死去,灵魂同样如此,尽管可能经历数次转世,它仍然逃脱不了在某个身体之内毁灭的命运。③

这两个反驳不可谓不有力,在场者听了无不垂头丧气,实在难以再相信灵魂不朽,独有苏格拉底如往常一样平静。据斐多回忆,他虽一向钦佩苏格拉底,但从未像那时那么钦佩他,原因有三点:

> [第一]使我对他大吃一惊的首先是他以愉快、和蔼、可敬的态度倾听了年轻人的批评;其次是他很快地觉察到他们的话对我们产生的作用;第三是**他用言谈来治疗了我们的病痛[eu hêmas iasato]**。④

这段引文有两个重点:第一,斐多在叙述中用"病痛"一词形容他们听了格贝和辛弥亚反驳之后的反应,显然,错误的看法在这里被视作灵魂的疾病;第二,苏格拉底用言谈治疗了在场者的病痛,"言谈"即"逻各斯"[logos]一词的中译,显然,治疗灵魂疾病的药物是逻各斯——真实

① 参看 CV. p.96。
② 参看柏拉图:《斐多》,85e—86d。
③ 参看柏拉图:《斐多》,86e—88b。
④ 柏拉图:《斐多》,89a;见 CV. p.106。

的逻各斯(真理)。因此,苏格拉底接下去便提醒大家谨防变成厌恶逻各斯[misologos]的人。[1]他说:

> 所以,我说我们首先要提防这一点,绝不让说理无益[hugies:有益于健康]这种观念进入我们的灵魂;宁肯承认我们不够健康[oupô hugiôs ekhomen],然后拿出勇气使我们健康起来。[2]

如果我们的灵魂不健康,如果我们的灵魂患了病,该怎么办?苏格拉底说,逻各斯(即引文所谓"说理")能治此病,恢复健康。显然,就这点看,《斐多》与《克力同》两篇对话相同:《斐多》中格贝和辛弥亚相信灵魂有死,《克力同》中克力同劝苏格拉底逃跑,他们三人在此所持均为错误观念,这些观念在他们三人的灵魂中产生了疾病。而治愈他们灵魂疾病的药物,正是苏格拉底临终前在监狱里对他们所说的逻各斯。

照此看,如果患病的是克力同、格贝、辛弥亚等众人,那苏格拉底临终时为何不说"你"或"你们"欠一只公鸡,而说"我们"——显然苏格拉底本人也在患病者之列。这当如何解释?福柯认为,原因是希腊文化有一种对话者之间逻各斯的一致性[homologia]的观念。[3]依这种观念,只要克力同或者格贝、辛弥亚的灵魂患病,则他们的对话者苏格拉底也在所难免;同样,真理不仅治愈了格贝等人,而且也治愈了苏格拉底本人。该向阿斯格雷庇献祭的既不仅仅是"你"克力同,也不仅仅是"我"苏格拉底,而是"我们":我们每个受错误观念所感染的人,我们每个柏拉图对话作品的读者。

4. 小结:苏格拉底的哲学治疗活动——"关心自己"

福柯与尼采的思想史联系无需多说,但人们以往的注意点更多是放在谱系学方面。其实除了谱系学,福柯和尼采还有一条绝不可忽视的思想史联系,这就是苏格拉底的形象问题。可以说,从1971年《认知的意志》开始,到1984年《真相的勇气》结束,福柯的全部法兰西学院课

① 参看柏拉图:《斐多》,89c—d。
② 柏拉图:《斐多》,89a,见CV. p.106。
③ 柏拉图《高尔吉亚》提到了这一观念。

程都在围绕“尼采的苏格拉底之谜”而展开。[1]在尼采眼中，苏格拉底是作为“理论人”的苏格拉底，所以他对苏格拉底之死作了“虚无主义”的解释。然而在福柯眼中，苏格拉底的形象完全不同。本文最后，我们依福柯的观点，对苏格拉底的哲学志业作一描述，以作结论。

上文说过，苏格拉底在《申辩》中曾说他害怕被处死，因为如果被处死，他就不能再给大家或者给他自己做什么好事了。[2]言下之意，苏格拉底所害怕的其实不是死，而是不能做好事。那么我们不禁要问，这件令不怕死的苏格拉底竟然怕死的“好事”是什么？显然不是从政，不是为城邦献计献策——如果那样，他早已被处死。如果不是从政，那是什么？回答是：治疗人们的灵魂。再进一步说，这种治疗活动就是“关心”[epimeleia]，就是《申辩》开头与《斐多》结尾以否定形式表达为“忘记”的这个“关心”：在关心自己灵魂的同时，督促别人关心他们的灵魂。苏格拉底通过与我们对话，质问我们，督促我们关心自己——不是关心我们的身体，不是关心我们的钱财，不是关心我们的名声和荣誉，而是关心我们自己的灵魂。[3]苏格拉底把这看作神下达给他的命令，看作神赋予他的任务，看作神给他安排的岗位：在《申辩》中，苏格拉底以督促别人关心他们的灵魂为终生志业；在《克力同》中，苏格拉底把法律比作关心公民的人，犹如关心人的神，因此我们不能违背法律；在《斐多》中，当苏格拉底即将离世时，克力同问他有什么遗愿，苏格拉底回答：

> 就是我一直说的那些话，没有新的。你们**关心自己**就是照顾我和我的家属以及你们自己了，怎么做都行，不一定要现在许愿；**如果你们不关心自己，不愿意照我们现在和过去讨论过的道路一步一步前进，那就会一事无成，现在不管怎样诚恳许愿都没用。**[4]

“关心自己”，苏格拉底的临终遗愿是也。它既与苏格拉底在申辩

---

① Daniel Defert, *Situation du cours*, in *Leçons sur la volonté de savoir*, *cous au Collège de France*(*1970—1971*), p.258.

② 《申辩》，31c—e。

③ 《申辩》，29d—e。

④ 柏拉图：《斐多》，115b—c。

结束时请陪审员督促他的两个孩子“关心德性”的愿望相呼应，也与申辩开头所说“几乎忘掉我自己”相呼应。

总之，“关心”就像一条红线，贯穿《申辩》—《克力同》—《斐多》这组苏格拉底之死的对话。若人天生有病，那定是灵魂之病，它可以通过“关心”而治愈。此乃苏格拉底哲学诚言的治疗活动。终了之时，苏格拉底通过向医神献祭而提醒人们“别忘记”[mê amelêsête]！

两千多年后，临终前的福柯在法兰西学院课堂对其听众所说的，也“没有新的”，依然只是“关心自己”，依然只是“关心自己，别忘记！”

【附】

哲学家的临终遗言

——乔治·杜梅兹勒与米歇尔·福柯关于“关心灵魂”的对话①

我受惠于杜梅兹勒的东西实在太多了，还是在我仅仅把写作当作乐趣的年岁，他就促使我开始了研究工作。我也受惠于他的著作；而且，每当我不遵守他著作的谨严性而对其本来含义加以发挥时，杜梅兹勒依然对我表示谅解。这些著作属于他，但它们却支配着今天的我们。

——米歇尔·福柯②

1984年3月，福柯在法兰西学院授课，探讨“关心自己”[epimeleia heautou]。通过研究涉及苏格拉底之死这组作品，福柯分析了哲学家与关心真理之关系。他表明诚言[parrêsia]之实践能够引导我们来关心我们自己，能够引出关于我们自身的真理。为此，他读解了《苏格拉底的申辩》、《克力同》、《斐多》；他还借用了杜梅兹勒对苏格拉底临

① 译自：Eliane Allo, *Les dernieres paroles du philosophe: Dialogue entre Georges Dumézil et Michel Foucault à propos du souci de l'âme*, In *Acte de la Recherche en Sciences Social*, Année 1986, Volume 61, Numéro 1, pp.83—88.

② M. Foucault, *L'Ordre du discours*, Paris, Gallimard, 1971, p.73.

终遗言①“别忘记”[mê amelêsête]及其相关主题“关心”[epimeleia]的诠释。②

杜梅兹勒曾对福柯的读解曾作过专门的审视，为我们展示了语文学读解与哲学读解之间的分歧。通过对照语文学家与哲学家相继的对话，我们想在这里介绍(或思考)两堂伟大的诠释课。

关心灵魂：哲学诚言与自身的真理

通过分析《苏格拉底的申辩》、《斐多》，福柯在他最后一年的课堂上把政治领域中的诚言与伦理领域中的诚言的勇气置于对立。涉及苏格拉底之死这一组作品便是以提醒人们忘记自己所带来的危险而开始的。这个提醒贯穿这组作品的始终，直至苏格拉底的临终遗言“别忘记”。自身的真理及不要忘记自身划定了哲学诚言与政治领域中的诚言实践的分水岭。守护神的声音通过对政治诚言的质询来告诫苏格拉底“提防丧生”，但这不是因为死亡是一种需要避免的恶，而是因为因为一旦丧生，苏格拉底就再也不可能对自己和雅典人做有益的事情了。在《苏格拉底的申辩》中，神灵的介入使得政治诚言与哲学事功(这是一种积极的任务)之间出现了一条鸿沟。这种哲学事功迥别于政治场景的运作。对福柯而言，守护神的声音标志着一种全然异于政治诚言(这是苏格拉底要远离的)的诚言方式的确立。这种新的诚言方式即哲学的诚言方式：你不是梭仑，你是苏格拉底。正是此种方式 parrêsia[诚言]比苏格拉底的生死重要得多。实际上，它确立了一种与自身的真理关系，确立了一种引导人们关心自己的话语方式。为了实践这种 parrêsia[诚言]方式，苏格拉底死而无憾。

福柯注意到，在苏格拉底之死这组作品中，在哲学家进行诚言与冒死的关系中，一直贯穿着的主题就是关心[epimeleia，epimelesthai，

---

① G. Dumézil, *Divertissement sur les dernières paroles de Socrate*, Paris, Gallimard, 1984.

② 关于“epimeleia heautou”[关心自己]，见 H. Dreyfus 和 P. Rabinow, *Michel Foucault, un parcours philosophique*, Paris, Gallimard, 1984, pp.337—346; M.Foucault, *Histoire de la sexualité*, 3, *Le souci de soi*, Paris, Gallimard, 1984。

ameleî, meleî moî]。那么对福柯来说,问题便是解释苏格拉底的临终遗言"别忘记"(它与 epimeleia[关心]有着同一词根 mel)的含义。正是在这一问题域中,福柯与杜梅兹勒对 mê amelêsête[别忘记]的解释不期而遇,并且,福柯就是依据杜梅兹勒的解释而解决了自己的问题。

福柯以思考柏拉图记述的苏格拉底临终遗言而开始:"克力同,我们还欠阿斯格雷彪(Asklépios)一只公鸡,还了这笔债,别忘记。"这句遗言给哲学史留下了茫然的解释任务。接着,福柯注意到"还了这笔债,别忘记"这种肯定—否定的重复,这是希腊语的一种常见修辞方式。但在柏拉图笔下,日常的修辞往往承载着额外的含义,甚至是根本性的含义。

《斐多》中的苏格拉底临终时交待自己的学生向阿斯格雷彪献上一只公鸡,这是哲学史进行诠释的出发点。我们知道,阿斯格雷彪这个神只对人负责一件事情,即治疗。当他为人治愈后,人们就献上公鸡一只,以致谢忱。这便成为整个诠释传统的参照点,杜梅兹勒以拉马丁(Lamartine)为此中最具典型者,拉马丁诗云:"——他说:向那些救星神献祭吧!他们治愈了我!——齐贝(Cébè)说:治愈了你什么?——生命!"

福柯在《斐多》的评注者罗斑(Léon Robin)和伯耐特 Burnet)那里也看到与拉马丁大同小异的解释。还有尼采也作如是观,见《快乐的知识》卷四,第 340 段:"这句可笑且可怖的遗言,'噢,克力同……'表明他懂得了:生命就是一场疾病。"此外,伟大的新柏拉图主义者奥林匹欧多亚(Olympiodore)在评注《斐多》时也指出,对阿斯格雷彪献祭公鸡是因为他治愈了处在时间中的灵魂所遭遇的苦痛。

福柯清楚,如上诠释在哲学史中长期居于主导地位,但它现在已使尼采,尤使杜梅兹勒感到不安,理由很简单,因为这种诠释要反对苏格拉底的教导。通过回顾尼采关于苏格拉底之死的段落,福柯表明尼采其实是说,对苏格拉底而言,生命就是一场疾病,就在《快乐的科学》的同一段落中,尼采更清除地表明了这种解释:"我十分心仪苏格拉底,他的言行、甚至他的沉默所表现出来的勇气和智慧都使我倾慕不已。雅典城里这位语含讥讽的'歹徒'、'蛊惑民心者',能把恃才傲物的青年感动得浑身颤抖、啜泣，诚为有史以来谈锋最健的绝顶智者，他即使沉默也会表现出他的伟大。我真希望他在生命的最后一刻也是保持沉默的，果真如此，他在天才人物队伍里的身价会更高。然而，不知是死神、毒药，还是好心或恶意，总之有某个东西使他临死时终于开口说话了'噢，克力同，我还欠阿斯格雷彪一只公鸡呢。'听见这句既可笑又可怕的遗言，有人明白了他的含义：'噢，克力同，生活是一场疾病啊！'可谓一语中的。作为须眉男子，苏格拉底在众人眼前犹如猛士，活得潇洒、快乐，可谁料到，他竟然是个悲观主义者呢！他直面人生，强颜欢笑，而把自己最深层的情愫、最重要的评价隐藏，隐藏了一生呀！苏格拉底啊，苏格拉底深受生活的磨难！但他对生活也实施报复——使用隐晦、可怖、渎神的言语！像苏格拉底这类人是否必然自食其果呢？与苏氏那车载斗量的美德相比，一点点宽容是否太吝啬了呢？噢，朋友们，在这方面，我们必须压倒希腊人！"①显然，尼采看到，在苏格拉底的遗言与苏格拉底的整个一生之间有一个巨大的矛盾。在福柯看，也正是同样的痛苦情感使得杜梅兹勒对《斐多》的段落给出了绝然不同的诠释。

倘若生命是一场疾病，这将有悖于苏格拉底的整个人生，有悖于他的毕生教导。福柯通过与《斐多》篇末段落紧密相连的文本来进行确证；例如，就在《斐多》(62b)中，柏拉图引述了一段毕达哥拉斯的箴言，该箴言说人生犹在 phruura② 中。柏拉图说他是这么理解这段箴言的含义的：只要我们活在这个世上，就是神灵所关心的对象，我们不能躲避神对我们的关心。很清楚，说生命本身是一场疾病，说必须以死来摆脱这场疾病的想法明显有悖于神关照着我们的想法。在《苏格拉底的申辩》篇末，我们可以读到一段更加直接的否认生命是疾病的话。苏格拉底让法官们记住：对于好人，绝不会有任何坏的可能性，无论是在他生前还是死后。

---

① 译文取自尼采：《快乐的科学》，黄明嘉译，华东师范大学出版社 2007 年版，第 316 页。——译注。

② Phroura，福柯强调这个词或译为监狱、圈地、看守所，但也可以指军事上的监视哨所，因此具有积极和消极两方面含义。

Epimeleia[关心]这个主题贯穿苏格拉底之死这组作品的始终，这使得把对阿斯格雷庇献公鸡释为生命是场疾病难以让人接受。于是乎苏格拉底的遗言便成了一个谜团。因为一方面得承认，向阿斯格雷庇献祭这个宗教事实确实涉及疾病，然而另一方面，对于苏格拉底，生命本身不可能是一场疾病。

那么，我们就要问，究竟什么是人们必须逃避的疾病呢，究竟为了什么要对阿斯格雷庇献祭呢。福柯认为，“在乔治·杜梅兹勒之前，没有人正式提出这个隐蔽的解释困难。”尽管一些评注者曾试图提出一些别的解决方案：首先是尼采，我们已经看到；还有杜梅兹勒在他书中引述的维拉莫威兹（Wilamowitz）；再就是弗朗茨·库蒙（Frantz Cumont），他在1943年的《碑铭与文学研究院评论》（*Comptes rendus de l'Académie des inscriptions et belles-lettres*）上撰文指出，公鸡是源自波斯的动物，而在波斯神话中，公鸡乃是作为灵魂通往地府的引导者和保护者。

杜梅兹勒首先承认这里确实涉及疾病（阿斯格雷庇，公鸡，疾病）；其次，这种疾病不可能是维拉莫威兹说的遥远的、过去了的、忘却了的。既然这句话被如此庄重地作为苏格拉底的临终遗言，它肯定涉及一种重要的疾病。这究竟是一种什么疾病，以致苏格拉底临终之时都不忘致以谢忱呢？为了解决这一难题，杜梅兹勒回到了克力同力劝苏格拉底逃跑的对话《克力同》，因为杜梅兹勒注意到一个细节：苏格拉底要求向阿斯格雷庇献祭的话正是对克力同说的。因此苏格拉底呼唤的是克力同，不过这笔债不单是克力同的，至少是克力同与苏格拉底共同的：这究竟是一笔什么债？

为理解此问题，有必要回顾一下苏格拉底与克力同关于不能越狱逃跑的争论。在苏格拉底看，逃跑意味着以公众的看法为借口而背叛自己、背叛孩子，意味着辱没朋友。于是，苏格拉底就一般人的看法对克力同进行答复：我们应该考虑所有人的建议还是只需考虑一些人的建议？克力同与苏格拉底以体育锻炼为例说明，为身体健康计，我们只需听从深谙此道的人即可。

同理,为灵魂的健康计——这是与正义相关的事情,我们不应听从所有人的看法,而应听从那些能分辨正义与非正义的充满了智慧的人。群氓的看法往往会毁坏灵魂的健康,因为它使我们远离真理。通过苏格拉底与克力同之间的这场对话,我们明白了克力同被治愈是因为他选择了一种真正的观点,一种奠基于真理的观点。在此,福柯预料到人们可能反驳杜梅兹勒的观点,这是在杜梅兹勒转述的热非瑞斯(Géphyrios)与他的对话中:"苏格拉底没有在哪里……论到治疗,他仅只是想说服他的对话者罢了。你所说的'治疗'纯粹是理智的想象。Nonos[疾病]这个词根本没有用到灵魂上面……因此,关于灵魂,这仅仅是一种比喻,一种想象……"

那么,这是一种合理的比喻吗?在福柯看,杜梅兹勒的类比是完全站得住脚的,因为可以找出一些别的文本来支持它:索福克勒斯和欧里庇得斯的《安提戈涅》。即便就在《斐多》中也能找出把错误的观点当作疾病的说法来支持杜梅兹勒,例如,在89a处,当辛弥亚(Simias)和格贝(Cébès)对苏格拉底进行反驳后,斐多就说他对苏格拉底治病救人的方式尤其钦佩。

所以,苏格拉底的临终遗言想要呼唤的就是一种与我们自身的真理关系。一旦对错误观点进行了治疗,我们便可关心灵魂,便可安然赴死。苏格拉底直至生命的尽头依然坚守着神灵交给他的任务。苏格拉底拒绝克力同逃跑的建议,对克力同展现了真理之勇气。对苏格拉底而言,非如此不可,因为这是神的呼唤:阿斯格雷彪在监狱中托梦给苏格拉底,赋予了苏格拉底赴死的勇气。这是杜梅兹勒在他的著作中以双人马车的象征形象表示出的。

评述乔治·杜梅兹勒关于苏格拉底临终遗言的拟曲

在阅读杜梅兹勒题为《关于苏格拉底临终遗言的拟曲》(*Divertissement sur les dernières paroles de Socrate*)的著作时,我们可能一上来就会好奇而幼稚地问:为什么叫"拟曲"?为什么会有这出戏?在这场杜梅兹勒与弗朗索瓦·杜桑(François Toussaint)、杜梅兹勒与夏尔—古斯塔吾·杜桑(Charles-Gustave Toussaint)的对话背后隐藏着什么？其实，如果我们试着进入文本中，我们就会感到一种充满紧张的调子，这种调子不禁使人想起福柯在法兰西学院的开讲辞。在开讲辞的伊始，福柯就希望把他的话语安置在一根没有开端的语言链条上："我指望当我开口的时候，一个匿名的声音已经在前面等着我，然而告诉我：'你必须继续，而我不能再继续了，你必须继续，只要你还有一些……莫名的痛苦，一些莫名的过失，你就必须说点什么，你必须继续，也许一切已经完成，也许他们已经对我说过了，也许他们已经把我送到了属于我的历史的门槛边，如果我的历史大门就在此时为我打开，我肯定会为此惊讶不已。'"①

为引导读者进入"哲学家的浸着毒酒的临终遗言"之诠释问题——尽管他已经收集了重要的参考书，这依然是一个极度费解的问题②——，杜梅兹勒天才般地设想了一场叠合的对话。这场对话没有开端，也没有"实际的发生地点"，以古代人的对话方式进行："我不知道我从哪里给您写信，但我保证要让您知晓其中的秘密。"这封信的对象是弗朗索瓦・杜桑(François Toussaint)，内容是报告杜梅兹勒与夏尔—古斯塔吾・杜桑(Charles-Gustave Toussaint)在一次航船途中的谈话。因此，这是对"从污臭园(Bran)到斐多的福香园(Champs Élysées du Phédon)这段旅程的回忆和遐想"。在这段路途中，他们相约而谈苏格拉底最后的日子，谈那场艰难地进行了几个小时的壮观而又虚幻的对话。夏尔—古斯塔吾・杜桑与杜梅兹勒对苏格拉底遗言的意思互相进行质询。杜梅兹勒通过与夏尔—古斯塔吾・杜桑的这次谈话，表明传统解释主张的生命即疾病的看法是错误的、幼稚的。他写道："这种草率的比附对思想史而言是一种灾难。"杜梅兹勒的目的就是以一场没有开端，没有"实际地点"的"滑稽"的对话方式来重新提出严肃的解释学问题。于是，他把问题置于一种福柯"梦寐以求"的没有开端的话语节奏中。他写道："某一天，但不会是今天，苏格拉底临终遗

① M. Foucault, *L'Ordre du discours*, Paris, Gallimard, 1971, pp.7—8.

② G. Dumézil, *Divertissement sur les dernières paroles de Socrate*, Paris, Gallimard, 1984, pp.134—135.

言的问题将会在阅读拉马丁的诗《苏格拉底之死》时突然重新涌现出来:‘——他说:向那些救星神献祭吧!他们治愈了我!——格贝(Cébè)说:治愈了你什么?——生命……’”与夏尔—古斯塔吾·杜桑的谈话发生在一个虚构的花园或者说福香园。在这里,“唯一关心的事情就是寻找真理,”其实,“从别人那里吹来的真理之风所带给我们的幸福并不亚于从我们自己的沉思中所得的。”在这里,人们说着“同样的语言”,好比对话的主角们就是同一个未分化的脑细胞。在这次菲耶特(La Fayette)航行后的五十年,这场对话与一位“深思”终极语言[ultima verba]的哲学家联系在了一起,于是在他们之间有了一次颇具柏拉图典范的对话。这位哲学家,可以说就是杜梅兹勒的另一半灵魂[dimidium animae],①毕生“钻研这些陈旧的著作”,被“允许”在杜梅兹勒面前开始一次苏格拉底式的对话。为身临其境计,杜梅兹勒和夏尔—古斯塔吾·杜桑为他们自己及对话者虚构了一些希腊语名字:Brizopyrinos, Panagios, Kossypjidios, Géphyrios.这场对话以一个最基本的规则开始:“深入表面看十分简单的文本。”它又一次重启了哲学家与语文学家的论战。从Kossypjidios的话中,我们听到语文学经常使“哲学家构造的体系难堪”;而在福香园(Champs Élysée),哲学家认为就苏格拉底的临终遗言来说,“他有权”把语文学“作为他的起点”。于是,我们可以像Brizopyrinos和Panagios一样跟随着这场在Géphyrios与Kossypjidios之间的对话中发生的语文学对哲学的质询。这场对话绝不是一次娱乐,它邀请人们来重新细读《斐多》和《克力同》,通过这种阅读,我们看到杜梅兹勒在对哲学家的临终遗言的诠释过程中体现出的语文学论据。

就福柯的解释访杜梅兹勒

1985年6月

乔治·杜梅兹勒——听过福柯的授课磁带,我明白了他把苏格拉底的临终遗言与他自己长期关注的问题联系在一起的因素,这就是关

① 指梅洛—庞蒂(Merleau-Ponty)。

心自己，尤其是伦理领域中的关心自己。但是，就我而言，我所讲的苏格拉底的临终遗言却要朴实得多。我并未从语言学方面考查它与诸如epimeleia[关心]等词的联系。在我看来，mê amelêsête[别忘记]仅仅是一个日常表达，目的是强调："这太重要了，必须严肃对待。"或者像福柯在课程开始时说的，这个表达仅仅是从否定的方面来衬托肯定的含义，表示这是一种禁令般的命令，一种无可商讨的义务："还了这笔债，别忘记还。"确实，这包含一系列有关"关心"的材料，但精确地讲，在此处，就在这段本文中，我认为它只是一种老生常谈的表达模式，无需故作高深。就像我说"天啊！"，"啊！ 天啊！"，难道就要从中演绎出一种有关我的信仰的形而上学吗？这里的 mê amelêsête[别忘记]与柏拉图的"关心"这个概念没有很紧密的联系。至少我的感觉是这样。我的问题，你们都知道，我的问题都是些平淡无奇的问题；我不是哲学家，顶多算得上半个语文学家或者语言学家。如果我以语言学家的角度来研究《斐多》，我的好奇心不会放在这个没有实质作用的词根 mel-上，因为我已经说过，mê amelêsête[别忘记]对我来说是足够清楚的。当然，在我否认 mel-这个词根的同时，我也意识到，对它的考虑也许可以把我的解释与福柯的解释联系起来。遗憾的是，这个词根虽然肯定属于印欧语系，但却没有确定的词源学作保障。我个人的意见是，它可能源于一个很简单的名词"melos"，一般译为"成分"(membre)，表示某样东西不是孤立的，不是自主的，不是自足的，而是作为某个整体、系列中的一分子。例如，我说 melei moi，意思是，我原来一直以局外人、旁观者的角度来看待某件事物；突然，我现在发现了它与我有某种联系，或者说与我当下的问题有某种联系；此后，它就与我联结在了一起，在我的人生中扮演某种角色，简言之，成为了我这个"自己"(moi)的物理的、伦理的一分子，自然也就成为了我所关心的一分子。Epimeleia[关心]必定是，或者原本是这种含义。与 souci(忧虑、操心)这种解释相比，它更近于 soin(关心、照看)。我认为 souci 只能算是次准确的，因为它给epimeleia 着上了一种刺眼的概念色彩，而这种概念色彩只有在其他如meledôn/meledones(le, les soucis)的派生词中才有支配地位。不过，

souci这种解释虽只是次准确的却也是很自然的：因为当我们对某件事情极度关心时，忧虑也就随之而来。因此不一定要把自己变成佛教徒才能感受生命的苦恼。至于epimeleia/epimelesthai这个合成词，我认为它的基本含义是：您意识到在您的所有“成分”中（parmi vos «membres»），您与某件事物联在一起不可分，自此以后，它不仅不再与你无关，而且还将是您自身中一个强有力的分子。

厄利阿尼·阿罗——您刚才说，把epimelia理解为soin（关心）比souci（忧虑）要好。这似乎意味着这笔债应该是一种义务，是一张必须偿还的伦理票据……在苏格拉底的遗言中，是否有这种迹象呢？

杜梅兹勒——在苏格拉底这句短语的所有字词中，我认为只有一个词还没有引起人们足够的重视。我曾对这句话进行过语文学或语法学的分析，但我忽略了一个很重要的叹词“alla”，它表示一种焦急的情绪：“必须还掉，要快，就是现在……”。所以，我把这句话读解为：“克力同，我们欠下医师一笔债，现在已经到期，并且医师已经发话了，您赶紧还掉它，别拖延。”

厄利阿尼·阿罗——那是不是可以这么说：“现在，我们已经治好了我们自己？”

杜梅兹勒——我没有明确说“我们自己”：它已经暗含在治疗这个概念中。

厄利阿尼·阿罗——能不能更明确地说：“还掉我们的债”意味着苏格拉底有一笔债？如果他确实有，它是否就是像福柯在课堂上强调的，我们，我们人类是神照管、关心着的羊群？

杜梅兹勒——当然可以这么说，因为我们只可能对东家或雇主欠债。不过，这里有一条基本的、普遍的原则，即希腊哲学史家在征引本文为我所用时，他必须考虑引文的全部语法意义。首先，他必须做一种形式的、外在的注解，其次再做逻辑的、内在的注解，最后才到哲学的注解，才能把它与作家的全部作品进行对照，以及勘定它在那一时代的思想史中居于何种地位。所以，我不能跳过前两步，而是首先必须做极端精确的语法分析，考虑所有——不仅是所有字词，而是所有可能改变句子含义的后缀、分词等细节。如我刚才所承认的，在我原来的注疏中，我(以及其他注疏者)没能足够重视“alla”的呼吁、叫喊作用。

厄利阿尼·阿罗——在您的著作中，您提请读者注意苏格拉底说的“好的选择”(bien choisie)与“恰当想法”(vaut raison)之间的比照。我想谈谈体锻和护理身体(这是一方面)与体锻和灵魂治疗的“护理”(这是另一面)这二者之比照。

杜梅兹勒——我不过是翻译柏拉图的本文而已，就是苏格拉底把身体医学与灵魂医学等而视之的。进一步说，把身体疾病与灵魂疾病比照意味着，身体疾病会传染，灵魂疾病也如此：过失可以在彼此间传播，既可由花言巧语而传播，也可因说话者的友情而传播。这就是在苏格拉底与克力同之间所发生的。

厄利阿尼·阿罗——因此我们可以说，哲学的事功，或者苏格拉底的任务就是完成对双方的治疗……

杜梅兹勒——然也，或者说是治疗一者，防疫另一者。因为这是苏格拉底在《斐多》区别说的：“阿，你不是第一次来了，你又来对我说同样的话了。不过，这次我有了防备，因为神托了个梦给我，我已经有了治好你的药方，同时也是防止我被你传染的方子。”

厄利阿尼·阿罗——关于托梦，您能不能详细阐释一下白夫人(la dame blanche)的形象？

杜梅兹勒——这个地方并不能算写得差劲，因为我不认为它有损于我的诠释，不过，这里确实有些不明确：在《克力同》的末尾处，苏格拉底没有具体说是什么神托梦给他。但既然讲的是健康、治疗，那阿斯克雷彪是可能性最大的；类似地，在《斐多》的末尾处，临终的苏格拉底只说了一句《克力同》末尾的“抵抗力十足的苏格拉底”(Socrate résistant)所说的话。换言之，从此意义上讲，白夫人就是阿斯克雷彪，正是她使苏格拉底明白他将赴死——无论是明天还是后天来，正是她使苏格拉底具有了抵抗一切过失的免疫力。对苏格拉底而言，重要的，唯一重要的乃是：在他弥留之际，她给予了他坚固信念，从而消灭了他所有“错误念头”(fausse raison)的病菌。人们自然会反驳道——这也是我在我那本小书里说的：为了得到处方，我们必须去找阿斯克雷彪，但与此同时，我们又不得不呆在监狱里，这不矛盾吗？我的回答是：如果医神确实是善良的，他必定会捎信给你……人们还会反驳道：苏格拉底又不是头一次因梦获益，他一直都是这样。我的回答是：诚然，但每一次显梦的神均因具体情况而异。

厄利阿尼·阿罗——阿斯克雷彪在为别人治疗时并不移动，但他应该移动阿。

杜梅兹勒——阿斯克雷彪属于那种专门的神，即拉丁人称作 deus certus 的神，这是一种有权限的神，有界限的神。

厄利阿尼·阿罗——如果是这样，那可以说阿斯克雷彪就是治疗灵魂的技师，正是他以梦的方式实现了自我与真理之关系（le rapport de soi à la vérité）。

杜梅兹勒——没错，就是自我与真理的关系，只要您由此领会了对错误的抛弃，对真理的依附。

厄利阿尼·阿罗——那么，使《克力同》中的苏格拉底拒绝越狱逃跑，从容不迫面对死亡的；使《斐多》中的苏格拉底在毒酒面前表现出的典型态度的，便是：苏格拉底已经明白，他已经从可能更坏的遭遇中获救，从真正的疾病中获救。

杜梅兹勒——与其说苏格拉底被治愈，不如说免疫了，因为苏格拉底只有潜在的疾病。作为一个凡人，作为克力同的一个朋友，在克力同的每一次探望后，他都冒着把这种潜在的疾病变成现实的危险。

厄利阿尼·阿罗——所以必须作这种区分？

杜梅兹勒——我愿意称之为免疫、防疫，这也是医生，即阿斯克雷彪的职责范围。让我们以时序作梳理。《申辩》中的苏格拉底就如他平常那样没有外人插手，总是那么健康，这是他履行教学活动，履行对神的承诺的结果。《克力同》中的情况则相反，他的朋友已经患病，且试图感染苏格拉底。对于苏格拉底而言，对于他的精神健康和伦理健康而言，他的朋友们在使他一步步靠近疾病，情况非常危险。幸亏那个梦使苏格拉底具有了免疫力，我认为这就是《斐多》末尾处的苏格拉底的临终遗言所暗指的东西。

厄利阿尼·阿罗——那么我们能不能把您构想的那场戏与之进行一个比照？您设想了另一世界中的一个花园里的一场对话，在这里聚集的人们冒着被错误念头感染的风险而出发去哈得斯(Hadès)，尽管如此，他们此行因要实现对灵魂的治愈而肩负着哲学的任务。

杜梅兹勒——这就是福香园(Champs-Élysées)本身的含义。福香园中的人是苏格拉底的好伙伴，是常在他念中的人，是他打算会面的人，欣喜会面的人。

厄利阿尼·阿罗——这些人为寻找真理，寻找正义的思想而过着一种哲学的生活……

杜梅兹勒——不过，请别把他们上升到哲学家的高度。我所设想的 Vexin 的花园不是福香园(Champs-Élysées)。这只是使我的证明更鲜活生动而采取的一种文学手法。

厄利阿尼·阿罗——这种手法并非不重要……

杜梅兹勒——这与琉善(Lucien)或费尼隆(Fénelon)的死人对话并无大异，对吧。我最先的想法是以期刊论文的方式来介绍我的证明，不管是哲学论文还是语文学论文。后来，我发现以一种喜剧的方式要有趣得多，这就是我叫作拟曲(divertissement)的东西。人们从中引出的哲学结论使我觉得十分有趣，同时也感到这是在抬举我，因为我本人并没有得出这些结论。我只是解决了一个双重的文体学问题：从单一的段落到复合的段落，与从第一人称的段落到第二人称的段落。

厄利阿尼·阿罗——这是一个基本问题……

杜梅兹勒——我确实相信这个问题相当重要。或许可以把它作为给学生讲解我刚才说的一般原则的例子，即：首先必须逐字作分析，哪怕是面对一个很短很清楚的句子。我强调"逐字"才能够深入到字词的背后，从一个音节到另一个音节，从而证明一切。

厄利阿尼·阿罗——最后，我想知道你怎么看弗朗茨·库蒙(Franz Cumont)关于公鸡的来源的说法，福柯在课上也提到了他。

杜梅兹勒——我不同意他的说法，因为其中几乎没有什么证据。弗朗茨·库蒙犯了外行的“比较主义”(comparatisme)错误。为什么它不能源自伊朗呢？公鸡，以及对公鸡神的崇拜在希腊极为普遍，没有任何有说服力的证据能把它与外邦联系起来。——这是因为伊朗人，波斯人不轻易对动物进行献祭！——还有，斯堪的纳维亚人(Scandinaves)的末世论中也出现公鸡，而且是三只：一只在地下，一只在地上，一只在天上。它们同时发出吼叫，以示世界的终结。而我本人有待思考的问题是：对阿斯克雷彪的崇拜的起源问题，以及阿斯克雷彪进行诊治的方式问题。

第二部分 关心自己[epimeleia heautou]

历史传统及哲学传统——至少是在法国,或者我认为是在一般的西方——总是强调 gnôthi seauton[认识自己],把认识自己作为分析主体、反思性、自我认知等问题的线索。然而,只考虑 gnôthi seauton,只为 gnôthi seauton 而考虑,那么我认为有可能确立一种错误的连续性,建立一种伪造的历史,其主旨在于说明自我认知的一种连续发展过程。——无论这种发展过程是在彻底的意义上来构造,即从柏拉图到胡塞尔,中经笛卡尔;或者反过来,从经验论范围的意义上来构造,即从柏拉图到弗洛伊德,中经奥古斯丁。【……】而我向你们表明的,我力图做的,却是把 gnôthi seauton[认识自己]归入希腊人所说的关心自己[epimeleia heautou]这一边或这一背景深处。换句话说,为了观察关心自己这个原则在整个希腊思想中如何与 gnôthi seauton[认识自己]这个原则长期保持着复杂和稳定的关系,必须触及某个盲点。gnôthi seauton 这个原则在希腊思想中不是独立的。如果不考虑认识自己与关心自己在古代思想中的这种持久关系,那我们就无法理解认识自己这个原则的意义和历史;这个关心自己,它不仅仅是一种认知。即使是在我今天向你们表明的最为艰辛的工夫(l'ascétique)中,在最接近于认知方式的修习(l'exercise)中,它根本上也不是一种认知的运动和实践,而是一种引发各种截然不同的反思方式的复杂实践。因此,如果你们确实承认 gnôthi seauton[认识自己]与 epimeleia heautou[关心自己]的这种联结,如果你们承认它们之间有着一种联系和互涉,如果你们承认——就像我所表明的——这个 epimeleia heautou[关心自己]是"认识自己"这个律令的真实支柱,如果确实是因为需要关心自己才去认识自己,那么我认为必须用 epimeleia heautou 的各种不同方式来追问分析认识自己的各种不同原则。

——Michel Foucult, *HS*, pp.442—443.

第一章　爱欲、哲学、政治与“关心自己”——福柯对柏拉图《阿尔西比亚德》的读解

在本书第一部分结束时，我们论述了福柯对苏格拉底临终之言的读解，结论是：苏格拉底临终遗言“不要忘记”，说的是不要忘记关心自己。“关心自己”乃是苏格拉底的遗愿。本书第二部分遵循苏格拉底遗愿，以“关心自己”为线索组织篇章结构：第一章作为起点，论述福柯对柏拉图《阿尔西比亚德》的读解，确立关心自己在希腊古典时代的坐标；第二章论述关心自己在公元1—2世纪的突破；第三章论述公元1—2世纪自我关系的特征：转向自己；第四、五章分别从“学识”与“修习”两个向度来研究公元1—2世纪的转向自己。以下先看福柯对柏拉图《阿尔西比亚德》的读解。

一、阿尔西比亚德其人以及柏拉图对他的撰述

（一）阿尔西比亚德其人

阿尔西比亚德是古代希腊极具传奇色彩的历史人物，我们在此无需详述他的生平，但我们必须大致了解他的个性及其命运。只有把柏拉图对阿尔西比亚德的撰述以及福柯对这些撰述的读解，放到阿尔西比亚德传奇般的人生经历以及悲剧性的命运背景之中，我们才能理解

柏拉图《阿尔西比亚德》的思想史意义。

阿尔西比亚德的传奇个性，于以下三方面可见。首先，阿尔西比亚德智力过人，具有卓越的领袖才能和敏锐的政治眼光，是希腊历史上罕有的政治家和军事家，既为雅典立下赫赫战功，也帮助斯巴达击败过雅典。其次，据普鲁塔克《希腊罗马名人传》载，阿尔西比亚德口若悬河、才华横溢，是富有感染力的演说家。第三，阿尔西比亚德外貌英俊，是名副其实的美少年，竟连苏格拉底也受他吸引——在柏拉图的对话作品中，苏格拉底多次表达对阿尔西比亚德的赞赏之情，甚至坦白自己一直在追求阿尔西比亚德。总之，阿尔西比亚德的才智、外貌，以及优越的出身，使他浑身透露出一股令人难以抗拒的魅力。

然而，同历史上的许多天才一样，阿尔西比阿德的所有过人之处与他几近于病态的性格形成了鲜明对照。一方面，他对自己的才智和外貌无比自负，乃至狂傲。普鲁塔克形容他："尤其以豪气万丈的野心和优越过人的自负，使他用鹤立鸡群的姿态，在当代人物之中显得更为突出。"①另一方面，阿尔西比亚德内心又极为敏感多变，乃至脆弱，如普鲁塔克说："阿尔西比亚德的行为呈现前后矛盾和变化多端的特色，与他的命运所经历的兴亡枯荣配合得丝丝入扣，这也是非常自然的道理。"②超常的才智、无常的性格，阿尔西比亚德在这两方面都堪称罕见；罕见的性格遭遇罕见的时势，其命运之沉浮不定自然也就在情理之内。最终，在经历辉煌与毁灭的几次反复循环之后，阿尔西比亚德逃亡波斯，于公元前 404 年遇害，享年 46 岁。

阿尔西比亚德的一生，是充满矛盾冲突的一生。其中既有由他个人性格因素造成的冲突，更有由政治局势形成的冲突，因此他身上所体现出来的矛盾冲突，也就是那个时代巨变的反映。阿尔西比亚德的一生，就是历史的一个缩影。犹如"苏格拉底"是一个历史符号，是后世撰述和思考的对象，"阿尔西比亚德"也是一个历史符号，历史学家以及哲

---

① 普鲁塔克：《希腊罗马名人传》，席代岳译，吉林出版集团 2009 年版，第 359 页。

② 普鲁塔克：《希腊罗马名人传》，席代岳译，吉林出版集团 2009 年版，第 358 页。

学家，如修昔底德、普鲁塔克、色诺芬、柏拉图、奈波斯，都从不同角度对阿尔西比亚德有过撰述。①

就柏拉图说，直接以阿尔西比亚德为名的对话有两篇；《会饮》《高尔吉亚》《普罗泰戈拉》《欧绪德谟》也涉及阿尔西比亚德。其中《欧绪德谟》只间接提到阿尔西比亚德，无实质内容。《普罗泰戈拉》《高尔吉亚》中苏格拉底表达了他对阿尔西比亚德的爱：②在前者开篇 309a—b，苏格拉底以荷马诗句赞美阿尔西比亚德，并坦白自己在追求阿尔西比亚德；在后者 481d，苏格拉底说他只爱两样东西：阿尔西比亚德和哲学。不过阿尔西比亚德在这两篇对话中都只是间接提及，他本人没有正式出场。阿尔西比亚德本人出场的对话作品，乃是《会饮》。在《会饮》中，正是阿尔西比亚德的到来以及他所说的关于苏格拉底的实话，使爱若斯形象与苏格拉底形象合二为一，使苏格拉底成为爱神的具体人格，使哲学家成为爱神的化身，总之就是使对智慧之爱与爱若斯之所爱相结合，成为西方历史所谓"柏拉图式之爱"。从这个意义上说，阿尔西比亚德这一角色对《会饮》的重要意义，即便与苏格拉底相比，也不相上下。

（二）《会饮》中的阿尔西比亚德：爱欲、哲学、政治的冲突

不管从哪个方面看，《会饮》都堪称独一无二的杰作。它由一系列关于"爱若斯"(Erôs)的颂词构成。颂词作者既有诗人（悲剧诗人和喜剧诗人）、哲学家、政治家，也有修辞学家、智者、医生。按常规说，爱的颂歌理应是喜剧性质的——至少形式上应该如此，但《会饮》这曲爱的颂歌却蒙上了一层深深的悲剧色彩，最终在诗人、哲学家与政治家三者的冲突之中达到了顶点。我们可随情节的推进，层层感受其悲剧性：首先是诗人阿里斯托芬讲述神话，揭示爱源自人类天生被切割为两半的

---

① 可参见梁中和：《柏拉图的〈阿尔喀比亚德前篇〉》，载《柏拉图的真伪》，华夏出版社 2006 年版。

② 关于苏格拉底与阿尔西比亚德之间的爱恋关系和政治关系，可参见梁中和的论文《柏拉图的〈阿尔西比亚德前篇〉》，载《柏拉图的真伪》，华夏出版社 2006 年版。

缺陷；然后是哲学家苏格拉底讲述实话，告诉我们爱其实既不好也不美；最后是醉醺醺的政治家阿尔西比亚德突然闯入，讲述他与苏格拉底之间的爱情故事。这时，《会饮》的悲剧性达到了顶点——最悲剧的爱莫过于有情人不能相爱。阿尔西比亚德对苏格拉底之爱，是政治家对哲学家之爱。《会饮》的深刻之处就在于，它讲述的不是一个普通的爱情故事，而是关于两个具有历史价值和符号价值的人物（苏格拉底与阿尔西比亚德）之间的爱情故事。从这个意义上可以说，《会饮》是一个关于哲学与政治的爱情故事，更确切些说，《会饮》是一个关于哲学与政治的爱情悲剧。

以“自知无知”而著称的苏格拉底，在《会饮》中却一反常态，声称他知道一件事情。这件事情在常人看来，是距离哲学最为遥远的。苏格拉底所指的，是关于“爱若斯”的事情。他说他“除了懂情事，别的都不懂”。①所以苏格拉底乐意参加在阿伽通家里举行的这场以赞颂爱情为主题的聚会。不过，在其他人对爱进行赞颂之后，苏格拉底改变了初衷。因为他发觉他们只是把所能想到的华丽辞藻统统加在爱若斯身上，根本不管它是否真实。在苏格拉底看来，这些爱的颂词其实并没有说出真理。苏格拉底承认，他对这种赞颂之法实在一窍不通，他所能做的只是说真话。②在得到允许之后，苏格拉底改变了赞颂方式，他打算用“说实话”的方式来赞颂爱若斯，而且这些实话也并非他自己的发明，而是一位名叫第俄提玛的女人传授给他的。由第俄提玛传授、苏格拉底转述的关于爱情的最高奥秘是：

> 先从那些美的东西开始，为了美本身，顺着这些美的东西逐渐上升，好像爬梯子，一阶一阶从一个身体、两个身体上升到所有美的身体，再从美的身体上升到美的操持，由美的操持上升到美的种种学问，最后从各种美的学问上升到仅仅认识那美本身的学问，最终认识美之所是。③

---

① 柏拉图：《会饮》，177d。

② 柏拉图：《会饮》，198d、199b。

③ 柏拉图：《会饮》，211c—d，刘小枫译文。

这段话历来被看作《会饮》甚至柏拉图全部爱情学说的最终定论，以致“柏拉图式的爱”在西方历史中成了一个固定术语。它要求人们从身体的美上升到操持的美，从操持的美上升到知识的美，从知识的美上升到美本身。苏格拉底最后说，只有抛弃身体的美，最终凝视那永恒的、不变的美之理念，只有这样的生活才是值得过的生活。因此“柏拉图式的爱”在后世就成了精神之爱、灵魂之爱的代名词。后世这种解释固然有其合理依据，我们无意于反驳这种解释。但我们想指出，这种解释暗含一个前提，即以拉图笔下的苏格拉底代表柏拉图本人。这个前提在一定程度上当然也无可厚非，但不可绝对化。很明显的一点是，在《会饮》中，仍有未被苏格拉底说服的在场者，比如阿里斯托芬：“当苏格拉底把话说完，在场的人都赞扬他，只有阿里斯托芬想要说什么。”①更成问题的是，在后世这种解释视野中，阿尔西比亚德的赞颂被当作了无关紧要的陪衬，不是被忽略，就是被低估。事实上，阿尔西比亚德在《会饮》中起着举足轻重的作用，设想一下，若《会饮》在苏格拉底讲完之后即戛然而止，那不知将失色多少。阿尔西比亚德在苏格拉底讲完时不请自来，加入《会饮》的赞颂。并且如同苏格拉底一样，阿尔西比亚德也声称要讲实话，他请苏格拉底作为监督人，假若他讲了假话，苏格拉底可以随时打断他。结果苏格拉底非但没有打断，而且在阿尔西比亚德讲完时，苏格拉底的评价说阿尔西比亚德“清醒得很”。②如此看来，阿尔西比亚德所讲的确实不是酒醉之言。也就是说，阿尔西比亚德所讲的苏格拉底与苏格拉底所讲的爱若斯，同样都是实话。或许，真正读懂苏格拉底内心的，不是会饮时躺在苏格拉底身旁的诗人阿伽通，倒是这个不请自来的醉鬼阿尔西比亚德。

那么阿尔西比亚德讲了什么？他讲的既不是爱若斯，也不是美本身，而是他本人的一段亲身经历，是他与苏格拉底之间的故事。这是一个关于个体之爱的故事，绝不可用柏拉图式的爱来进行化约。阿尔西

---

① 柏拉图：《会饮》，212c。这种观点，参纳斯鲍姆：《善的脆弱性》，徐向东、陆萌译，译林出版社 2007 年版，第 228 页。

② 柏拉图：《会饮》，222c。

比亚德开始就对厄里克希马库斯说：

> 我亲爱的，你德高望重，竟然会听信苏格拉底刚刚说的那一套？难道你不晓得，事情与他说的恰恰相反？①

我们知道，苏格拉底在转述狄俄提玛的教诲时说，这位女先知曾充当医生，使雅典免遭瘟疫；而在这里，阿尔西比亚德却对"医生"说，事情与苏格拉底所说恰好相反。难不成阿尔西比亚德想说的是，第俄提玛—苏格拉底其实无法医治患病的雅典？阿尔西比亚德的话，难免令人联想到阿里斯托芬的喜剧《蛙》。《蛙》中的狄俄尼索斯说，要想"挽救城邦"，必须"迎接诗人"。②最后，《蛙》以合唱歌告诫人们：

> 你最好别和苏格拉底坐在一起，
> 喋喋不休。
> 放弃诗歌，
> 放弃任何
> 高雅的悲剧艺术。③

要想挽救城邦，最好躲避苏格拉底。政治躲避哲学，既是哲学的悲剧，也是政治的悲剧。我们知道，在阿尔西比亚德与苏格拉底之间，既有爱情关系，也有政治关系，并且阿尔西比亚德曾跟随苏格拉底学习哲学。④阿尔西比亚德平生狂傲自负，从不会对任何人低头，唯有苏格拉底是例外。在苏格拉底面前，阿尔西比亚德不能不感到羞愧。阿尔西比亚德说，他实在无法违背苏格拉底的话，甚至"灵魂被搅成一团乱麻，不能自主，甘愿做他的奴仆"。⑤这固然可以看作爱慕的表现，但更深层次讲，这是阿尔西比亚德跟随苏格拉底学习哲学的体验。阿尔西比亚德对苏格拉底和哲学的态度，可谓既爱又恨：一方面，只要听苏格拉底

---

① 柏拉图：《会饮》，214c—d。

② 阿里斯托芬：《蛙》，第1418—1419行，见《罗念生全集》第4卷，上海人民出版社2004年版，第460页。

③ 罗念生：《罗念生全集》第4卷，上海人民出版社2004年版，第462—463页。

④ 关于苏格拉底和阿尔西比亚德之间的关系，参考梁中和：《柏拉图的〈阿尔西比喀德前篇〉》中的考证。

⑤ 柏拉图：《会饮》，215e。

说话，他的心就狂跳得不行，眼泪止不住外流；另一方面，只要见到苏格拉底，他就想躲得远远的，甚至希望苏格拉底不在人世。阿尔西比亚德解释，个中缘由是，他已被“哲学的逻各斯（logôn）咬伤，而且咬到了最脆弱的地方——灵魂。”①所以他讲完了还不忘提醒大家，应该吃一堑长一智，谨防上了苏格拉底的当。值得深思的是，阿尔西比亚德对苏格拉底与城邦对阿尔西比亚德，这两种态度完全相同，都是既爱又恨。同样是在阿里斯托芬《蛙》中，欧里庇得斯问狄俄尼索斯，城邦怎么看待阿尔西比亚德。狄俄尼索斯回答：“又思念他，又憎恨他，又想把他召回。”②可见，在城邦—阿尔西比亚德—苏格拉底这三者之间，形成了一种既爱又恨、左右为难的传递关系：城邦对阿尔西比亚德既爱又恨，阿尔西比亚德对苏格拉底既爱又恨。最终，无论伟大的哲学家苏格拉底，还是天才的政治家阿尔西比亚德，结果都不得善终，都为哲学、政治、爱而付出生命的代价。苏格拉底以其死换来了哲学之生，阿尔西比亚德以其死证明了爱与哲学之冲突。前者是哲学之悲剧，后者是爱之悲剧。哲学之悲剧和爱之悲剧，暗含哲学—政治—爱三者之间难以调和的冲突。普鲁塔克为阿尔西比亚德作传时曾写道：“他的盾牌花很多钱镀金，不用雅典人常见的章纹，而是画出一个飞翔的爱神，手里拿着闪耀的雷电。”③当代学者纳斯鲍姆则借此说：“要是苏格拉底已经举着一面盾牌，那么那面盾牌上就刻着《理想国》中的太阳。”④

苏格拉底和阿尔西比亚德的命运终局，对柏拉图的冲击不可谓不大。可以断言，哲学—政治—爱，这三者之间既无法分割又难以共处的关系，乃是柏拉图拉全部哲学思考的起点，同时也成为晚期福柯转向古代哲学研究的基点。后文可见，福柯对柏拉图《阿尔西比亚德》的读解就是从这几个方面展开的。

---

① 柏拉图：《会饮》，218a。

② 阿里斯托芬：《蛙》，第 1425 行，罗念生译文；亦参纳斯鲍姆：《善的脆弱性》，徐向东、陆萌译，译林出版社 2007 年版，第 226 页。

③ 普鲁塔克：《希腊罗马名人传》第 2 卷，席代岳译，第 372 页。

④ [美]纳斯鲍姆：《善的脆弱性》，徐向东、陆萌译，译林出版社 2007 年版，第 260 页。

二、福柯对《阿尔西比亚德》的读解

（一）思想史位置："哲学导论"

署名柏拉图的对话《阿尔西比亚德》有上下两篇。关于这两篇对话的真伪问题，古典学家和哲学史家一直没有定论。总体看，认为它们是柏拉图伪作的学者居多，尤其在20世纪上半叶之前写作的学者。例如德国哲学史家策勒尔，他以非常坚定的语气说，现代研究表明，《阿尔西比亚德》下篇肯定是柏拉图的伪作，上篇即便不是伪作，也"极为可疑"。①英国哲学史家泰勒的看法也颇具代表性，他不区分上下篇，笼统判定《阿尔西比亚德》为伪作，因为《阿尔西比亚德》有三个无法解释的矛盾：②

第一个矛盾：从语言文字看，《阿尔西比亚德》应当属于柏拉图晚期文学风格；但从思想内容看，《阿尔西比亚德》又应当归为柏拉图早期。第二个矛盾：在《普罗泰戈拉》中，尤其在《会饮》中，阿尔西比亚德的形象光芒万丈，柏拉图的渲染笔调是包含激情的；而在《阿尔西比亚德》中，阿尔西比亚德的形象苍白无力，柏拉图的叙述笔法是平淡无奇的。第三个矛盾：从性质看，《阿尔西比亚德》属于伦理教科书；但以柏拉图的思想主张和文学风格看，他不可能写作这类井井有条的教科书。

虽然泰勒从基于以上矛盾，把《阿尔西比亚德》判为柏拉图的伪作，但他同时也考证，《阿尔西比亚德》无论思想内容还是语言文字，都与柏拉图所处时代的特征相吻合。故泰勒推断，《阿尔西比亚德》虽然不是柏拉图的著作，但极有可能是柏拉图的主义传人所写，时间应该不晚于公元前3世纪，目的是阐释柏拉图的伦理学说。因此，泰勒虽否认《阿

---

① [德]策勒尔：《古希腊哲学史纲》，翁绍军译，山东人民出版社1994年版，第109页。

② [英]A.E.泰勒：《柏拉图——生平及其著作》，谢随知等译，山东人民出版社1996年版，第740页。

尔西比亚德》是柏拉图的真作，但他并不否认《阿尔西比亚德》的价值，并且还给予其高度评价："它包含了苏格拉底—柏拉图关于善的衡量标准和灵魂的'关心'学说的极好的全面总结"；[①]"构成了全部柏拉图的伦理和政治哲学的极好导言"。[②]持这种立场的哲学史家，除泰勒之外，尚有古典学家、柏拉图对话的著名校勘者伯奈特(J. Burnet)，他认为《阿尔西比亚德》是"为入门者而设计的苏格拉底哲学的导论"。[③]

泰勒和伯奈特的主张较为公允，理应受到尊重和支持。我们认为，《阿尔西比亚德》是否为柏拉图亲笔所写，这一问题在短期内无法得出定论。但这并不影响我们作如下判断：《阿尔西比亚德》代表苏格拉底—柏拉图甚至整个古代对哲学的普遍看法。《阿尔西比亚德》的价值和意义，不在于它是否出自柏拉图之手，而在于它代表古代的伦理—哲学观。退一步讲，即便将来哪一天可以证明《阿尔西比亚德》确实不是柏拉图亲笔所写，我们仍可视之为柏拉图的"哲学导论"。其实古代晚期及中世纪的不少学派就是这么做的，最明显的莫过于新柏拉图主义哲学，如公元5、6世纪的新柏拉图主义哲学家普罗克鲁斯(Proclus)、奥林匹欧多亚(Olympiodore)认为，《阿尔西比亚德》应置于柏拉图全部对话之首，研习柏拉图哲学、新柏拉图主义哲学乃至普遍意义的哲学，最佳入门途径即是《阿尔西比亚德》。他们的理由有三点：

首先，《阿尔西比亚德》囊括逻辑学、伦理学、物理学、神学，是对柏拉图哲学的概括。[④]用普罗克鲁斯的话说，《阿尔西比亚德》是"全部哲学的原则或者开端"[archê hapsês philosophies]。固然，依福柯之见，把哲学明确分为逻辑学、伦理学、物理学、神学四个专业，这并非柏拉图时代的做法，而是希腊化时期、罗马帝国时期及古代晚期所为。但是，逻辑、伦理、物理、神作为四个要素均已出现于《阿尔西比亚德》，而且是以"回归自

---

① [英]A.E.泰勒：《柏拉图——生平及其著作》，谢随知等译，山东人民出版社1996年版，第739页。

② [英]A.E.泰勒：《柏拉图——生平及其著作》，第25页。

③ Guthrie, W.K.C., *A History of Greek Philosophy*(3), p.470.

④ HS. p.163.

身”作为基础而出现。因此，从思想内容结合时间考虑，《阿尔西比亚德》颇为奇怪，它既有柏拉图早期对话的思想特征，也有柏拉图晚期对话的思想特征。较明显的例子是，《阿尔西比亚德》涉及城邦治理、教育缺陷、男童之爱，这些都是早期苏格拉底对话的常见主题；但《阿尔西比亚德》也有关于斯巴达和波斯的讨论，这些对话内容又显然不可能属于早期，因为依泰勒所见，《阿尔西比亚德》关于斯巴达财富的讨论“只对于在雅典向吕桑德投降和鲁克特拉（Leuctra）战争之间的一段时期是确实的。对于对话所设想的年代，这些称述是不真实的”。[①]而在福柯看来，《阿尔西比亚德》在时间上的奇怪特征，恰好体现从苏格拉底哲学向柏拉图哲学的转变轨迹，恰好体现从早期柏拉图哲学向晚期柏拉图哲学或柏拉图主义哲学的转变轨迹，恰好体现从古典希腊哲学向古代晚期哲学的转变轨迹。这些轨迹的转变特征，也正是这篇对话值得读解的原因。

其次，《阿尔西比亚德》首次把“认识你自己”[gnôthi seauton]作为哲学实践的首要条件引入哲学。[②]奥林匹欧多亚认为，研究苏格拉底的哲学，必须遵循苏格拉底的方式，而苏格拉底正是通过认识自己而开始实践哲学的，所以他主张把《阿尔西比亚德》置于柏拉图对话之首。奥林匹欧多亚作了一个比喻，把《巴门尼德》比作柏拉图发布神谕的厅室，把《阿尔西比亚德》比作柏拉图哲学的走廊。他的意思是，人们只有先途经走廊，然后才有可能抵达地下室，绝不可能反过来。奥林匹欧多亚的这一主张令人深思，后人常囿于柏拉图的理念论，在研习柏拉图哲学时，惯于以《巴门尼德》着手。现代性兴起之后，这种情况更是愈演愈烈，《阿尔西比亚德》完全被当作伪作弃之不顾。在今人眼里，似乎除了理念论，此外再无柏拉图哲学。关于新柏拉图主义者的教诲，或者不知道，或者不在乎，总之难以认真对待他们的教诲。福柯接受了新柏拉图主义者的教诲，以《阿尔西比亚德》出发，解释从苏格拉底至希腊化—罗马帝国的整个古代哲学，其意义不可谓不大。

---

① [英]A.E.泰勒：《柏拉图——生平及其著作》，谢随知等译，山东人民出版社1996年版，第743页。

② HS. p.163.

最后,《阿尔西比亚德》首次出现“政治”与“净化”的路径分别。①在以“认识你自己”作为哲学原则之后,面临两个问题:首先,什么是“自己”?在《阿尔西比亚德》中,“自己”既非外物,亦非身体,而是有理性的灵魂,认识自己即认识灵魂。其次,怎样“认识”自己?在苏格拉底—柏拉图哲学中,总体说,认识自己有两种路径:第一种路径认为灵魂自身包含神圣要素,认识自己即净化灵魂,通过净化而使灵魂成为神圣的存在;第二种路径视自己为理性的存在者,然后再把这个理性的存在者塑造培养成为正直善良、德性卓越的政治公民。按奥林匹多亚的看法,《阿尔西比亚德》偏重于第二种途径,也就是说,在这篇对话中,“认识你自己”不是以“净化”的路径,而是以“政治”的路径来进行的。针对这两种不同路径,福柯说:

> 在提出“认识你自己”这个原则的《阿尔西比亚德》中,出现了政治要素(因为“认识你自己”引入了某些原则、规则,它们必须让个体成为正直的公民,或者成为正当的统治者)与召唤某些必须被主体用来净化自己、在自己的本性中能够与神圣要素相接触,并在自身中认识到神圣要素的活动的“认识你自己”之间主要差异的胚芽。因此,《阿尔西比亚德》是这次分别的根源。②

净化与政治作为“认识”的两条路径首次出现分别,但这次分别不仅对认识论传统而言重要,而且对柏拉图主义传统甚至整个古代哲学传统而言也非常重要,理由正如福柯所说:

> 对于柏拉图来说,净化程序与政治途径之间并没有任何结构差异,相反,在新柏拉图主义传统中,这两种趋向相互分离,而且,以政治为目的的“认识你自己”的用法和以净化为目的的“认识你自己”的用法——或者是:以政治为目的的关心自己的用法和以净化为目的的关心自己的用法——不再一致了,而且,它们开始分别,人们必须作出选择。③

---

① HS. p.183.

②③ HS. p.167.参考佘碧平译文,本书标注的是法文版页码,即中文版边码。下同。

若以两条路径分别的根源为由，把《阿尔西比亚德》置于柏拉图对话之首，我们便可从《阿尔西比亚德》出发，以政治与净化两条路径来解释柏拉图的其余对话，如《高尔吉亚》可归于政治路径加以解释，《斐多》可归于净化路径加以解释。但无论政治向度还是净化向度，它们同属于柏拉图，它们在柏拉图思想中并不构成非此即彼的关系。

总之，《阿尔西比亚德》在西方哲学史长河之中占有重要位置，对西方古代晚期哲学和中世纪哲学影响巨大。《阿尔西比亚德》自身就是一部解释学意义上的效应史，从它可以看出柏拉图哲学的后来走向。福柯对《阿尔西比亚德》的解释，其意义绝不限于"关心自己"的术语梳理，绝不限于伦理学领域。

（二）思想出发点："关心自己"[epimeleia heautou]

福柯对古代哲学的解释始自1981年度法兰西学院课程"主体性与真理"，但这年的课程乃从属于"性经验史"系列，福柯处理"主体与真理"的思路，是以希腊罗马的"快感经验"为线索，故整体看仍显得有些局限。从1982年度法兰西学院课程"主体解释学"开始，福柯结束"性经验史"的系列研究，转而从一般意义上解释古代哲学。在课程开始，福柯说本年度课程研究主题是："主体与真理这两个要素之间的各种关系，在西方是以什么历史形式相互维系起来的。"①可见这年的课程主题与去年一样，也是主体与真理的关系，只是不再受快感伦理的限制。福柯说，他研究主体与真理的关系问题，所采取的思路不同于常见的实践分析和历史分析，他选择的出发点是"关心自己"。就苏格拉底—柏拉图哲学而言，"关心自己"是在《阿尔西比亚德》中提出并阐发的。因此福柯对《阿尔西比亚德》的读解，整体上服从于主体与真理的关系论题。

"关心自己"是希腊文 epimeleia heautou 的中文译名，其拉丁文译

---

① HS. p.4.

名为 cura sui，法文译名为 souci de soi。依福柯概括，“关心”有三种含义：[1]首先，指的是一般性的态度，即人们对自己、别人和世界的态度。其次，指的是注意力，关心自己就是把注意力由外部事物转向内在灵魂。最后，关心不仅指一般性的态度，也不仅指注意力的转向，更重要的是指人们针对自己的各种训练活动。通过实际的、具体的各种训练，人们达到控制自己、净化自己、改变自己的目的。正是从这个意义上，福柯说，当希腊人谈到“关心”时，他们往往“用它来指一家之主的活动、君主监督臣民的工作、医生对病人或伤员的关心、人对诸神或亡灵的义务。同样，对于自我来说，关心包含一种艰苦的劳动。”[2]

西方哲学探讨主体与真理之间的关系，大多以“认识自己”[gnôthi seauton]为中心，“关心自己”是一个边缘概念，福柯为何选择这个概念作为他的思想起点？对这一问题的回答可深可浅。我们在这里先满足于浅的回答，深的回答后文自见。浅的回答就是，福柯认为，从考古学家和历史学家提供的证据看，“认识自己”这句铭言的哲学意义是后来赋予的，它最初并没有我们现在所理解的这种哲学意义。[3]反而倒可以证明，“关心自己”这条命令和原则，确实是希腊文化的古老格言，尤其在斯巴达流传非常广泛。[4]福柯通览古代文献发现，“关心自己”无论在希腊古典哲学，还是在希腊化—罗马哲学以及基督教哲学之中，都是一个具有支配地位的核心概念。不夸张地说，“关心自己”实际上是贯穿整个漫长的古代长达千余年的一条主线，始自公元前 5 世纪，结束于公元后 4—5 世纪。

举例而言，在柏拉图对话中，苏格拉底作为一个以关心自己并且督促别人关心他们自己为志业的形象而出现，他质问雅典人：“如果你只关心获取钱财，只斤斤计较于名声和荣誉，既不关心，也不想到智慧、真理和自己的灵魂，你不感到惭愧吗？”[5]在伊壁鸠鲁主义看来，“关心自

① HS. p.12.
② SS. p.65.
③ HS. p.5.
④ HS. p.32.
⑤ 柏拉图：《申辩》，29d—e；HS. pp.7—8。

己”也地位特殊，在被称作“伦理学纲要”的伊壁鸠鲁《致梅瑙凯》中，哲学即被定义为以关心自己为原则的永恒修习。[①]在斯多葛主义之处，“关心自己”的重要性也很明显，他们常说，关心自己乃是拯救自己、实现自己的必要前提，爱比克泰德甚至把人定义为以关心自己作为使命的存在，认为关心自己乃是人区别于其他生物的根本标志。[②]还有在犬儒主义和新柏拉图主义之处，“关心自己”既被视作必须的实践原则，也被视作核心的哲学概念。

并且，对西方古代文化来说，“关心自己”不是哲学家所使用的抽象术语，而是一系列具体的实践活动。事实上，在古代希腊罗马的实践史中，人们围绕“关心自己”，把“关心自己”作为实践法则的核心，形成了各自的“生活艺术”。因此，对同时包含思想史和实践史的古代西方而言，“关心自己”实际上成了“总体的文化现象”。[③]福柯以“关心自己”作为读解古代哲学的出发点，实际上是为了从总体上把握古代西方的文化现象。明白此出发点，再看福柯的解释，则他对包括《阿尔西比亚德》在内的全部古代哲学的读解，都是围绕“关心自己”这条主线而展开，也就可以理解了。

（三）爱欲与“关心自己”

顾名思义，《阿尔西比亚德》是以对话者之名作篇名的。前文曾说，阿尔西比亚德与苏格拉底之间有复杂的爱恋关系，《阿尔西比亚德》再次表明了这种爱恋关系，开篇苏格拉底即说：

> 我敢说你一定觉得奇怪，克雷尼亚的儿子，我本是你的第一个情人，但我已有许多年没和你说话，当其他的情人已经厌倦了你的时候，我这个你最后的情人依然还和你说话。[④]

---

① SS. p.60.

② SS. pp.60—61.

③ HS. p.11.

④ 柏拉图：《阿尔西比亚德》，103a，译自 Jowett，*The Dialogues of Plato*(*II*)，p.733。

正如苏格拉底所说“你一定觉得奇怪”,《阿尔西比亚德》这开篇确实令人觉得奇怪。苏格拉底说他是阿尔西比亚德的第一个但也是最后一个情人。苏格拉底与阿尔西比亚德的关系,犹如阿尔西比亚德在《会饮》中的讲述,永远都是左右为难,令人难以捉摸。苏格拉底接着说,他已多年没和阿尔西比亚德说话,原因是不愿意,而是因为有一种“超越于人的力量”(a power more human)阻止他,使他不得不沉默。①苏格拉底在这里没有直接说“神”,而是说“超越于人的力量”阻止他。这不禁让人联想到狄俄提玛在《会饮》中对苏格拉底的教导:爱既非神也非人,而是介于两者之间的“精灵”;哲学本质上也是介于智慧与无知之间的“爱智慧”。②而此时,在《阿尔西比亚德》中,苏格拉底说,阻止他的这股力量消失了,他又再次与阿尔西比亚德说话。苏格拉底与阿尔西比亚德说话的这个时候很关键,因为这正是其他的情人已经厌倦了阿尔西比亚德的时候。这个时候意味着什么?意味着阿尔西比亚德青春已逝,将从少年迈进成年。用福柯的话来说,也就是达到了某种“临界年龄”。③在这个年龄阶段,阿尔西比亚德的情人即将抛弃他。这对阿尔西比亚德而言,既是机遇,也是危险。因为,在古代希腊特指的“爱欲”[erôs]现象即将结束之后,阿尔西比亚德的生活将面临选择:要么维持现状,要么过新生活。阿尔西比亚德说,他非选择新生活不可,对他而言,如果未来不能过新生活,倒不如现在死去。正因阿尔西比亚德有过新生活的愿望,并且其他情人即将抛弃阿尔西比亚德,所以阻止苏格拉底的力量才消失,苏格拉底才来到阿尔西比亚德身边,宣布他是阿尔西比亚德的情人——最后一个情人。

苏格拉底在阿尔西比亚德即将结束爱欲的时候与他交谈,这是否表示哲学与政治只有在爱欲结束之后才能交谈?在一定程度上确实如

---

① 柏拉图:《阿尔西比亚德》,103a,见 Jowett, *The Dialogues of Plato*(Ⅱ), p.733。

② 柏拉图:《会饮》,204b。

③ 福柯曾在 1981 年 1 月 28 日的授课中详细讨论过“临界年龄”之问题。

此。爱欲之后即政治、城邦。①爱欲结束意味着真正的政治生活、城邦生活的开始。苏格拉底虽然宣布做阿尔西比亚德的情人，与阿尔西比亚德交谈，但苏格拉底的谈话内容明显有别于其他情人。苏格拉底与阿尔西比亚德不是谈恋爱，而是谈灵魂以及生活方式。在苏格拉底看来，希腊的爱欲关系有缺陷，希腊的学校教育也有缺陷，而这两个缺陷又往往相联——因为美少年的追求者往往也是他的老师。为了弥补阿尔西比亚德成长过程中的这两个缺陷，苏格拉底告诉阿尔西比亚德，从现在开始，你必须关心你自己。可以看出，在《阿尔西比亚德》中，苏格拉底之爱的特殊之处在于：他的爱不属于希腊文化独有的爱欲之爱，亦即成年男子对美少年之爱；相反，他的爱出现在美少年青春将逝之时。苏格拉底爱阿尔西比亚德，关心阿尔西比亚德，是为了让阿尔西比亚德学会"关心自己"。也就是说，苏格拉底关心的不是阿尔西比亚德的青春美貌，而是他是否真正"关心自己"。苏格拉底与阿尔西比亚德相爱，并以哲学之爱的形式而相爱。此乃《阿尔西比亚德》与《会饮》两种爱之间的差别：《会饮》中的爱，是阿尔西比亚德爱苏格拉底，苏格拉底丝毫不为其所动，因为苏格拉底知道这种爱本质上仍属爱欲之爱，尽管对换了角色、颠倒了方向；《阿尔西比亚德》中的爱，是苏格拉底爱阿尔西比亚德，这种爱本质上属于哲学之爱，所以苏格拉底愿意做阿尔西比亚德的第一个也是最后一个情人。

（四）政治与"关心自己"

在谈到哲学与政治的关系时，福柯曾说："我相信哲学与政治的关系是永恒的、基本的。"并且他以"关心自己"作为哲学实践的核心，进一步说："'关心自己'是一种好的治理制度的教育条件、伦理条件，也是本体论条件。"②我们认为，福柯这一观点最明显体现于《阿尔西比亚德》：

① HS. p.34.

② Michel Foucault, *l'éthique du souci de soi comme pratique de la liberté*, in *DE*. II, pp.1540—1541.

苏格拉底爱阿尔西比亚德，督促阿尔西比亚德把注意力放在自己身上，认识自己、关心自己，建立完满的自我关系，为即将到来的政治生活做准备，以便最终成为爱欲游戏的主体和政治生活的主体。也就是说，“他（阿尔西比亚德）必须在政治的游戏和爱的游戏中变得主动。因此，在爱的话语和政治的话语之间就存在着一种辩证法”。[①]事实上，在爱欲关系结束时必须关心自己，以便为社会地位和身份的转变做准备，这是苏格拉底传统的常见说法，不仅体现于柏拉图对话，也体现于色诺芬的作品，尤其《回忆苏格拉底》。[②]因此从这个角度出发，福柯说“政治抱负与哲学之爱之间的联结点就是‘关心自己’”。[③]

为什么在转变身份特权，参与政治活动时必须关心自己？理由是，阿尔西比亚德虽然在表面上具有常人无可比拟的优势，如身世显赫、伯里克利支持、财富巨大、外貌俊美。但苏格拉底说，若与斯巴达人或波斯人比较，阿尔西比亚德这点优势实在不算什么。不论教育程度，还是军事、财富，阿尔西比亚德不仅没有优势，反而处于劣势。尤其波斯人，他们在幼年即由四位老师分别传授智慧[sophia]、勇敢[andreia]、节制[sôphrosunê]、正义[dikaiosunê]——这也正是柏拉图《理想国》所讨论的四种德性。因此，若从德性与城邦的关系看，《阿尔西比亚德》与《理想国》结构相似，不过思路恰好相反：《理想国》的思路是从灵魂到城邦，也就是说，对话的目的是灵魂的正义，但灵魂的正义必须到城邦中去寻找；《阿尔西比亚德》的思路则反过来从城邦到灵魂，也就是说，对话的目的是城邦的善治，但城邦的善治只有以灵魂的善治为前提。[④]所以苏格拉底提醒阿尔西比亚德，认识自己的不足，关心自己的灵魂，趁现在还来得及，等以后再关心自己就晚了。

此外也可从“政治”与“关心自己”的角度把《阿尔西比亚德》与《会

---

① Michel Foucault, *Technologies of the self*, The University of Massachusetts Press, 1988. p.23.

② HS. p.34.

③ Michel Foucault, *Technologies of the self*, The University of Massachusetts Press, 1988. p.24.

④ HS. pp.53—54.

饮》进行对比。这两篇对话所体现的两种阿尔西比亚德形象，其差别就在于关心“自己”还是关心“政治”：在《阿尔西比亚德》中，阿尔西比亚德承诺“关心自己，以便能关心公民们，并把公正[dikaiosunê]放在他的关心的中心”；①在《会饮》中，阿尔西比亚德则是为了政治而有意回避自己：“尽管这一切都是我欠缺的，但是我还是依然故我，不关心自己[epimeleisthai emantou]，而是关心雅典人的事务。”②因此，若依福柯比较《阿尔西比亚德》与《会饮》的角度所作的判断，则给现实中的阿尔西比亚德带来悲剧命运的原因所在，正是依然故我的阿尔西比亚德只“关心雅典人的事务”，从未合理地“关心自己”。

（五）什么是“关心自己”？

1. “自己”即“灵魂”

苏格拉底与阿尔西比亚德达成必须关心自己的共识之后，接下去必须追问“什么是关心自己”[ti esti to hautou epimeleisthai]，③追问的目的是为了更好地关心自己。苏格拉底说，“关心”的前提是了解、熟悉所关心的对象。犹如医生要懂得如何关心身体，他必须熟悉身体；鞋匠要懂得如何关心鞋子，他必须熟悉鞋子。同理，要懂得“关心自己”，必须知道“自己”[heauton]是什么，也就是说要认识自己。苏格拉底在这里又提到了“认识自己”，但其含义与之前不同。之前，“认识自己”指的是，阿尔西比亚德应该反省他眼下的处境，清醒认识自己的教育缺陷和政治劣势。这里所指的完全不是反省自己的处境，当然也不是反省自己的本性。福柯说：

> 它不是指：“你是哪种动物，你的本性是什么，你是怎样构成的？”而是：这是一种什么关系，“自己”[heauton]这个反身代词指的是什么，这个既属于主体又属于对象的要素是什么？你需要关

① HS. p.169.
② HS. p.168.
③ HS. p.51.

心你自己:这是指“你”要关心自己;然后再是你关心的某个东西正是你自己,正是“在关心着”的主体,你自己就是对象。①

这段引文说,在《阿尔西比亚德》中,“关心自己”的主体是“自己”,对象也是“自己”。问题的关键就在于弄清楚“自己”是什么。为此,苏格拉底与阿尔西比亚德接着进行了长篇讨论,其基本思路是,区分行为活动中的主体与主体所使用的工具。例如在制鞋技艺中,鞋匠是制鞋活动的主体,皮刀是鞋匠所使用的工具;在音乐演奏中,演奏者是演奏活动的主体,竖琴或者横笛是演奏者所使用的工具;在语言交谈中,当苏格拉底对阿尔西比亚德说话时,苏格拉底是说话的主体,声音、句词是苏格拉底使用的工具。现在把这种区分应用于人的行为活动:当我们的身体进行活动时,身体类似于被使用的工具,可以断定另外还有一个使用者,既然这个使用者不可能是身体,那么它必然只能是灵魂,因此灵魂就是主体。既然灵魂是主体,那么灵魂就是“关心自己”的这个“自己”。“关心自己”于是等同于“关心灵魂”[psukhês epimelêteon]。②在这里,“灵魂”作为“自己”,既是关心的主体,也是关心的对象。

就柏拉图而言,“自己”即“灵魂”是习以为常的说法。如《斐多》115c—d、《理想国》469d、《法律篇》959a、《阿尔西比亚德》130c皆可见类似表述;③“关心灵魂”之说在柏拉图对话中也反复出现,如在《申辩》、《斐多》、《理想国》、《克拉底鲁》都有。④不过,福柯也承认,《阿尔西比亚德》中的灵魂含义与其他对话中的灵魂含义不尽相同。《阿尔西比亚德》中的灵魂,不像《斐多》强调与身体分离,不像《斐德若》强调恢复羽翼,也不像《理想国》强调等级秩序。⑤除了福柯所说的这三种区别,我们还可以补充另一种区别,即《阿尔西比亚德》与《荷马史诗》的区别。在《荷马史诗》中,“灵魂”是指“当人死的时候离开人体下到

---

① HS. p.52.

② 柏拉图:《阿尔西比亚德》132c;见 HS. p.53。

③ 这是韦尔南的统计,见《神话与政治之间》,余中先译,三联书店 2005 年,第 533 页,注释 16。

④ HS. p.53.

⑤ HS. p.55.

哈得斯的地府中去的东西。对一个活着的人,永远不能说他拥有一个灵魂";①在《阿尔西比亚德》中,"灵魂"只是"作为行为主体的灵魂,作为使用身体、身体各器官、它的各种工具的灵魂。"②因此,在《阿尔西比亚德》中,理解"灵魂"的关键就在于理解"使用"这一术语。福柯从词源上对它的丰富含义作了细致分析,扼要如下:③

"使用"所对应的希腊文动词为 khrêsthai,名词为 khrêsis。这个词既可指人与东西的关系,也可指人与其他人的关系,还可指人与自身的关系。因此它有三层含义:其一,形容工具性地使用、利用,比如鞋匠使用刀具。其二,形容与其他人的关系,比如 theois khrêsthai 应译为"尊崇诸神"。其三,形容自身的行为态度,比如 ubriskhôs khêsthai 不是使用、利用之义,而是形容某人"举止粗暴";epithumiais khrêsthai 也不是"为了什么事而利用他的情绪",而是"为他的情绪所左右"。福柯分析词源,意在指出,当苏格拉底以"自己"[heauton]界定灵魂、以"使用"界定灵魂与对象的关系时,所指不是灵魂与对象的工具关系,而是指灵魂作为主体,它对身体或外物持有超越的态度。此外,我们知道,《性经验史》第二卷标题为《快感的利用》(*khrêsis aphrodisôn*),其中"利用"就是此处的所说的 khrêsis。依此处的解释,可知"快感的利用"也并非工具性的利用或使用。福柯写作《快感的利用》,意不在区分合法的欲望活动与非法的欲望活动,并以这种区分为基础,制定各种节制法则;福柯意在说明,对希腊人而言,个体若要把自己塑造成为伦理主体,他所采取的方式,不是使自己的行为普遍化,而是使自己的行为个性化并不断调整行为态度。可见在福柯眼里,"利用"与"自己"密不可分,甚至在一定程度上,"利用"成了"关心自己"的实践核心和理论核心。故福柯说:

> 因为人是主体,这个利用自身、有着这种态度、这种关系的主体,所以人必须监督自己。关心自己是因为人是这种 khrêsis 的主

---

① [法]韦尔南:《神话与政治之间》,余中先译,三联书店 2005 年版,第 523 页。
② HS. p.55.
③ HS. pp.55—56.

体(以及该词的多义性:各种活动、行为、关系、态度、态度的实体),而正是这一点成了问题。灵魂作为主体,决不是灵魂作为实体:我以为,这是《阿尔西比亚德》讨论“什么是自身、当有人说必须关心自己时必须赋予自身什么意义呢”这个问题最终所要得出的结论。①

总之,“自己”即“灵魂”,即“主体”。苏格拉底—柏拉图的这一界定,其重要意义在于,从本质上把作为哲学实践的关心自己,与其他的关心活动区分开。所谓其他的关心活动,重要者有:医生对身体的关心、家长对家庭的关心、情人对少男的关心。熟悉福柯作品的读者定然已看出,此即《性经验史》第二卷《快感的利用》以及第三卷《关心自己》:第二卷正是依据以上三种关心,把希腊古典时代的“快感经验”划分为养生法、家政学、爱欲论三大领域,依次展开论述;而在从希腊古典时代到希腊化—罗马时代的演化过程中,“关心自己”与这三大领域的关系也随之发生了错综复杂的变化,此乃第三卷所研究的主题。详见本书第三部分。

2. “关心”即“认识”

“自己”即“灵魂”,“关心自己”即“关心灵魂”。剩下的问题便是如何“关心”自己?我们知道,在西方哲学史上,主体接近真理的主要途径是“认识”,或者说,“认识”是维系主体与真理的关系的基本格式。福柯虽然把“关心自己”视作古代哲学的主线甚至古代文化的总体现象,但福柯同时也说:“重新揭示关心自己,绝不意味着认识自己是不存在的、不重要的,或者是一个配角。其实,我想说的是认识自己和关心自己之间的混杂。”②而这种混杂的著例即柏拉图《阿尔西比亚德》。《阿尔西比亚德》的出发点是“关心自己”,但在苏格拉底与阿尔西比亚德讨论“关心自己”的过程中,共有三次涉及“认识自己”。第一次是在《阿尔西比亚德》124b处,苏格拉底提醒阿尔西比亚德反省自己的处境,认识自

① HS. pp.56—57.

② HS. p.67.

己的缺陷，也就是说，“认识自己”在这里是作为“关心自己”的前提出现的；第二次是在《阿尔西比亚德》139a处，在确定关心自己之后，应该“认识”所关心的这个“自己”是什么，可见这里的“认识”仍然是作为“关心”的前提。总之，相比第三次，这两次对“认识自己”地位的界定仍非常有限，因为“认识自己”本身并没有被界定为根本原则。第三次是在《阿尔西比亚德》132c处。这一次，“认识自己”起了决定作用。“关心自己”被界定成为“认识自己”，并且得到全面阐述。此一界定和阐述，至关紧要，在福柯看：“这是柏拉图主义的构成阶段之一，在整个希腊、希腊化和罗马文明的进程中分量很重，或者说影响巨大。”①理由是，虽然苏格拉底—柏拉图在其他对话中曾提出灵魂的各种自我训练，如净化训练、克制训练，但无论如何，这些训练绝对无法归于“认识”的范畴之内；反之，“认识自己”倒可以说是从属于各种训练的。而在《阿尔西比亚德》中，柏拉图不仅没有强调这些历史悠久的自我训练，而且还反过来，以“认识自己”为原则，对古老的自我训练进行重组。

因此福柯认为，在柏拉图主义思想史中，“关心自己”与“认识自己”是两项彼此交织的哲学运动：“一旦关心自己的空间开放了，一旦自己被界定为灵魂，那么这个开放的空间就被认识自己这一原则覆盖了。”②而上文已经说过，灵魂作为主体也作为对象，它只能在自己之内认识自己，因此它需要一个与自己本性相同的要素。苏格拉底把灵魂认识自己比作眼睛看自己：

> ——当我们看着某个站在我们面前的人的眼睛，我们的形象便会反映在人们所说的瞳仁中，如同在一面镜子中的那样；谁会去看那瞳仁，便会在里头看到自己的形象。
>
> ——完全正确。
>
> ——由此，眼睛关注着另一只眼睛时，当它把目光固定在那只眼睛中最最卓越的部分，即那个也看见了他的部分时，它看到的是

① HS. p.66.

② HS. p.67.

他自己[……]灵魂也是这样,假如它想认识它自己,它就应该去观看另一个灵魂,而在这个灵魂中,应该去看灵魂特有的功能所在的那部分,即智力,或者另一种与它相似的东西。①

灵魂特有的本性要素是思想和知识[to phronein, to eidenai],②与灵魂本性要素最接近的是神的要素,神比眼睛和镜子都更明亮。苏格拉底说:"真实的镜子都是比眼的镜子更清晰、更纯洁和更明亮,同样,神[ho theos]比我们灵魂中最好的部分更清晰、更明亮。"因此,"必须关注神:它是人事的最好的镜子,它愿意评判灵魂的资质,而且,我们正是通过它才能更好地看到和认识到自己。"③至此,《阿尔西比亚德》的思路已经清楚了:第一步,认识自己(认识自己的缺陷);第二步,关心自己(因为自己有缺陷,所以需要关心);第三步,认识灵魂(因为自己即灵魂);第四步,灵魂反观自身的本性(亦即神性)。所以,在柏拉图《阿尔西比亚德》中,认识自己也就是认识神。这种思路从表面看非常接近于基督教思想,但正如让—皮埃尔·维尔南所指出,柏拉图《阿尔西比亚德》对"认识自己"和"认识神"的阐释,绝不可等同于基督教思想,因为《阿尔西比亚德》不仅没有"通过自我内省和自我分析,走向一种隐藏的、不为他人所见的'我'",④反而"处于那种看见与被看见、自己与他人的相互依赖性中,而这种彼此关系,构成了跟错误与责任的文化相对立的羞耻与荣誉[timê]的文化的一个特征"。⑤因此,尽管《阿尔西比亚德》的灵魂观念体现了一种具有决定意义的转折,但从根底上看,它仍未超出希腊世界的文化领域。

---

① 柏拉图:《阿尔西比亚德》,133a—b,转引自韦尔南:[法]《神话与政治之间》,余中先译,三联书店 2005 年版,第 205 页。

② 柏拉图:《阿尔西比亚德》,133c;见 HS. p.68。

③ 柏拉图:《阿尔西比亚德》,133c;见 HS. pp.68—69。

④ [法]韦尔南:《神话与政治之间》,余中先译,三联书店 2005 年版,第 204 页。

⑤ [法]韦尔南:《神话与政治之间》,余中先译,三联书店 2005 年版,第 206 页。

第二章 “自我教养”——论“关心自己”在公元1—2世纪的扩展

上一章，我们以柏拉图《阿尔西比亚德》作为代表，论述了苏格拉底—柏拉图时代，即希腊古典时代的“关心自己”的特征。在苏格拉底—柏拉图看来，“关心自己”的理由有三点：教育培养的缺陷、行使权力的需要、爱欲的客体地位。在这个时代，“关心自己”的主体是贵族青年，目标是恰当地行使权力，方式是认识自己。总之，年龄、权力、认识，此乃构成“关心自己”的存在根据及其形式的三个条件。

现在我们把时代往后移，论述“关心自己”在希腊化—罗马时代的演变情况。依福柯之见，在希腊化—罗马时代，从主体、目标、形式任何一方面看，“关心自己”都不再受古典时代的年龄、权力、认识所限，进而扩展成为一种更为普遍的历史现象，又尤其是公元1—2世纪，这是关心自己的一个“真正的黄金时代”。①在这个时代，“关心自己”既被理解为哲学概念，也被看作实践和制度，其思想地位和实践地位达到了前所未有的地步。为了突出它的时代特征，福柯另赋予它一个新名，称之为“自我教养”(culture de soi)的时代。但“教养”的含义既丰富又模糊，易失于空泛。为清晰起见，福柯先对他谈论“教养”的条件作了界定：

> 第一，当我们有一套价值，并且这些价值之间至少有并列、从属和等级的关系时；谈论教养的第二个条件是，这些价值既是普遍

① HS. p.79.

> 的，但同时又只是某些人可以企及的；第三个条件是：要让个人获得这些价值，必须有某些明确和规范的行为。而且不止于此，还必须有一些努力和献身，为了能够达到这些价值，他必须能够把自己全部生命献给它们；谈论教养的第四个条件就是，通向这些价值的路径要根据一些多少有点规范的步骤与技术，它们被确立、证实、传播和教授，而且也与一整套的观念、概念、理论等相关：即与整个知识领域有关。①

既然我们谈论的“自我教养”，那么“自我”就应该能够满足于“教养”的这四个条件。福柯认为，在希腊化—罗马时代里：首先，“自我”成为了社会的普遍价值，希腊古典时代的传统价值观念，如今以“自我”为核心得以重组。其次，“自我”作为普遍价值，只有少数人能够实现。第三，“自我”作为普遍价值，它必须以某些规范的、严格的努力行为和献身行为作为实现条件。最后，实现“自我”价值，既需要有一些技艺和实践，也需要有一些理论和知识。总之，“这一切让我们可以说，从希腊化时期开始，发展出了一种自我教养。而且，我认为，如果不把主体性的历史纳入这种自我教养的范畴，那么就无法写出主体性的历史、主体与真理的关系史”。②

前文曾说，福柯在读解《阿尔西比亚德》时虽称他的出发点是“关心自己”，但是他的总主题却是主体与真理的关系问题。③而在这里，福柯又进一步说，要研究主体与真理的关系问题，必须把该问题纳入“自我教养”的范畴。显然，在福柯这里，“主体”、“真理”、“自我教养”、“关心自己”，这些问题乃是全部联结在一起的。那么，“关心自己”这一古老观念与福柯所谓“自我教养”之间有何关系？福柯解释：

> 对于“自我教养”这一说法，我们应该理解为关心自己的原则已经控制了一个相当广的范围：必须关心自己的戒条已经成了不

① HS. pp.172—173.

② HS. p.173.

③ 故1982年的法兰西学院课程名为“主体性与真理”，1982年的法兰西学院课程名为“主体解释学”。

> 同学说中流行的一个律令。它还表现为一种态度、一种行为方式，充满了各种生存方式。它在人们反思、阐述、完善和教育的各种步骤、修行和养生法中得到了发展。因此，它成为一种社会实践，引发了个人之间的互动关系，引发了交换和交流，有时甚至是各种机构。最后，它还引发了一种认识方式和一种知识的确定。①

质言之，"自我教养"就是"关心自己"的扩大化和普遍化，我们可就年龄、人员、形式来看：其一，就年龄看，关心自己不再局限于青年，也就是说，关心自己不仅是为了成为爱欲的主体，更是为了人生。其二，就人员看，关心自己不再局限于贵族，也就是说，关心自己不仅是为了行使权力，更是为自己。其三，就形式看，关心自己不再局限于认识自己，也就是说，关心自己不仅采取认识灵魂神圣要素的形式，而且采取其他诸如克制、考验、沉思、阅读、写作等更加具体的修习方式。

一、年龄的扩展：从青年到一生

在苏格拉底—柏拉图时期，阿尔西比亚德受苏格拉底激励，通过反省自己而认识自己的不足，于是请教苏格拉底该怎么办。苏格拉底对阿尔西比亚德说，不必担忧，假如到了 50 岁再关心自己，那就为时已晚，你现在还来得及，因为你正好处于发现它的年龄。②显然，在苏格拉底这里，"关心自己"只是年轻人应做的事，只适合于青少年准备步入社会生活的这一特定时期，在这时期，青少年在爱欲和政治两方面都面临巨大问题，而希腊的教育又无法解决这些问题，"关心自己"针对的正是这个特定时期的教育缺陷。福柯说："批评雅典教育不能确保从青少年到成年的过渡期，不能确保和规范他们进入生活，这在我看来是希腊哲学的恒常特征之一。"③因为家庭教育和城邦教育的缺陷无法为社会生活和政治社会提供保障，所以青少年在青春期结束时必须关心自己，这

① SS. p.59，参考佘碧平译文。

② 柏拉图：《阿尔西比亚德》，127e；亦见 HS. p.37。

③ HS. p.84.

就是“关心自己”作为哲学话语和哲学实践在希腊古典时期所产生的历史背景。

到了公元1—2世纪，关心自己不只是青春期的任务，而是成为一种生活艺术[tekhnê tou biou]，贯穿人生的始终。关心自己与生活艺术有了共同内涵，成为哲学实践出发点和归宿点。福柯说：“这种生活艺术，这种生存艺术，从柏拉图以降，尤其是在后柏拉图主义的运动中，成了哲学的基本定义。”①从此以后，作为哲学实践的关心自己与作为普遍形式的生活艺术相互融合。这在伊壁鸠鲁主义、斯多葛主义、犬儒主义、亚历山大里亚的斐洛、琉善之处体现尤为明显。

以伊壁鸠鲁为例，伊壁鸠鲁在《致梅瑙凯》中说：

> 年轻时，不要犹豫从事哲学，年老了，也不要对哲学感到厌烦。关心自己的灵魂，绝不会太早，也不会太迟。说还没有或不再有时间从事哲学的人，就像说还没有或不再有时间期待幸福的人一样。因此，无论年轻和年老，人们都应该从事哲学，在第二种情况下(年老时——福柯注)，是为了通过回忆旧日时光而有善的感触，变得年轻；在第一种情况下(年轻时——福柯注)，是为了，即使年轻，但也和老年人一样，在未来的面前不感到惧怕。②

伊壁鸠鲁说，关心自己的灵魂既不会嫌太早也不会嫌太迟，这与苏格拉底强调关心自己必须趁早不同。而且，在伊壁鸠鲁的这段话中，“关心自己的灵魂”与“做哲学”(philosopher)的所指相同，都是为了获得幸福，都是人一生要做的事，不论年轻年老。

以斯多葛主义为例，穆索尼乌斯·鲁弗斯(Musonius Rufus)把人生的自我拯救、灵魂治疗与关心自己等同起来。据普鲁塔克记载，穆索尼乌斯·鲁弗斯有名言说：“若想以一种有益于健康的方式生活[bioun tous sôzesthai mallontas]，必须不断治疗自己[to dein aei therapeuomenous]。”③塞涅卡时常充当灵魂向导和灵魂医生，为引导塞里努斯而写

---

① HS. p.84.

② 转引自HS. p.85。

③ Plutarque, *Œuvres morales*, t. VII-1, p.59；见HS. p.98，注释21。

《论灵魂的安宁》《论闲暇》《论智慧者的坚强》，为督促鲁西里乌斯而写《书简》百余件。据福柯所考，塞涅卡当时已年过60，鲁西里乌斯至少是40或50岁；塞里努斯也已投身政治多年，绝非苏格拉底对话者阿尔西比亚德那样的青年。总之，同样作为灵魂医生和灵魂向导，塞涅卡与苏格拉底实在大不同。苏格拉底惯于以对话方式教育美少男，这般场景在塞涅卡这里很少见，甚而几不可见。在另一位斯多葛主义者爱比克泰德的学校里，倒也有年轻人，但这些年轻人往往是批评的对象，爱比克泰德批评他们不关心自己的灵魂，来学校只为谋求更好政治职务，只为出人头地。

以亚历山大里亚的斐洛为例，斐洛在《论思辨生活》同样呼吁人们关心自己、治疗自己，努力过不朽的生活、幸福的生活，但其表明的"关心"的主体及时刻都与《阿尔西比亚德》有很大不同：

> 他们对不朽和幸福生活的欲望让他们相信自己已经终结了有生之年，他们把自己的财富都给了自己的儿子、女儿和亲近的人：为审慎之见，他们事先就让他们继承了它们；至于那些没有家庭的人，他们则把一切都留给了自己的伙伴和朋友。①

不同就在于，在斐洛这里，关心自己的主体不是青年，而是有儿有女的人；关心自己的时刻也不是社会生活即将开始之时，而是生命即将终了之时。

总之，在公元1—2世纪，"关心自己"突破希腊古典时代的年龄限制，成为人的终生任务，这导致了哲学实践的一系列变化。

第一个变化：相较于古典时代的培养—塑造功能而言，"关心自己"的批判—纠正功能越来越突出。"自我实践愈来愈成为一种与自身相关的、与他的文化世界相关的、与其他人的生活相关的批判活动。"②当然，培养—塑造功能依然存在，但与之前的区别在于，它不是针对社会职业的培养，而是针对"装备"[paraskheuê]的培养。换句话说，此时的

---

① Phiolon d'Alexandrie, *De Vita contemplative*, 473M；见 HS. p.88。

② HS. p.90.

培养，不是重在把个体培养成行使权力的主体，而是重在把他培养成能应对随时可能降临的种种偶然不幸的主体。在柏拉图《阿尔西比亚德》中，关心自己是以认识自己为基础的，年轻人因认识自己的无知，因认识自己的缺陷和不足，所以需要转向自己、关心自己。现在情况变了，关心自己的再也不是以无知和缺陷为基础，而是“以错误、恶习、扭曲，以及根深蒂固的依赖性为基础的，这一切都必须加以纠正。与其说这是塑造—认识，不如说是纠正—解放：自我实践就是以此为轴心发展起来的，而且显然是首要的。”①也就是说，我们自身的恶并非源自外面，而是源自灵魂内部，关键在于对灵魂的纠正和治疗。如塞涅卡的《书简》(50)把灵魂比作屋梁：屋梁弯曲需要扶正，灵魂扭曲需要治疗；健康的灵魂是由从染病的灵魂治愈得来的，因此“学习德性”[virtutes discere]就是“忘掉邪恶”[vitia dediscere]，此乃犬儒主义的说法，塞涅卡加以引用。②西塞罗也写道：“一旦我们来到世上，一旦我们得以进入我们的家庭，我们就发现身处一个完全扭曲的环境中，其中充满反常的判断，因此可以说，我们已经把错误连同我们奶妈的奶一起吸入口中。”③总之，强调灵魂自身与生俱来的恶习，以关心自己清除和纠正恶习，这是公元1—2世纪的显著特征。

第二个变化：自我实践(pratique de soi)越来越贴近医学实践。固然，哲学与医学的类比关系自古就有，苏格拉底—柏拉图经常把哲学比作医学，这不是什么新鲜事。不过，在苏格拉底—柏拉图的传统中，灵魂有别于身体，灵魂的技艺(哲学实践)有别于身体的技艺(医学实践)，而且灵魂及灵魂的技艺总居首要地位，因此关心自己首先即是关心灵魂，身体应该在灵魂得到关心之后才加以考虑。而在公元1—2世纪，关心的对象既包括灵魂也包括身体，哲学实践与医学实践之间的地位区别逐渐模糊，乃至两者“有了相同的概念结构和框架”：在斯多葛主义

① HS. p.91.

② 请注意，其中 discere 和 dediscere 是同一个词根，法语把这句话翻译为：“apprendre les vertus, c'est désapprendre les vices.”(见 HS. p.92)

③ 转引自 HS. p.92。

中，哲学家被看作医生；在伊壁鸠鲁看来，“做哲学”[ontôs philosophein]即“依据真理而进行治疗”[kat' alêtheian hugiainein]；普鲁塔克甚至说哲学和医学有着“同一个领域”[mia khôra]。①哲学与医学之类比，首先体现于对 pathos 这一概念的理解。斯多葛主义认为 pathos 是灵魂疾病的一种表现，他们采用医学模式描述灵魂疾病在各个阶段的变化。据阿多(I. Hadot)的研究整理，灵魂疾病的演变分为五个阶段：

> 第一阶段就是希腊文所说的 euemptôsia(proclivitas)，即导致疾病的体质；随后是 pathos，灵魂的非理性活动，西塞罗用拉丁文把它译作 pertubatio，而塞涅卡则译为 affectus；在 pathos 之后，就是疾病了，即 nosêma，意思是演变成慢性病：也就是演变成 hexis，塞涅卡称之为 morbus；再后来是 arrôstêma，西塞罗是用 aegrotatia 来翻译的，也就是一种持久的疾病，可以通过不同的方式表现出来，但是让个人永久地生病；最后一个阶段是邪恶[kakia]，即西塞罗所说的 aegrotatia inveterata，或塞涅卡所说的 vitium malum(pestis)，此时，个人完全被控制了，他的激情改变了、感染了、迷惑了。②

其次，哲学与医学之类比还体现于对 therapeuein 这个概念的理解。依福柯归纳，therapeuein 有三层含义：

> Therapeuein 是完成一种旨在治愈、养护的医疗行为；但是它也是遵从命令、为其主服务的仆人的行为；最后，therapeuein 是指尊崇。因此，therapeuein heauton 同时意味着：治疗自己、做自己的仆人、尊崇自己。③

以亚历山大里亚的团体组织——“治疗家”(Thérapeutes)——为例，据斐洛《论思辨生活》的叙述：

> 这些哲学家的选择立即通过他们的名字表现出来：治疗家(therapeutai)和治疗师(therapeutrides)是他们真正的名字，这首

① HS. p.94.
② HS. pp.94—95.
③ HS. p.95.

先是因为他们从事的治疗家这一职业(paroson iatriken)优越于我们城邦中现有的职业——后者只治愈身体,而前者还治愈灵魂。① 这些哲学家之所以把自己称为"治疗家",原因在于他们认为他们实践对灵魂的治疗[therapeutikê],犹如医生实践对身体的医疗[iatrikê]。而且他们的"治疗"比医生的"医疗"更应当受到尊重,因为他们还实践"对存在的尊崇"[therapeuousi to on]。②而在他们看来,"存在"的根源在灵魂,所以尊崇存在也就是关注灵魂,哲学实践与此并无本质不同。灵魂实践、医学实践、哲学实践,这三者之间的联系越来越紧密,越来越突出。亚历山大里亚的"治疗家"其实就相当于一个灵魂诊所。

第三个变化:老年的积极价值、正面价值越来越受肯定。在希腊的传统文化观念中,老年固然可敬,但绝非人之所向。到了公元1—2世纪,关心自己扩展为终生实践,老年也随之成为关心自己的"终点和最高形式"。③此时,老年不仅可敬,而且是人们所向往的生存目标。正如塞涅卡所说,人必须为变老而活着。在此,老年不再意味着人生的退化,而是意味着为人生的实现;老年不仅是时间或年岁的积累,而且也是生命的完善。从完善生命的角度说,老年的伦理价值于青年同样适合。

二、人员的扩展:从贵族到全体

在《阿尔西比亚德》中,关心自己只是掌握权力的精英贵族的事。正如苏格拉底对阿尔西比亚德所说,如果你想恰当地行使你的权力,合理地治理别人,那么你必须关心自己。而在福柯所谓"自我教养"的时代里,"关心自己,这就是一切"。④意思是,"关心自己"是对无论什么人都有效力的普遍法则和绝对命令,不仅只是贵族精实现治理的手段。

---

① Phiolon d'Alexandrie, *De Vita contemplative*, 471M;见 HS. p.103,注释 60。

② HS. p.95.注意,"尊崇"的词根与"治疗"相同。

③ HS. p.105.

④ HS. p.109.

不过，这并不意味着在公元1—2世纪里，有一种适用于所有人的普遍法律。福柯所强调的正与此相反："法律作为插曲和过渡形式只是一种更广大的历史的一部分，这一历史就是主体关于自身的实践和技术史，这些技术是不依赖于法律形式的，而是优越于它。至少，法律只是主体自身技术的可能方面之一。或者更确切地说：法律只是这一漫长的主体自身技术史的诸方面之一，西方的主体就是在这一历史中逐渐形成的。"①所谓关心自己的普遍性，其真实含义是，关心自己不再受身份地位所限，那些处于社会底层的人们，同样也有实践关心自己的权利和义务，只是他们更乐于接受某些宗教或准宗教团体的影响，甚至加入这些团体，因此他们的自我实践也在不同程度上采取了宗教膜拜的形式。于是这一时期的关心自己在实践上便分为两个极端：相对精英化的、有教养的、在理论上比较精致的一极，与相对大众化的、宗教的、在理论上比较粗糙的另一极。但这两极不仅没有截然分开，而且经常交叉。以伊壁鸠鲁派和亚历山大里亚的治疗家组织为例：伊壁鸠鲁派属于哲学性质的组织，与宗教膜拜无关，但他们之中不仅有贵族，也有商人、农民、工匠等许多下层人物；亚历山大里亚的治疗家属于宗教性质的组织，有严格的宗教膜拜和宗教修行制度，如每天祈祷两次等，但他们同样也强调理智、理论以及知识的重要性。

不过，福柯在这里的意思并不是说，西方历史中的自我世界此后不再区分精英与大众，不再区分哲学与宗教。关心自己的普遍性固然取消了身份和地位的差别，每个人都可以关心自己，都应该关心自己，不论出身好坏、职业贵贱、文化高低，但这只是就其可能性而言，在现实性中，仍然不是每个人都具备关心自己的能力。"先驱"[oi prôtoi]与"众人"[oi pôlloi]之分，在西方古代文化中长期存在。真正能够实践关心自己的，毕竟只是极少数"先驱"。这一区分后来被基督教所用。福柯说："在西方，关于自我和自我关系的问题就是根据这两种要素——呼吁的普遍性与获救的稀有性——被质疑的。自我与自我的关系、自我

① HS. p.119.

对自我的工夫、自我对自我的发明，这在西方是被视为从普遍的呼吁（但事实上这普遍的呼吁只能被少数人听见）到获救的稀有性（但最这种拯救并不排斥任何人）的唯一可能的道路，在一种只能被少数人理解的普遍原则与并不必然排斥任何人的稀有拯救之间的这种互动，将会出现在基督教中大多数神学问题、精神问题、社会问题、政治问题之中。”①不过，基督教在利用古代文化的这一区分时，更多是赋予它以新含义，尽管基督教的某些原则在古代希腊罗马的“自我实践”中已经出现，但我们也不能因此而混淆古代“自我实践”与基督教“禁欲主义”之间的本质区别。

三、形式的扩展：不再限于“认识”

柏拉图《阿尔西比亚德》以“关心自己”为讨论起点，但对话末尾却得出“认识自己”的结论。也就是说，“关心”最终采取了“认识”的形式——通过反观灵魂自身之内的神圣要素，从而认识自己。而在公元1—2世纪，“关心”的形式不再限于“认识”。“关心自己”的方式越来越多样化，它可以采取多种不同于“认识自己”的方式。“认识自己”只是“关心自己”的一种方式，甚至都不算是最重要的方式。依福柯整理，这些方式所涉及的表达，大体有四类：

第一类表达指的是人们对自己的注意、关注。常见说法有：“返观自己”、“注意自己”、“检查自己”等。如普鲁塔克建议人们关上屋子的门窗，把目光转向屋内和自身；柏拉图也说，你必须留心检查你自己，或者说，首先必须想想我们自己。②

第二类表达指的是转向自己，即拉丁文所谓 convertere 和 metanoia。常见说法有：“退隐到自己”、“返回到自己”等。这些说法都是建议人们转向自己，在自己之中确立行为态度。如马可·奥勒留的

① HS. pp.116—117.

② HS. p.82；HS. p.97，注释5。

《沉思录》和塞涅卡的《书简》常说，自己才是世界上最安全可靠之所，自己就像庇护所，就像坚固的城堡，就像有保护墙的要塞。①

第三类表达指的是自我的活动和行为。它又受三类术语所影响。首先是医学术语："关照自己、治疗自己、给自己动手术、切开自己的脓肿"；其次是司法术语：塞涅卡致鲁西里乌斯的《书简》(1)开头就叫他必须"恢复自己的权利"，因为"他自己现在背负着必须摆脱的债务和义务，或者正受到奴役。所以必须解放自己，必须释放自己"，这类术语在塞涅卡的著作中频频见到；最后是宗教术语："崇拜自己、尊重自己、对自己有羞耻感。"②这类术语在马可·奥勒留的《沉思录》中尤其常见，以告诫人们尊重自己。

第四类表达指的是自己与自己的关系。这种关系既可以是控制、主宰关系，如"控制自己、做自己的主人"；也可以是感受关系，如"自身有快感、自身感到快乐、面对自身感到高兴、对自己感到满意"。③这类表达常见于塞涅卡的《书简》。

总之，以上涉及"自己"的四类表达及活动，远非"认识"所能概括。又因它们是主体自身针对自身而进行的，故也叫"自我实践"(pratique de soi)。

---

① HS. pp.82—83.

②③ HS. p.83.

第三章 “转向自己”[Se convertere ad se]

在公元1—2世纪的“自我教养”时代，“关心自己”突破原有的各种条件限制，达到前所未有的顶峰。结果，“自我与自我的关系”从此成为了“自我实践”的目标；“关心自己”与“生活艺术”[tekhnê tou biou]具有相同的内涵和范围。此乃我们前面的探究所获得的初步结论。现在我们进一步思考，既然这一时期被称作自我教养时期，既然自我与自我的关系成为了自我实践的目标，那这当中必然隐含一个的前提，借用塞涅卡的一句拉丁文短语表示，即 Se convertere ad se，我们译为“转向自己”。在福柯看来，这是西方最重要的“自我技艺”之一，不论在哲学及其实践中，还是在道德史中，甚至在基督教苦修中，“转向自己”一直都起关键作用。法国哲学史家费斯蒂吉埃(A.-J. Festugière)也形象地称之为“陀螺意象”，顾名思义，陀螺总是以自己为中心旋转。[1]本章所论述的内容，就是“转向自己”这一陀螺意象的含义及其模式。

一、“转向自己”的三种模式

在西方文化中，“转向自己”的模式有几种，历史学家们对此存有争议。依法国哲学史家阿多(Pierre Hadot)之见，西方文化的“转向”有两种主要模式，分别是柏拉图的 epistrophê 与基督教的 matanoia 。[2]大体

① HS. p.198.

② HS. p.208.

说，柏拉图的 epistrophê 指的是灵魂转向自己，朝自己的本原回归，通过回归而实现生命本来的完善，柏拉图所谓“回忆”[anamnêsis]，亦即灵魂回忆它在堕落之前的景象；而基督教的 matanoia 所采取的方式不是灵魂的回忆，而是灵魂的重生，即灵魂否定、抛弃自己，因为在基督教看来，自己乃是欲望之源、罪恶之源，必须彻底加以否弃，以便从头开始，实现新生和复活。

福柯接受阿多提出的这两种“转向”模式，但他认为，在这两种模式之外，还有第三种模式，这就是希腊化—罗马时期的 se convertere ad se 模式。因此，se convertere ad se 既不属于柏拉图，也不属于基督教，而是属于伊壁鸠鲁主义、犬儒主义、斯多葛主义。以普鲁塔克《论猎奇》为例。“猎奇”[polupragmosunê]不可能是针对知识而言，只可能是针对恶习，所以普鲁塔克把猎奇界定为 philomatheia allotriôn kakôn，意思是，猎奇的人尤其对别人的缺点和恶习感兴趣，他们有一种癖好，即模仿别人的缺点和恶习。①普鲁塔克告诫他们，不要对别人的缺点感到好奇，要把目光转向自己，注意自己的缺点。针对普鲁塔克这里的“转向自己”，福柯自问道：“转向自己”是不是“认识自己”(柏拉图转向模式的要求)？是不是“检查自己”(基督教模式转向的要求)？依福柯所见，这里的“转向自己”既不是把自己当作神性要素而进行认识和反思，也不是把自己当作欲望和邪恶之源来进行检查。论据是，普鲁塔克在《论猎奇》中用以表示转向的词是 perispasmos 和 metholkê。普鲁塔克说，必须“把他的灵魂转到”[trepein tên psukhên]比他人的恶习和不幸更适宜的事情上来。②所谓更适宜的事情，共计有四：一为“探索自然的奥秘”[aporrêta phuseô]，二为阅读历史，三为退隐乡间，四为聚精会神的训练。所以，把目光转移到自己身上，这既没有把自己变为解释、分析和反思的对象，也没有导致主体的死亡及新生，而是要求主体认清自己的目标，以及实现该目标应该做何种努力。而主体的目标，无疑就是主体他自己，转向自己的目的就是实现自己的完善。此乃希腊化—罗马

①② HS. p.211.

的转向模式的特质所在。希腊化—罗马的转向模式，是有别于柏拉图模式和基督教模式的第三种模式。

这里需要说明，在希腊化—罗马哲学文献中，用以表达“转向自己”或者“回归自己”的短语并不唯一。在马可·奥勒留之处是 epistrephein pro hearton，如“尤其是，当你斥责某人不忠不义时，回到你自己”，其中“回到你自己”即是 eis heauton epistrephou 。①在爱比克泰德之处也是 epistrephein pro hearton，如“你没有任何好习惯，从不关注、回归你自己，不去考察自己”，其中“不关注、回归你自己”即是 out'episrtophê eph'hauton；②“回到你自己，理解你已经有的前概念”，其中“回到你自己”即是 espistrepsate autoi；③“随后，如果你回到自己，探寻这个事物属于哪个领域，那么你立即会回想起这‘属于不依赖于我们的事物的领域’”，其中“回到自己”即是 epistrephês kata sauton。④而塞涅卡在致鲁西里乌斯(Lucilius)的《书简》中所使用的则是 se convertere ad se。若无特别说明，福柯一般采用的就是塞涅卡的这个短语。我们下文的论述也如此。

二、希腊化—罗马的 se convertere ad se 与柏拉图的 epistrophê 之差别

我们先看希腊化—罗马的转向与柏拉图的转向之间的区别。柏拉图用以表示“转向”的术语是 epistrophê。依福柯看，该词所代表的“转向”包含三个阶段：⑤

第一个阶段，摆脱现象，离开生成世界、可见世界：

——苏格拉底：我们现在的论证说明，知识是每个人灵魂里都有的一种能力，而每个人用以学习的器官就像眼睛。——整个身体不改变方向，眼睛是无法离开黑暗转向光明的。同样，作为整

① Marc Aurèle, *Pensées*, IX, 42；见 HS. p.214，注释 3。

②③④ Épictète, *Entretiens*, III, 16, 15；见 HS. p.214，注释 2。

⑤ 见 HS. p.201.

体的灵魂必须转离变化世界，直至它的“眼睛”得以正面观看实在，观看所有实在中最明亮者，即我们所说的善者。[……]教育就是使灵魂尽可能容易尽可能有效地转向的技艺。它不是要在灵魂中创造视力，而是肯定灵魂本身的视力，但认为它不能正确地把握方向，或不是在看该看的方向，因而想方设法努力促使它转向。①

第二个阶段，意识到自己的无知，从而开始关心自己：

——阿尔西比亚德：我自己都不知我说了什么。真的，也许是我长久以来一直生活在可耻的无知状态中，甚至连自己也没察觉到。

——苏格拉底：然而，振作起来，如果你五十岁才发现你的不足，那么就太迟了，那时关心自己的时机已过，但你刚好处于发现你该做什么的年龄上。②

第三个阶段也是最终阶段，灵魂以“回忆”[anamnêsis]方式，找回本属于自己但被遗忘了的知识和内容，从而回归“理念、真理、本质、存在”的本体论家园，如：

这原因在人类理智按照所谓“理式”去运用，从杂多的感觉出发，借思维反省，把它们统摄成为整一的道理。这种反省作用是一种回忆[anamnesis]，回忆到灵魂随神周游，凭高俯视我们凡人所认为真是存在的东西，举头望见永恒本体境界那时候所见到的一切。③

再如：

所以灵魂是不死的，而且诞生过很多次，有时在这个世界上，有时在下界度过，见到过各样事情，没有什么东西不在它的经验之中。[……]因为整个自然是联成一气的，灵魂是经历过一切的，所

① 柏拉图：《理想国》518c—d，郭斌和译文；亦参 HS. p.215，注释 6。

② 柏拉图：《阿尔西比亚德》，127d；亦参福柯 1982 年 1 月 6 日授课内容，见 HS. p.37。

③ 柏拉图：《斐德诺》，249b—c，朱光潜译文；亦参 HS. p.215，注释 8。

以只要回忆到一样东西，即是人们所学到得一件事，就不免由此发现其余的一切，只要他是勇敢的、不懈于钻研的。因为钻研和学习无非就是回忆[anamnêsis]。①

这里还得指出，柏拉图的转向，倘细究起来，它不能等同于后世柏拉图主义抑或新柏拉图主义的转向，福柯认为它们之间的主要区别是：首先，柏拉图的“转向”包含“关心”，这是柏拉图所独有的维度。其次，柏拉图所主张的，并不是转向一个与己无关的彼岸世界，因为在柏拉图之处，现象与本体、可见世界与可知世界，二者往往是相联的。最后，柏拉图所说的回忆也不能作宗教意义上的解释。不过，我们现在暂且不管柏拉图与柏拉图主义的区分，那么我们可以完全同意福柯对柏拉图的转向模式所进行的归纳，按他的归纳，柏拉图的转向特征有三：首先它区分现象世界与本体世界，“转向”意味着从现象世界转向本体世界；其次它区分灵魂与身体，“转向”必定特指灵魂的转向，并且灵魂所实现的转向意味着挣脱身体的束缚，亦即意味着自由，意味着回归；最后它必须通过回忆的方式来实现，也可以说它受制于知识，因为在柏拉图这里，知识就是回忆。

希腊化—罗马的转向不同于柏拉图的转向，其差异也有三：首先，在这种转向的前后，固然有本质差别，但它不像柏拉图的转向那样，是在两个世界之间来进行的，而是就是在世界的内在性中来进行的。这种转向，不是从一个世界转向另一个世界，倒如同爱比克泰德所说，是从不取决于我们的东西转向取决于我们的东西。其次，希腊化—罗马的转向不是发生在灵魂对身体的决裂之中，而是发生在自己对自己的一致性之中；其目的也不是使灵魂摆脱身体的束缚，而是确立自己对自己的完善关系。最后一个关键差异，柏拉图的转向，最终的实现要素是回忆及知识，而希腊化—罗马的转向则不是这样，对它而言，重要的不是知识，而是 askêsis，即修习、练习、训练、实践。②

---

① 柏拉图：《美诺》，81c—d，王太庆译文；亦参 HS. p.215，注释 8。

② HS. p.202.

三、希腊化—罗马的 se convertere ad se 与基督教的 metanoia 之差别

基督教用以表示转向的术语是 metanoia。但依福柯考证，metanoia 一词并非始于基督教。它在古典希腊文学中就已经有了，指的是改变主意，如色诺芬《居鲁士的教育》第一卷说：

> 当我们认为有某个人，波斯人居鲁士，他是大量民众的主人[……]，赞同我们的观点时，我们不得不承认[ek toutou dê ênagkazometha metanoein]如果我们知道如何做，那么统治这些人并不是不可能实现的艰难任务。①

在改变主意的基础上，继而引申出后悔、内疚之意，如修昔底德《伯罗奔尼撒战争》第二卷第一章说：

> 但是，才到第二天，悔意就开始显露出来[metanoia tis euthus en autois]，人们意识到这个解决办法是残酷的和严重的。②

从以上两例不难看出，metanoia 在希腊语文学中一般用以表达负面含义。它从反面强调，人们在行事之前应该周密思考，在行事之时应该小心谨慎，总之尽可能避免自责和后悔。爱比克泰德因此说，要随时清扫脑子，抛弃错误判断，以免因误判事情而自责和内疚；马可·奥勒留也告诫人们：

> 对于每次行动，必须追问："我是否一定不会为它感到后悔呢？"[mê metanoêsô ep'autê]。③

自公元 3 世纪开始，尤其在 4 世纪的基督教文学中，该词从强调负面意义转而强调正面意义。在基督教文学中，该词强调的是，否定、抛弃原先的自己，实现新生，即主体自身的洗心革面，于是赋予该词以正

---

① Xénophon, *Cyropédie*, t. I, 1—3；见 HS. p.217，注释 34。

② Thucydide, *La Guerre du Péloponnèse*, t. II—1, livre III；见 HS. p.217，注释 35。

③ Marc Aurèle, *Pensées*, VIII；见 HS. p.206。

面价值。甚至,metanioa 更被看作“哲学的开端或原则”[arkhê tês philosophies],如在西耶罗克勒(Hiéroclès)的毕达哥拉斯文献中就如此。①这就与上文所引爱比克泰德、马可·奥勒留的看法相反了,因为他们强调的恰好是要避免 metanioa。尽管被提高为哲学的原则,但从 metanioa 的本质看,我们不得不说,它与柏拉图的 epistrophê 和希腊化—罗马的 se convertere ad se 皆不同。作为基督教转向模式的 metanoia 有三个要素。首先,它意味着一种突变:“要发生转向,就必须突然出现一种历史的和元历史的事件,它一下子就推翻了和改变了主体的存在方式。”②其次,它意味着一种过渡:“从一种存在到另一种存在、从死到生、从有朽到不朽、从黑暗到光明、从魔鬼的统治到上帝的统治等等。”③从以上两个要素可合理推出第三个要素:“只有主体内部有了断裂,才可能发生转向。转向了的自身是一个否弃了他自己的自身。否弃自身、消亡自身、在另一个自身中以一种新形式再生,可以说,在这个新的自我的存在中,在其生存方式中,在其习性中,在其品性[êthos]中,均与先前的自我毫无共同之处,这构成了基督教转向的基本要素之一。”④质言之,福柯对作为基督教转向模式的 metanoia 的分析,可以概括为:它是自己对自己的否弃。

希腊化—罗马的 se convertere ad se 与基督教的 metanoia 正相反。首先,希腊化—罗马的转向不是经过一次戏剧性的历史突变来完成,而是经过主体一步一步的实践、训练、修习,即希腊文所谓 askêsis 来完成,因此这种转向乃是主体化的漫长过程,其中并不包含主体的断裂和突变。其次,希腊化—罗马的转向,也不是经过自己对自己的否弃和决裂来实现,倘若它确实含有否弃和决裂,那也不是主体对自己的否弃和决裂,也就是说,它不是发生在主体内部。用福柯的话说:“如果有决裂,那么这是对于自身的周遭发生的。为了使自身不再成为受束缚的奴隶,必须与自身的周围进行断裂。”⑤在希腊—拉丁文献中,用以表示

---

① HS. p.207.

②③④ HS. p.203.

⑤ HS. p.204.

主体与周遭事物所进行的决裂的常见术语是 pheugein 和 anakhôrêsis，字面意思为撤退、逃脱，但应该从正面含义来加以理解，如塞涅卡在他的作品就经常说，主体应该从周遭事物的包围中逃脱、撤退出来。总之，区分希腊化—罗马的转向与基督教的转向，关键在于，究竟是主体与周遭事物所进行的决裂，还是主体与自身所进行的决裂，如果是前者即为希腊化—罗马的转向，如果是后者即为基督教的转向。

在实现主体与周遭事物的决裂之后，希腊化—罗马的转向并没有完成，它还要求把目光转向自己，把自己置于自己的目光注视之中。塞涅卡、马可·奥勒留用以表示这层含义的词汇很丰富，比如："看看你自己"[blepe se]、"观察你自己"[observa te]、"反观自己"[se respicere]、"把精神放在他自己上"[prosekhein ton noun heautô]。①在塞涅卡和马可·奥勒留看来，不仅要把目光从外部事物转向自己，而且还要迈向自己、回归自己、实现自己。塞涅卡说，自己犹如堡垒和港湾，回归自己好比军队占据堡垒和港湾，因为我们自己就是我们自己的最好、最可靠的庇护所。总之："人所有的这些自我关系，可能采取行动的形式：保护自己，保卫自己，武装自己，装备自己。还可以采取态度关系的形式：尊重自己，推崇自己。还可以采取身份关系的形式：是自己的主人，拥有自己，与自己有法权关系。又或者感受关系：在自己之中感到快乐、愉悦或快感。"②显然，这里的转向自己，绝不是为了否弃自己，而是为了实现与自己的完善关系。此乃作为希腊化—罗马转向模式的 se convertere ad se 与作为基督教转向模式的 metanoia 之间的本质区别。

四、"自我拯救"成为哲学的实践目标

在现当代人眼里，"拯救"[sôzein]更像是一个宗教术语而非哲学术语。现当代哲学已经丧失了它的拯救功能，至少可以说它的拯救功能

① HS. pp.204—205.

② HS. p.205.

非常微弱。当代人的灵魂急需拯救，但很难有人会想到以哲学的方式来拯救自己。但在“自我教养”时代的人们看来，拯救——拯救自己和拯救别人——乃是哲学的基本功能。拯救不必通过宗教，拯救一词不必是宗教含义。并且哲学拯救与宗教拯救有着质的差别。依福柯说，宗教拯救的特质有三。其一，宗教拯救须有一个前提，即人是在二元对立的世界中生活的：此岸与彼岸的对立、生与死的对立、可朽与不朽的对立、丑恶与美善的对立、不洁与纯洁的对立。并且对立的前者在存在论上是低于后者的。所谓拯救，就是从对立的前者到对立的后者。因此，拯救自己的过程实质上也是否弃自己的过程。其二，宗教拯救往往与某个历史事件相关，例如基督教的耶稣降临；因而这种事件往往具有元历史的意义，例如千禧年。其三，宗教拯救往往与某个历史人物相关，也就是说，宗教拯救的力量及希望，往往来源于一个特定的救世主，其成功与否，也维系于这个作为救世主的“他”。但对古代希腊罗马哲学而言，拯救乃是一个非常传统的观念，例如对毕达哥拉斯主义、柏拉图主义而言，拯救是哲学实践的基本任务。到了公元头两个世纪的“自我教养”时代，哲学拯救更加强烈地具有了“技术”意义，并且价值更明显，范围更宽泛。在这个时代里，拯救不仅是在哲学领域作为哲学概念而起作用，而且拯救还成为了“哲学实践和哲学生活的目标”。①

在《主体解释学》授课中，福柯从词源学的角度解释了“拯救”这一术语。②“拯救”的动词形式为 sôzein，名词形式为 sôtêria。动词 sôzein 凡六层含义：第一层含义指的是摆脱不利，可指摆脱危险、摆脱海难、摆脱失败、摆脱疾病等。第二层含义指的是保护物品，使它维持现在的良好状态，例如柏拉图《克拉底鲁》(400c)说身体作为“灵魂的围墙”[peribolon tês psukhês]，它的功能是“保护灵魂”[hina sôzêtai]。第三层是道德含义，指的是保持品质，例如荣誉或者谨慎，普鲁塔克也有“保持记忆”[sôtêria mnêmês]之说。第四层是司法含义，指的是律师替人辩护，

① HS. p.175.
② HS. pp.175—176.

还他清白，使他免于指控。第五层含义是就 sôzein 的被动形式 sôzeinthai 而言，指东西一直保持、维持它的原有状态，例如饭菜保鲜、君主保持权力、城邦保持法律等。第六层含义更强调正面，指正当行事，以确保一种善好的存在，如普鲁塔克所说，当家庭遭遇不测时，家庭之主绝不可以悲痛而忘记自己的义务，做出不当之举，而是必须继续"照顾身体"[epimeleia tou sômatos]，"使同你一起生活的人更好"[sôtêria tôn sumbiountôn]；再如金嘴迪翁说，国王是"使国家的一切保持善好的原因"[ho ta pante sôzôn]；最后，拉丁文 salus augusta 的字面意思为："奥古斯都拯救了罗马帝国"，但真实含义则为"奥古斯都使罗马帝国维持善好状态"。

依上述关于"拯救"的释义可知，"自我拯救"首先必定意味着摆脱某种情形，例如脱离危险或者避开危害。相对而言，这是"拯救"的消极含义。福柯的目的是强调"拯救"的积极含义，也就是说：即使不处在危险之中，我们仍然需要保护，以防不测，犹如城市需要城墙和堡垒——这是爱比克泰德和塞涅卡反复使用的比喻。因此，"自我拯救"乃是人终生要做的事情，它有以下四点要求，前两点相对消极，后两点相对积极：①首先，它要求人们处于警惕状态，以便能应对一切打击或攻击。其次，它要求人们避免被统治或被奴役，确保自己的自由权利。再次，它要求人们长久保持某种状态，就像保存酒一样，不能变质。最后，它的目标是，实现自己开始所没有的善好状态，这个意义上的"自救"也就是确保自己的幸福和宁静。

从以上可以看出，希腊化—罗马哲学的拯救确实无关于从此岸到彼岸的过渡、从生到死的过渡，也无关于救世主的降临事件，而是有关于生命和生活本身；并且在这种哲学拯救中，被拯救者是自己，拯救者依然是同一个自己。总之，福柯对拯救的界定是："拯救就是审慎、持续和完满的自我关系(rapport à soi)，它紧扣自己本身不放。人乃是为了自己、通过自己、并以自己为目的而自救的。在这种我称为希腊化和罗

---

① HS. pp.177—178.

马的拯救中，自己就是行拯救者、对象、工具和目的。”①此外，这种哲学拯救不仅与宗教拯救不同，而且也有别于拉图式的拯救。因为在柏拉图哲学中，自我拯救只有以城邦为中介才能实现。自我的拯救与城邦的拯救，两者之间是一种相互蕴含的关系：“我通过拯救了自己而拯救城邦，同时，我通过拯救了城邦而拯救自己。”②而在希腊化—罗马哲学的拯救中，城邦这个中介没有了。拯救自己与拯救别人的关系颠倒了过来，拯救别人反而只是作为拯救自己的补充。这种颠倒可见于伊壁鸠鲁的友谊观念、爱比克泰德的自我与他人的关系、马可·奥勒留的帝国统治问题三例，兹不详述。

五、自我与他人

我们追随福柯的思路，梳理了“关心自己”的观念和实践从苏格拉底—柏拉图时代到自我教养时代的扩展变化。结论约有两端：其一，“关心自己”突破了时间和数量的限制，以致成为对所有人都适用的一条原则；其二，这条原则越来越绝对，“自己”既是主体，也是手段和目的，以致“自我拯救”成为哲学实践的目标。

从这样的结论看上去，福柯似乎对古代哲学采取了自我中心主义的解释立场。读者难免会问：在福柯所谓的自我教养时代，他人或者他者究竟占据何等位置？关心自己与关心他人是不是脱钩了？拯救自己与拯救他人是不是毫无联系？福柯所谓“自我教养”、“自我关系”、“自我实践”，这些术语是要表达遁入自我而弃他人于不顾吗？对此，我们的回答很明确：从希腊—罗马哲学以及福柯对希腊—罗马哲学的解释，我们得不出自我中心主义的结论。“他者”对于“关心自己”绝对是必不可少的。但另一方面，我们又不得不说，希腊—罗马哲学从未提出过类似“主体间性”这样的问题。出于对这些疑惑的考虑，我们在进一步论

① HS. p.178.
② HS. p170.

述“转向自我”之前，必须对自我与他人的关系作一澄清，以免徒增误解。

事实上，关于自我与他人的关系问题，福柯在《主体解释学》的授课中有过说明，他说，“他人”乃是自我实践（自我拯救）的形式与内容之间的中介：“他人、他者在自我实践中是必不可少的，以便这一实践界定的形式达到它的对象，并被它的对象所充实，而它的对象就是自身。”①在古典希腊时期，他人是年轻人关心自己必不可少的要素，作用主要体现为对年轻人的引导和控制。在苏格拉底—柏拉图的对话中，有三种引导和控制年轻人的方式，即三种与他者的关系。②其一是“榜样导师”（maîtrise d'exemple），意即他人作为自己的行为榜样，至于这个榜样，他既可以是传统中的某个人物，如史诗中的英雄，也可是城邦中的德高望重者，还可是年轻人的追求者；其二是“能力导师”（maîtrise de compétence），即向年轻人传授知识本领的导师；其三是“苏格拉底式的导师”（maîtrise de socratique），这是在希腊古典时期居主要地位的方式，这种方式“依赖于无知与回忆之间的互动”。③就是说，通过导师的引导，年轻人意识到自己的无知或者盲从，进而通过学习、回忆而获得知识，以便最终能以恰当的方式生活。

在古典时期之后，即在希腊化—罗马时期的自我实践中，他者仍然是必要的，尽管它所采取的形式有别于古典时期。区别在于：在以苏格拉底—柏拉图为代表的古典时期，他者的必要性的依据是无知，是无知与回忆之间的互动；而在希腊化—罗马时期，无知不再是主要根据。与其说主体无知，不如说主体培养得不好，主体被惯坏了。原因正是我们前文所曾论述的，在这个时期，“关心自己”的批评—纠正功能越来越突出，超过了塑造—培养功能。因此福柯说：“主体必须要达到的目的不是用知识取代无知。个人必须达到的目的就是他一生中从没有认识到的主体的地位。他必须用主体来代替非主体，而且主体的地位是用自

① HS. p.123.

② HS. pp.123—124.

③ 福柯这里的依据当在柏拉图《美诺》(81d)：“钻研和学习无非就是回忆。”

我对自我的关系(rapport de soi à soi)来界定的。他需要把自己塑造为主体,而且其中他者必须介入。我认为这是一个在西方世界的整个自我实践和主体性的历史当中重要的论题。”①于是,在希腊化—罗马时期,导师不再是引导别人回忆而走出无知的人,而是个体与主体塑造之间的中介。

福柯以塞涅卡《书简》(52)为例。在这封信开头,塞涅卡描述了灵魂的一种疾病,他唤作 stultitia,即心神不宁、思绪不专,既无所专注,也无所动心。stultitia 正是“关心自己”和“自我实践”的对立面,所以不关心自己的人就叫 stultus。塞涅卡在《论灵魂的安宁》中具体描述了这类人,福柯归其特征为两端:首先,不关心自己的人“让外在世界可能给予他的一切表象都进入他的精神中,他不加检查和分析它们的表现就接受了它们”。②换言之,这类人把各种表象与主体要素相互混淆,不加以区别;其次,这类人分散在流逝的时间之中,不仅当前没有专注的目标,而且也没有过去的回忆、未来的期待可以把时间聚拢,结果生活方式摇摆不定,碌碌无为,无法完善人生。总之,福柯说:“stultus 主要指无所欲求的人,他对自我没什么要求,也不想得到自我,其意志不是以人可以自由地、绝对地一直追求的这个唯一对象,即自我为目标。在 stultitia 中,意志与自我是不相关的、没联系和不相属的,这就是 stultitia 的特点,同时既是它最显著的后果,也是最深刻的根源。”③

既然 stultitia 意味着与自己无关,那其对立面就是追求自己、诉诸自己、关心自己。关心自己最先要做的就是摆脱 stultitia 这种状态。但问题正如塞涅卡所说,身陷这种状态的人自己不可能有力量走出,必须有人伸手拉他出来[Oportet aliquis educat]。④他人或他者的必要性就体现在这里。“educere”的意思是“伸出手,离开那里,从那里走出来”,由此可见,“这根本不是一种传统意义上的教育或传授理论知识或

① HS. p.125.

② HS. p.127.

③ HS. p.129.

④ HS. p.126.

本领的工作。这其实是一种影响个体的行为,即向个体援之以手,让他走出他所处的生活状态、地位和方式。这是一种对主体自身生活方式的影响,不只是传授知识,从而取代无知状态。"①那么,这只援手来自何方呢?这个"他"又是谁呢?当然,"他"就是哲学家。正如斯多葛主义者穆索尼乌斯·鲁弗斯说:"在什么适合每个人的本性方面,哲学家是所有人的导师[hêgemôn]";②金嘴迪翁甚至说,只有咨询哲学家,人们才知道该不该结婚,城邦该采取什么制度,以及该过什么样的生活。唯有哲学家才能关心那些想关心自己的人,唯有哲学家才能治理那些想治理自己的人,也唯有哲学家才能治理那些想治理别人的人。

于是我们看到,哲学的出场方式有两种:希腊式的"学校"[skholê]与罗马式的"私人顾问"。关于希腊式的学校,福柯研究了毕达哥拉斯学派,尤其是伊壁鸠鲁学派和斯多葛学派;罗马的形式与此相反,哲学家与他所担任顾问的人之间,大多是一种半契约式的依从关系,哲学家大多直接居住在他们担任顾问的人家里。对这一现象,可从两方面来理解。从一方面看,人们在自我实践中愈是需要一个顾问,就愈加证明哲学的必要性;但从另一方面看,哲学的职业性也变得越来越模糊。换言之,哲学愈来愈变得非职业化,它愈来愈卷入人们的日常生活之中,哲学家成了人们日常生活的顾问。而且,此时哲学家给人们的建议,有别于柏拉图或亚里士多德告诉人们的普遍模式,而是不论事情巨细,哲学家都会给出具体明确的建议。这就是哲学家作为自我实践中的他者所起的必要作用,以及所导致的哲学后果。

福柯通过普林尼《书信集》第一卷关于斯多葛主义的重要代表欧弗特拉(Euphratès)的记述、塞涅卡的对话作品、弗隆和马可·奥勒留之间的通信集,得出结论说,在公元1—2世纪:"自我实践超出了体制、群体、个人之外,成了一种社会实践。它开始在非专业的人士之间发展开来。这样,就有了一种在哲学体制在外,在哲学专业之外,践行、传播、发展自我实践,并把它变成发展个人关系的方式,一种通过其他人控制

①② HS. p.130.

个人的原则，培养、发展、建立个人自我关系，让个人在其他人那里找到支点、中介要素，而其他人不必是一个专业哲学家。”①从这段引文可见，福柯所谓“自我实践”(pratique de soi)，其含义并不局限于“自我”；毋宁说，“自我实践”同时就是“社会实践”(pratique sociale)。具体说，自我实践乃在三个社会领域展开，此即《快感的利用》的经典划分：养生领域、家政领域、爱欲领域。而且重要的是，在柏拉图那里，出于“自己”即“灵魂”的前提，所以“自我实践”既不同于关心身体(养生实践)，也不同于关心财产(家政实践)，还不同于关心少男(爱欲实践)。而到了公元1—2世纪，养生实践、家政实践、爱欲实践与自我实践整合在了一起：自我实践同时就是社会实践，与自己关系同时就是与他者的关系——只是，与他者的关系更多是隐含和弱化在自我关系之中而已。

① HS. p.149.

第四章 “学识”[mathêsis]与自己

福柯强调转向自己、关心自己，显然会引出如下问题：关心自己、转向自己是否导致对自然、世界、宇宙的贬低？或者：是否导致一种关于自我的内省知识？这就是“自己”与“学识”[mathêsis]的关系问题。对这一问题，福柯主要围绕犬儒主义、伊壁鸠鲁主义、斯多葛主义进行研究。

一、犬儒主义者德梅特里乌斯：区分因果知识和关系知识

在1982年2月10日的《主体解释学》课程中，福柯选取犬儒主义哲学家德梅特里乌斯(Demetrius)进行读解。塞涅卡《论善行》第七卷记载了德梅特里乌斯关于知识的论述。首先是无用的、不必学习的知识：

> 你可以不知道海洋为什么泛起波澜、又卷入海底，你可以不知道为什么人生每个七年都会有印上新的特性(意思是：人每过七年就进入了一个新的生存阶段，有了一个新的特点，因此人必须用一种新的生活方式来适应——福柯注)；为什么从远处看柱廊的宽度是不成比例的，两端相互靠近，而且各个柱子都靠在一起似的；为什么孪生儿在怀孕时是分开的，而在分娩时又是在一起的，如果怀上的是两个生命，或者双重的怀孕；为什么同时出生的孪生儿有着

如此不同的命运呢;为什么世事变迁让他们如此不同,而他们出生时却是挨在一起的呢。认识有些事物对我们来说既是徒劳的又是不应该的,因此忽视这些东西,你将毫无损失。玄妙的真理就隐藏在那晦暗的深渊之中。我们不能指责自然心怀恶意,因为想揭示它很困难,结果除了揭示本身外将一无所获。它已经把所有能够让我们更好或让我们幸福的东西都置入我们的视野之内或掌握之中了。①

再是有用的、必须学习的知识:

如果人有抗拒危险的能力,如果他战胜了恐惧,如果他不去贪婪地拥抱无限,而是学会在他自身中寻求他的财富;如果他经历过神和人的恐怖,说服自己不害怕人,也不惧怕神;如果他蔑视一切作为生命的痛苦和虚伪的轻浮,明白了死亡没有任何痛苦,反而终结许多痛苦;如果他把自己的灵魂奉献给德性,并且发现到处都有便捷的道路;如果他认为自己是一个生来就是过群体生活的社会存在;如果他认为世界是大家共同的栖息之地,如果他向诸神敞开心扉,总是生活在公众之中,自尊过于其他人(尊重自己甚于别人——福柯注),避免发怒,那么他就达至永久的安宁了,这样,他就有了所有真正有用的和必要的知识,余下的只是悠闲的消遣了。②

在上面的引文中,德梅特里乌斯列出了无用知识和有用知识的详目。首先,某些关于自然的知识,例如海啸的原因,被他当作无用知识,探索这些知识"既是徒劳的又是不应该的",因为自然已经将它们隐匿起来,忽视这些东西不会给我们带来任何损失。但他接下来所列举的无用知识,并不是关于自然的,而是关于人生的,例如人的生活方式应该每七年一变,以及孪生儿、人生的命运。可见在德梅特里乌斯这里,无用知识不等于自然知识,有用知识也不等于人生知识。知识的有用与无用,不是看它是关于人生还是关于自然。那么德梅特里乌斯标准

①② Sénèque, *Œuvres conplètes de Sénèque le philosophe*, VII, 1;见 HS. p.223。

是什么呢？福柯说，对德梅特里乌斯而言，无用知识的共同特点是因果性，有用知识的共同特点是关系性。也就是说，划分的标准不是自然知识/人生知识，而是因果知识/关系知识。所谓因果知识，不是说这类知识与人的生存无关，而仅仅是说这类知识不受人控制。不论对谁，不论你如何变化，因果知识总要按它的本性起作用。也就是说，因果知识不随主体的变化而变化。自然之所以把某些知识隐匿起来不让人们知道，原因不是其中包含不可告人的禁忌，而是因为这些知识不能变化主体的气质[ethos]。所以我们不能因此“指责自然心怀恶意”。德梅特里乌斯也说，如果我们有了足够的智慧作为保护[in tutum retracto]，我们也完全可以把它们当作“教化的愉悦、补充的愉悦、无益的和装饰的愉悦”而加以认识。①

所谓关系知识，顾名思义，就是关于我们与其他人、与世界、与宇宙、与神的关系的知识。这类知识没有所谓客观必然性，在人的控制范围内产生：“它（自然）把一切可能让我们更好或让我们幸福[meliores beatosque]的东西都置于我们的视野之内或掌握之中了。”②举例而言，有生必有死，此乃因果知识；但我们对死亡的态度既可能是惧怕也可能是坦然，这就属于关系知识。所以关系知识的首要特征是，它随主体的变化而变化，主体也反过来随它的变化而变化。主体能改变知识，知识也能反过来改变主体的生存，此乃关系知识有别于因果知识的要义所在。这样说并不意味着关系知识没有真实性，恰恰相反，福柯解释道：“它们是有关根本真理之陈述，而其他真理则是从其中推出来；而且，它们也是对无论如何都必须遵守的行为规范之陈述。”③因此，关系知识之所以区别于因果知识，除了与主体的关系不同之外，还有与真理的关系也不同：因果知识只能表述为真理原则，而关系知识不仅能表述为真理原则，而且还能立即被转化为行为规范。

---

① HS. p.225.

② Sénèque, *Œuvres conplètes de Sénèque le philosophe*, VII, 1；见 HS. p.234，注释 14。

③ HS. p.266.

二、伊壁鸠鲁主义："自然研究"[phusiologia]

在伊壁鸠鲁主义这里，关于自然的知识往往被叫作 phusiologia。《梵蒂冈馆藏格言集》第 45 条格言记载：

> 自然研究[phusiologia]并不培养自吹自擂的人、语言艺人[phônês ergastikous]、向大众炫耀教养[paideia]的人；而是培养骄傲的人[sobaroi]、独立特行的人[autarkeia]，但他是为自身的善好而非外部的好处而骄傲。①

伊壁鸠鲁说自然研究不培养自吹自擂的人，而是培养为自身的善好而骄傲的人。但令人诧异的是，这段话用了"教养"[paideia]一词来表示自吹自擂的人所炫耀的东西。众所周知，"教养"乃希腊人的文化理念，其含义是正面的。但在这里，伊壁鸠鲁主义显然把它与"自然研究"对立起来，也就与古典希腊的传统对立起来。这是福柯尤其提醒我们注意的。

所谓"炫耀教养的人"，实际上与"自吹自擂的人、语言艺人"一样，都是以语言为手段和技巧来欺骗公众的人，即"语言艺人"[phônês ergastikous]。福柯解释该词组说："ergastikous 就是艺人，是工人，即不是为自己，而是为出售和盈利而劳动的人。那么，这些艺人劳动的对象是什么呢？它就是 phônê，即作为噪音之话语，而不是作为逻各斯。我的意思是，他们是词的制造者。这些人为了出售它们，制造了某些与词语的音色有关的效果，却不是为了自己而在逻各斯的层面工作。"②所以，"炫耀教养的人"其实不具备真正的知识，只是哗众取宠，以博虚名；"教养"就是这些"语言艺人"用以炫耀的根据和内容。

那么伊壁鸠鲁所认为真正的知识是什么呢？当然就是"自然研究"。首先得明确，在伊壁鸠鲁看来，"自然研究"并不是针对其他研究

---

① HS. p.229；中译见伊壁鸠鲁：《自然与快乐》，包利民等译，中国社会科学出版社 2004 年版，第 47 页。

② HS. p.229.

而言的一个专门的知识领域。“它是对自然[phusis]的认识，这种认识可以作为人的行为原则，可以作为让我们的自由发挥总用的标准；也可以把主体（他面对自然，面对人们告诉他的关于诸神及世上的万物，充满了恐惧和担心）转变为一个自由的主体，一个在他自身中发现持续愉悦以及完美宁静的主体。”①自然研究的目的就是使主体实现自由、宁静、完美。所以伊壁鸠鲁在《致希罗多德的信》中说，他的关于自然研究的著作，是为所有人准备的；还说“我的宁静主要就是由于过着以此为业的生活而得来的”。②此外，《梵蒂冈格言集》第29条也说：

> 就我来说，我更愿通过使用自然研究者的诚言[parrêsia]，更愿预言对所有人都有用的东西[khrêsmôdein]，哪怕没有一个人理解，我不会附和大家的意见，以博得大家的大肆赞扬。③

从这条格言可见，伊壁鸠鲁把自然研究者的“诚言”[parrêsia]与自吹自擂者的方式置于对立。福柯对这格言的解释有两点尤可注意，一是希腊文 parrêsia[诚言]，此乃福柯解释古代哲学所使用的一个核心概念，它是针对其他个体灵魂进行品性塑造的方式。二是希腊文 khrêsmôdein [预言有用的东西]，它指的是神谕。在希腊文化中，神谕既是神向人们揭示真理的语言，也是人们必须遵守的语言，即必须把神谕当作行为规范。在这条格言中，伊壁鸠鲁用了神谕的方式来表示自然研究者的“诚言”，那么也就是说，他们的“诚言”既是真理，又是行为规范。

最终，“自然研究”所培养的，是“骄傲的人”、“独立特行的人”。“骄傲的人”，希腊文为 sobaroi，指的是毫不畏惧、倔强而矫健；“独立特行的人”，希腊文为 autarkeis，该词同时有否定和肯定双重含义：否定指的是不依赖外部，肯定指的是在自身中找到愉悦和宁静的源泉。④可见，所谓为自身的善而骄傲的人，意思不是指，这个人把自己当作唯一对象，局限于反思自我；毋宁说，所谓“为自身的善而骄傲”这一结果，相反正是在进行自然研究之后才获得的。或者说，正是自然研究才赋予主

---

①③④ HS. p.231.

② 北京大学哲学系外国哲学教研室编译：《古希腊罗马哲学》，商务印书馆1961年版，第349页。

体的"装备"[paraskeuê]。①"自然研究"所赋予的这种"装备",成为主体生存艺术的必要条件和充分条件——当然,对伊壁鸠鲁而言,这种"装备"还是与"教养"的区别所在。

三、斯多葛主义:塞涅卡的"自然问题"和马可·奥勒留的"精神修习"

相较犬儒主义和伊壁鸠鲁主义,"自然研究"这个问题对于斯多葛主义更加重要也更加复杂,可供研读的文献自然也更多。福柯选择读解的是,塞涅卡《自然问题》和马可·奥勒留《沉思录》的相关部分。

1. 塞涅卡的"自然问题"

塞涅卡关于自然问题的最详尽论述见于他的著作《自然问题》(*Questions naturelles*)。据法国学者 P.奥尔特拉马尔(P.Oltramare)的考证,《自然问题》成书于公元 61—64 年之间。②此时塞涅卡已逾 60 岁。大致就在这同一时期,塞涅卡还写作《道德论集》(*Traité de morale*)和《致鲁西里乌斯的信》(*Lettres à Lucilius*)。③

《自然问题》卷帙浩繁,全书凡七卷,涉及自然与宇宙的方方面面:第一卷论天,第二卷论气,第三卷和第四卷论江河水流,第五卷论风,第六卷论地,第七卷论流星。④第一卷和第六卷前附带序言,在这两篇序言里,塞涅卡对鲁西里乌斯解释了撰写《自然问题》的缘由。其中,第三卷序言阐述了该书的原则和目标,这是福柯解释的入手处。塞涅卡对鲁西里乌斯说:

> 我最好的朋友,我老了[senex],不会不了解把大厦奠基于何种基础上,我想环游世界,探索事物的原因和奥秘[qui mundum

① 这是福柯详细讨论过的一个概念,见 1983 年 2 月 24 日授课。

② HS. p.99,注释 27。

③ HS. p.258,注释 27。

④ 洛布(Loeb)古典丛书塞涅卡作品共有 10 册,其中,第 7 册为《自然问题》的第一卷至第三卷,第 10 册为《自然问题》的第四卷至第七卷。

circuire constitui, et causas secretaque ejus eruere]。[1]

塞涅卡说"我老了"[senex],因此我要"环游世界、探索事物的原因和奥秘"。这一说法从表面上看,似乎与塞涅卡在别处的说法相矛盾。我们曾说过,塞涅卡强调,年老时应该关心自己,实现自己的一生。[2]即使在《自然问题》中,塞涅卡也说不能把时间浪费在"无用的学习"[vana studia],而要把"整个精神都用来关心自己"[sibi totus animus vacet];[3]"在最后的时光里,(精神)只对考察自身的状况感兴趣"[ad contemplationem sui saltem in ipso fine respiciat];[4]"我们要夜以继日,剔除无用的操心;不去管远离主人的家产;这样,灵魂就完全专心于自身及其研究,即使年岁以最快的速度飞逝,我们的目光依然集中在我们身上。"[5]世界上最伟大的东西就是自己的灵魂,就是"好的灵魂"[bona mens],[6]所以必须把目光转向自身,必须把注意力放在自己身上。综合以上两方面的说法,可见,塞涅卡确实一面强调自己,转向自身;但他同时也不排斥自然,不把日月星辰、江流海河丢在一边,也强调探索宇宙的原因和奥秘。这两方面究竟是如何结合在一起的,就是福柯此时要解决的问题。为此,福柯从《自然问题》第三卷的序言转到第一卷的序言,亦即整个《自然问题》的导言。

福柯发现,在第一卷序言的开头处,塞涅卡区分了哲学的两个部分:第一部分是关乎人的,塞涅卡的原文是 ad hominess spectat,这是地上发生的事;第二部分是关乎神的,塞涅卡的原文是 ad deos spectat,这是天上发生的事。[7]这两部分不仅有等级之差,而且还有先后顺序之差。从等级看,关乎神的部分高于关乎人的部分,因为关乎人的部分是不完备的,关乎神的部分是关乎人的部分的实现。但是,从探究的顺序

---

① Sénèque, *Œuvres complètes de Sénèque le philosophe*, p.434;转引自 HS. p.258,注释 29。

② 见福柯 1983 年 1 月 20 日的课程。

③ HS. p.252.

④⑤ 塞涅卡:《自然问题》,转引自 HS. p.258,注释 34。

⑥ 见 HS. pp.254—255,亦见 p.259,注释 40、41。

⑦ HS. p.262.

看，塞涅卡在《书简》(65)中说："首先检查自己、思索自己，而后才是世界"[Primum se scrutari, deinde mundum]。①因为哲学的第一部分是关乎人的哲学，其作用是防止人们犯错误；而哲学的第二部分是关乎神的哲学，其作用是进一步"引导我们直达发出光明之域"[illo perducit, unde lucet]。②对于哲学的这第二部分，福柯解释道："在这第二种哲学形式中，它完全不是关于生存与行为规则的知识，它不是一种暂时的知识。它的作用是让我们摆脱所处的黑暗之域，引导我们直达光明之源。因此，这实际上是一场主体的实际的运动、灵魂的实际的运动，主体与灵魂因此而超越了这一世界，摆脱了黑暗，而黑暗正是这一世界的真实写照。"③在福柯看来，哲学的第二部分，即关乎神的部分，关乎天上发生的事的这一部分，实际不是知识，不是对人的生存和行为的认知，而是主体和灵魂的运动，塞涅卡在《自然问题》第一卷序言中写道：

> 可是，直到现在，你什么也没做：你避开了这么多的危险，但是没有避开你自己[Multa effugisti, te nondum]。如果我们渴望的这种德性值得期待，那么这并不是一个免除了所有邪恶的善，而在于它提升了灵魂，为它作好了认识天上事物的准备，让它配得上与神联为一体[dignumque efficit, qui in consortium Dei veniat]。充满了幸福就是把所有邪恶的欲望踩在脚下，冲上天堂，并穿透自然最隐秘的夹缝。④

福柯认为，塞涅卡的灵魂运动有四个特征：第一，这一运动是一种摆脱或者躲避，是灵魂对邪恶和错误的摆脱，同时也是对自身的摆脱，塞涅卡就对鲁西里乌斯说："你已经避开了许多事物，但你还没有避开你自己"[Multa effugisti, te nondum]。第二，用塞涅卡的话说，这一运动把我们置于 in consortium Dei，即人与神处于共同的自然性(co-naturalité)和共同的功能(co-fonctionnalité)之中。⑤第三，这一运动使我们摆脱自己，把我们带入光明之中，上升到最高境界。第四，摆脱我

---

①②③　HS. p.263.

④　Sénèque, *Œuvres complètes de Sénèque le philosophe*, p. 390；转引自 HS. p.274，注释 10。

⑤　HS. p.264.

们自己的同时也渗透到了自然奥秘的最深处。

躲避自己、摆脱自己或者摆脱黑暗世界，直达光明之源，这一说法似乎有些突兀。难道福柯要把塞涅卡所描述的这一运动读解为新柏拉图主义或者基督教的运动吗？并非如此。福柯强调，首先，塞涅卡所谓摆脱黑暗世界，直达光明之源，并非以此岸世界与彼岸世界的对立为前提，并非两个世界之间所进行的跨越。它就是主体在同一个世界之中所实现的运动；实现这一运动并不与我们所处的世界和自然相脱离。其次，塞涅卡所谓摆脱自己、避开自己，也并非否定自己、摒弃自己，恰恰相反，这是进一步肯定自己，实现自己的自由。因为自由就是避免被奴役，而人最沉重，也是最难摆脱的奴役莫过于自己对自己的奴役——servitutem sui。所以，“自由就是不再做自己的奴隶”[liber autem est, qui servitutem effugit sui]。①躲避自己，其实是躲避自己的奴役。塞涅卡认为，对自然的探究可以保证摆脱这种奴役，实现自由：“通过观察、审视事物的自然来获得这种解放”[proderit nobis inspicere rerum naturam]。②如同塞涅卡在《书简》(88)中所说，在所有的学科中，“符合自由艺术这个名称——因为它使人获得自由——的只有一种，那就是对智慧的追求。”③

总之，当我们通过探究自然而上升到世界的顶点，与神共处时，我们所处的依然是同一世界；我们并未逃离出此一世界而进入另一世界。塞涅卡在《书简》(66)中写道，有德性的灵魂是一个“与整个宇宙交流并想探究所有奥秘”[toti se inserens mundo et in omnis ejus actus contemplationem suam mittens]的灵魂。④换言之，只要达至世界的顶点，与神共处，便意味着我们自己的理性与世界的理性就其根本是一致的。因此，探究自然与认识自己或者关心自己并不是二选一的关系；毋宁

① Sénèque, *Œuvres complètes de Sénèque le philosophe*, p. 436；转引自 HS. p.274，注释 2。

② HS. p.262.

③ 塞涅卡：《幸福而短暂的一生——塞涅卡道德书简》，赵又春、张建军译，上海三联书店 1989 年版，第 180 页。

④ HS. p.268.

说,探究自然是关心自己的实现和保证。只有理解这层含义,才能理解福柯对塞涅卡"自然问题"的读解。

2. 马可·奥勒留的"精神修习"

与塞涅卡不同,马可·奥勒留的原则不是上升到世界的顶点,俯瞰世界;而是深入世界的内部,探究它的每一个细节:

> 向内部看[esô blepe]。任何东西——它的性质[poiotês]和价值[axia]——都不应该放掉。①

这是总原则。其实在这条总原则之前,马可·奥勒留在《沉思录》第三卷就已经举过三条"准则"[parastêma]。②第一,"坦率地、自由地选择最高的善,不要丢了它!——但是善就是利益。——如果是你的利益,那么只要是合理的,就要遵守它。"③第二,"尊重评价的能力,一切皆取决于它。"④第三,"你还要想想,每个人都只活在当下,这个极小的当下。其余的,要么已经经历过,要么是不确定的。"⑤

福柯认为这三条"准则"的意思分别是:"为主体界定善,为主体界定自由,为主体界定实在。"⑥但这还不够,马可·奥勒留说"在上述准则上还要加上一条",也是最为重要的一条:

> 总是界定和描述其表象在精神中呈现出来的对象,目的是为了清楚地理解它,全面理解它如其本质所是地、毫无掩饰地呈现出的所有面相;而且还为了弄清楚它独有的名称及其构成元素、将来分解成的元素的名称。事实上,没有任何事物还能比如下这些更能使我们的灵魂变得伟大的了:用方法和真理来辨别生活中遇到

① Marc Aurèle, *Pensées*, VI, 3;转引自 HS. p.278。

② 福柯指出,"准则"的希腊文是 parastêma,福柯所引布代版的法译为 préceptes(准则)。这个翻译并不能贴切传达出希腊文的含义,福柯解释道:"parastêma 并不是一个准则,它不是对必须去完成的某件事的陈述。parastêma 就是一直在那儿的东西,人必须看护它,必须总是关注它:它既陈述了一个根本的真理,又是行为的基本原则。"见 HS. p.279。

③ Marc Aurèle, *Pensées*, III, 6;转引自 HS. p.298,注释 4。

④ Marc Aurèle, *Pensées*, III, 9;转引自 HS. p.298,注释 5。

⑤ Marc Aurèle, *Pensées*, III, 10;转引自 HS. p.298,注释 6。

⑥ HS. p.279.

的每一个对象，并且总是理解它，以至于我们一眼就能辨别它属于何种宇宙秩序，并且考察它对于其他宇宙序列具有何种的用途和价值，也要考察它对于人，即对于最杰出的城邦的公民的用途和价值，而别的城邦可以说仅只是他的家所；还要考察这个是什么，它由什么元素组成，它能自然地持续多长时间，这个对象在我的精神中引起了形象，那么我需要以何种德性来回应它呢，例如：温和、勇气、忠诚、好的信念、简朴、自我控制，诸如此类。①

这条原则所说的即是"精神修习"(exercice spirituel)——这是福柯从皮埃尔·阿多(P. Hadot)处借用的术语。福柯把马可·奥勒留的精神修习分为两阶段。第一阶段是："界定和描述其表象呈现于精神中的对象"。②第一阶段又可再分两个步骤，第一个步骤是"界定和描述其形象呈现于精神中的对象"。这句话里有两个动词："界定"和"描述"。按福柯解释，"界定"的希腊文是 poieisthai horon，其中 horon 是边界、界线，因此 poieisthai horon 的字面意思就是勘定边界、画出界线。往深里讲，poieisthai horon 有两种含义：一种多出现于哲学、语法和逻辑中，意为给出一个定义；另外一种意为是测定某物的价值。"描述"的希腊文是 hupographên poieisthai。在希腊的哲学和语法中，"描述"[hupographê]与"定义"[horos]不同。③对斯多葛主义而言，界定和描述精神中的形象或表象，这是一个很常见的论题，尤其是在爱比克泰德那里，他经常告诫人们，不要不加检查就接受一个表象，对表象的检查应该就像守夜人检查人们的证件一样。④在对表象作了界定和描述之后，接下来是第二个步骤："blepein"，即仔细的看，仔细的思索，不放过任何东西。⑤"通过区

---

① Marc Aurèle, *Pensées*, III, 11；转引自 HS. pp.278—279。这一段话读来颇费周折，为使中译尽量通顺，笔者除依据福柯引用的布代版法译外，还参考了 Mario Meunier 和 Jules Barthélemy-Saint-Hilaire 的法文翻译。

② HS. p.280.

③ 以上词语释义是对 HS. p.280 的概括。

④ 爱比克泰德在《谈话录》第一卷和第三卷有多处论述到表象训练这个问题。按照福柯的理解，古代的表象训练是自发地展现表象，而近代的理智主义有意地、系统地界定表象。见 HS. p.281。

⑤ HS. p.282.

分它的各个构成要素"[di' holôn diêrêmenôs],使对象的本质"赤裸裸的"[gumnon]、"整个的"[holôn]暴露出来。福柯也把这个步骤称为"本质沉思"(méditation eidétique)。除了本质沉思还要进行"专名沉思"(méditation onomastique),即分析和记住它的组成要素以及分解为哪些要素的名称。本质沉思的目的是认清事物的本质所是,专名沉思的目的是从内部认清事物的构成要素以及将来会怎么样。两种修习相辅相成。

于是转入第二阶段。这个阶段不再根据对象所呈现出来的现实状况对它进行考察,而是力图测定它的价值。①"辨别[elegkhein]生活中的每一对象",这将使灵魂变得伟大。福柯解释 elegkhein 一词有多重含义:"在哲学实践中,在辩证法的词汇中,elegkhein 就是辩驳;在司法实践中,elegkhein 是指起诉、控诉某个人;在日常道德词汇中的意思是指责。"②所谓辨别生活中的每一对象,就是:"辨别它属于何种宇宙秩序,考察它对于其他宇宙序列具有何种的用途和价值,也要考察它对于人,即对于最杰出的城邦的公民的用途和价值。"显然也是分为两步:首先考察一件事物对宇宙的价值,其次考察它对人的价值。对斯多葛派而言,人首先是世界公民,因此"最杰出的城邦"也就是"宇宙"这个大城邦,其他城邦"仅只是他的家所"。在这两步结束之后,才能决定作为主体的我"需要以何种德性来回应它"。可见,马可·奥勒留的精神修习并不关心表象起源于我内心的何处,而是关心它属于何种宇宙秩序。这就导致马可·奥勒留或斯多葛主义的修习总是要认识外在世界。也就是说他们用世界来解释主体,主体的德性依世界的表象而定。这与基督教的苦修主义恰好相反,因为基督教的精神修习往往更多是分析内在性,先通过内心反省来确定表象的起源,再通过向内的苦修来杜绝不洁的表象。总之,斯多葛主义与基督教的苦修主义:一个向外,一个向内;一个通过世界来解释主体,一个通过主体来解释主体。此为福柯

① HS. p.283.

② HS. p.284.又,据 P.Chantraine 的《希腊语词源学词典》,elegkhos 在远古希腊文中的含义是"羞耻",在之后的古典词汇中才是"驳斥"。见 HS. p.298,注释 13。

所揭示的斯多葛主义与基督教的精神修习之差别。

就斯多葛主义而言，具体说，马可·奥勒留的精神修习大致有三类：第一类是分解时间中的对象。例如马可·奥勒留说，一首乐曲，一段舞蹈，我们必须把它的各个音符划分开，把它分解成非连续的、非音乐的片段。通过这种分析，最终轻视它。①为什么要"轻视"它？乍一看这种说法似乎很是费解。依福柯解释，"轻视"的原文是 kataphronein，意思是从高处往低处看，从高处着眼，从高处考虑。不过福柯只注意到 kata 的一层意思，即"从高向低"；它还有第二层意思是"依据、根据、按照"，因此 kataphronein 也可解释为"根据思想、根据理性"。通过分析对象，切断它在时间中的连续性运动，使之在时间中解体。如此主体才能不受其诱惑，不会陷入时间的流逝中，从而能够从高处着眼考虑它，能够按照理性法则考虑它。从而确保主体的自控力和自制力，确保主体的自由法则。因此必须把这种训练"应用到一生中"，不过马可·奥勒留说"德性及其相关物除外"。②因为在奥勒留乃至整个斯多葛主义看来，德性是不可分解的，因为德性不在时间中，它是超时间的；而且德性还代表着灵魂整体的、连续的、和谐的力量，如果德性能解体，那意味着灵魂将不存在。③第二类是把对象分解为各种构成元素的修习。它与第一类修习的区别在于：第一类修习所说的分解是切断对象在时间中的连续性运动，而第二种修习的分解却是从物质成分来分解事物。如马可·奥勒留在《沉思录》第六卷所说，人可以分解为血、水、神经、理性等各种元素，而在这些元素中，只有理性这个元素才能代表我们的身份。④第三类是对事物呈现出来的表象采取贬低性的描述策略。马可·奥勒留说，面对一个趾高气扬的人，我们就想想他吃饭、睡觉、行男女之事，或者被主人责骂时的丑样，这时他还能趾高气扬吗？经过这种贬低性的修习，于是我们发现，只有理性和德性才是真正值得骄傲的

---

① 马可·奥勒留：《沉思录》第6卷；见 HS. p.299，注释25。

② 马可·奥勒留：《沉思录》第6卷；见 HS. p.291。

③ HS. p.291.

④ HS. p.292.

东西。

最后，若把塞涅卡与马可·奥勒留这两位斯多葛主义者作一比较，即可发现两者不同之处有三：其一，虽两者都强调对世界居高临下的俯视，但立足点不同：塞涅卡是站在世界的顶点俯视整个世界，所以要求先上升到世界的顶点，所谓摆脱黑暗，直达光明之源；而奥勒留与塞涅卡不同，他不立足于世界的顶点，而是立足于我们现在所处的位置，立足于我们现在的生存，然后投入世界的内部深处。其二，两者对世界的态度不同：对塞涅卡来说，俯视世界只是看它如何在我们的下面慢慢舒展开；而马可·奥勒留则是通过分解的方式来轻视世界中的每个特殊个体。其三，对主体自身确认方式不同：马可·奥勒留要么对时间中的连续性进行分解，要么对个体的物质元素进行分解，要么对个体进行贬低描述，总之都是通过使个体解体的方式，发现自己的主体身份只唯一存在于理性之中；而塞涅卡则不会导致个体的瓦解，他通过登上世界顶点，俯视世界，探索世界的奥秘，发现我们的理性与世界的理性是完全一致的，因而最终“与神共处”[in consortium Dei]。①

四、小　　结

现在我们来回答本章开头的问题。本章的主旨是研究“转向自己”与 mathêsis 即与学识、自然探究的关系。通过解释斯多葛主义、伊壁鸠鲁主义、犬儒主义的文本，福柯发现，古代希腊罗马的“转向自己”，既未导致对自然的贬低，也未导致一种关于自我的内省知识。相反，对斯多葛主义、伊壁鸠鲁主义、犬儒主义而言，自然探究或者致知乃是转向自我的前提条件，只是对他们而言，自然探究的目的既不在于构建客观的知识体系，也不在于探讨主体是否可以客体化的问题。

具体而论，福柯认为在伊壁鸠鲁主义和犬儒主义那里，自然探究的结果是形成一种“塑造品性的知识”。就是说，自然探究的目的乃在于

① HS. pp.293—294.

塑造品性。希腊语中有一系列的词可表示这一含义，例如在普鲁塔克的作品中，动词 êthopoiein 表示“塑造品性”，形容词 êthopoios 表示“能够塑造品性的”，名词 êthopoiia 表示“品性的塑造”。[①]而在斯多葛主义那里，自然探究所形成的是一种“精神性的知识”。所谓“精神性知识”，指的是把“关于世界的知识精神化”（spiritualization du savoir du monde）。[②] 这种精神性知识有四个特点：

> 第一，它涉及主体的改变，要么攀上宇宙顶峰对其整体一览无余，要么向下投入事物的核心中。总之，主体不能维持现状来恰当地进行认识。这就是这种精神知识的第一个特点；第二，根据主体的这种改变，就有可能同时把握事物的实在和价值。这里的“价值”是指它们的位置、它们的关系、它们在世界中独有的维度、它们的重要性，它们对人这个自由主体所具有的现实权力；第三，在这种精神知识中，对于主体来说，就是要能够反观自己，把握自己的实际情况。这是一种“反身透视”（héauto-scopie）。主体必须根据自己生存的真实情况来反观自己；第四，这种知识对主体的影响是确实的，因为主体不仅在这种知识中发现了他的自由，而且也在他的自由中发现了能够让他获得幸福和完善的生活方式。总之，我认为，一种包含这四个条件（主体的改变、以事物在 kosmos[宇宙]内部中的现实性为出发点而对它作出的估价、主体反观自身的可能性、这种知识的效应最终让主体的生存方式改头换面）的知识就构成了所谓的精神性知识。[③]

要言之，精神性知识与主体的关系是双向的：主体首先必须改变自己的生存，然后才有可能获得精神性知识；而如果主体获得了精神性知识，它也就能发过来够改变主体、拯救主体，实现主体存在的完善。但近代西方以来所形成的知识不是精神性知识，而是认知性知识。认知性知识不具备以上特点。精神性知识与认知性知识对立，其典型就是

---

① HS. p.227.
② HS. p.277.
③ HS. p.295.

16—18世纪的浮士德形象：马尔洛维的浮士德、莱辛的浮士德、歌德的浮士德。当认知性知识取代精神性知识时，主体再也不能期待从其中获得拯救和改变，于是就有了浮士德为精神性知识所吟唱的挽歌："哲学，唉！法理学、医学，还有你，可怜的神学！……我曾经热情地和耐心地研究过你们；而现在，我就在这里，一个穷疯子，跟前面的……一样聪明。"①福柯对此挽歌评论道："我认为这是对随着启蒙(aufklärung)的出现而消失的精神性知识的最后挽歌，是对认知性知识的问世的悲伤的致意。"②

① 歌德：《浮士德》第一部《夜晚》；转引自HS. p.297。
② HS. p.297.

第五章 “修习”[askêsis]与自己

一、古代哲学中的“修习”

在现代西文中，ascèse（以法文为例）的含义是禁欲、苦行或苦修。但这个词本出自希腊文，写作 askêsis，其含义并不如此。①该词是希腊语的常用词，于诸多古代文献可见。希腊哲学传统一直强调，德性不仅需要“学识”[mathêsis]，而且更需要通过“修习”[askêsis]来获得。这一观念的历史极为悠久，并非到了福柯所谓公元 1—2 世纪的“自我教养”时代才出现。例如在毕达哥拉斯学派那里，依韦尔南所说，德性有双重特点：“在个人层面它是修习[askêsis]，这可以使人通过灵魂的净化而获救；在城邦层面，它是教育[paideia]，这可以使美德永葆青春。”②在柏拉图对话中，《理想国》说：“灵魂的其他所谓美德似乎近于身体的优点，身体的优点确实不是身体本来就有的，是后天的习惯和修习[ethesi kai askêsesin]培养起来的。”《普罗泰戈拉》说，德性能通过“专注”[epimeleias]和“修习”[askêseôs]获得。③此外，伊索克拉底说

---

① 罗念生、水建馥编的《古希腊语汉语词典》释义为：“（一）（1）精心制造；（2）使平整；（3）打扮装饰。（二）锻炼，练习。”这两层意思分别对应于中文的“修”和“习”，故本书把“askêsis”译为“修习”。

② [法]韦尔南：《“遗忘[amelês]之河”与“meletê thanatou”》，见《希腊人的神话和思想》，黄艳红译，中国人民大学出版社 2007 年版，第 141 页。

③ 《理想国》518d—519e；《普罗泰戈拉》323d；亦参 HS. p.313，注释 4。

“哲学修习”[askêsis philosophies]的说法，①犬儒主义说实践训练，含义也都大体相同。而在斯多葛主义处，穆索尼乌斯·鲁弗斯(Musonius Rufus)有一文本直接就叫《论修习》(*Peri askêseôs*)，在该文本中，他说德性必须包含理论知识[episteme theôrêtikê]和实践知识[episteme praktikê]，而实践知识就只能通过“修习”[askêsis]才能获得。②

在以上这些非宗教的哲学修习中，尽管其中也隐含着艰苦、克制欲望这层含义，但就其大体而言，希腊哲学、希腊化哲学、罗马哲学绝对没有从禁欲和苦修这个角度来理解这个词的哲学意蕴。这个词的内涵演变为禁欲和苦修，是在历经基督教洗礼过的欧洲思想中。福柯说，在古典希腊哲学、希腊化—罗马哲学中，它表示的是“自我对自我的实践方式”(mode de la pratique de soi sur soi)。③具体讲，把古代哲学的“修习”与禁欲主义区别开来的是如下三个特点：

首先是修习与自我的关系。对古代哲学修习而言，出发点不是有罪的自我，归宿点也不是否弃这个自我，而是最终形成某种自我与自我的完善关系。从这种自我关系中，人们改变自我，改变自我的生存，获得幸福。其次是修习与真理的关系。尽管古代哲学的修习也可能引发出一些严格的规范性后果，但修习并不是以服从法律规范的方式进行，而是以把主体与真理联系起来的方式进行，也就是说它是一种真理实践(pratique de la vérité)。最后是修习的目标。目标不是否弃，而是获得、赋予，赋予自己原来没有的某种东西，以便拯救自己、实现自己。④

二、修习之特质：“装备”[paraskeuê]

那么，我们首先要问，它要装备和赋予自己的这个东西是什么呢？

① HS. p.302.
② HS. pp.301—302.
③ HS. p.301.
④ HS. p.306.

福柯说，它就是希腊文的 paraskeuê，拉丁文常译为 instructio 。①对于古代哲学的“修习”而言，paraskeuê 就是让个人为未来作好准备，以便应对各种不可预见的事件。塞涅卡在《论善行》第七卷比较了爱智者、竞技者、舞蹈者。他认为爱智者更像是竞技者而非舞蹈者。因为舞蹈的艺术在于朝着一个既定的艺术理想迈进，而竞技艺术在于时刻防备对手的突然袭击。在这个意义上，马可·奥勒留说：“生活的艺术不像是舞蹈，倒像是竞技，小心提防突然对你的打击。”②但福柯还指出，在古代的哲学修习中，人与之进行竞技的对象是事件；而在基督教的禁欲主义中，人与之进行竞技的对手是自己，人必须时刻提放自身的罪恶与欲望的引诱。总之，是作好准备与事件竞技，还是作好准备与自身竞技，此乃古代修习的 paraskeuê 与基督教禁欲主义的重要差别。

接下来我们要问，这个能应对可能发生的一切的 paraskeuê，这个“装备”是由什么构成的？福柯说，它由“逻各斯”[话语/理性]构成。③希腊文的“逻各斯”无疑是一种话语，而且必定是理性的话语，因此它也就是真实的话语（discours vrai），亦即真理。真理不只是一系列符合逻辑的命题陈述，而且它就是主体的实实在在的装备，它必须能给人提供切实有效的帮助和救助。福柯引希腊文中一个常见的词组 logos boêthos 表示逻各斯的这种救助作用。boêthos 指的是人们对身陷囹圄的人所发出的“呼救”[boê]进行大声回应，以表示有人来救他了。④由“逻各斯”做成的“装备”，其作用就在于对处于危险中的主体进行救助，告诉他该做什么。所以，这种作为“装备”的真实话语不是空洞的话语、形式的话语，而是希腊人所说的“可利用的东西”[khrêstikos]，这种东西必须每时每刻都“握在手中”[prokgeiron]。⑤“就像医生总是随身备

---

① 罗念生、水建馥：《古希腊语汉语词典》，商务印书馆 2004 年版，第 646 页列出的义项有：“准备、预备、安排、供应；策划、密谋；准备好的东西、战备、武装、装备、设备、用具”。

② 马可·奥勒留：《沉思录》第 6 卷；转引自 HS. p.307。

③ HS. p.308.

④ HS. pp.309—310.

⑤ HS. pp.310—311.“握在手中”的拉丁文为 ad manum。

着[prokheira]他们的器具和箱子，以便紧急出诊一样，你也要准备好各种原则[dogmata]，以此你才能认识神物与人事。"①总之，把"真实的话语"变为主体的行为"装备"，此乃古代哲学"修习"的核心所在。

个体把真理话语变为自己的，拥有真理话语，换用福柯的习惯说法，即："真理话语主体化"（subjection du discours vrai）。但这个表达还含有深一层意义：个体不仅要拥有真理话语，而且更重要的是把真理话语转换为行为原则。于是，真理话语主体化之修习也就相应包含两个步骤：第一步侧重于被动性的接受，即使个体拥有真理话语；第二步侧重于主动性，即主体主动把拥有的真理话语变为行动，用希腊文表示即把 alêtheia[真理]变为 êthos[品性]。真理作用于主体，改变主体的气质和品性，使主体的生存面貌彻底发生改观，此乃真话主体化之精义所在。

以下论述据此分为两部分：第一部分论述拥有真理的修习，这是宽泛意义上的修习，目的是收集、接受并占有真实的逻各斯，手段包括聆听、言说、阅读和写作诸技艺；第二部分论述把真理转化为品性的修习，是为严格意义的修习，即"工夫"（ascétique），目标是把拥有的真理变为品性，手段包括实际工夫和思想工夫。

三、修习之第一步：拥有真理

（一）"听"的两义性："pathêtikos"和"logikos"

修习从拥有真理开始，拥有真理从接受逻各斯开始，接受逻各斯的最直接的手段是"听"。通过恰当地聆听，逻各斯才有可能深入到主体之中，成为主体自己的逻各斯，并进一步成为"品性"的基础。因此，从"真理"到"品性"的过渡是从听开始的，听无疑是真理主体化的全部修习之第一步。

① 马可·奥勒留：《沉思录》第3卷；转引自 HS. p.314，注释17。

在希腊人关于聆听的论述中，福柯发现有一个基本的出发点，就是听觉的“两义性”：pathêtikos 和 logikos。[①]pathêtikos 源自 pathos，这是一个十分常见而又难以翻译的希腊词汇，其基本含义有二，一为遭遇、遭受、痛苦；一为情感、激情。[②]普鲁塔克在《论聆听》(*Peri tou akouein*)中说：

> 我觉得，你不可能不乐意阅读它们，因为特奥弗拉斯特(*Théophraste*)这些关于听觉的评论宣称听觉是最**易受感的**[pathêtikôtatên]，没有任何通过视觉、味觉、触觉感受到的东西能像响声、轰隆声、呼喊声这样对灵魂产生这么大的慌乱、困扰、不安。[③]

普鲁塔克在这里说听觉是所有知觉中最易受感的、最被动的，因为人既可以不触摸东西，也可以闭眼不观看，但没办法掩耳不听；听觉也是最激烈的，相比其他知觉，听觉更能激起灵魂的感情，这是希腊人普遍一致的看法。如在《荷马史诗》中，面对海中女妖，奥德修斯的“节制”[sôphrosunê]或“明智”[phronêsis]也无法抗拒被她们优美的歌声所迷惑。柏拉图也多次谈到音乐对迷魂作用。[④]但除此之外，听觉也是“理性的”[logikos]，普鲁塔克甚至认为听觉“与理性[logikôtem]的关系比与激情的关系更紧密”。[⑤]正因听觉兼具“激情”和“理性”二义，故先要学会听。只有学会听，逻各斯才能深入主体之中，成为主体自己的逻各斯。但这不是一件容易的事。塞涅卡和爱比克泰德对此有专门论述。

塞涅卡在致鲁西里乌斯的《书简》(108)中说，鉴于聆听容易受感这一特点，任何人只要不怀恶意去聆听哲学家讲演，他都会有所收获：“一个人只要走到了阳光下，不论抱着什么目的，都会被晒成褐色。顾客即使只在香水店里空坐了许久，也会带上那里的气味。所以与哲学家交

① HS. p.318.

② 见罗念生、水建馥：《古希腊语汉语词典》，第 627 页。

③ 普鲁塔克：《论聆听》，依法文迻译，见 HS. p.335，注释 4。

④ 见《奥德赛》第 12 卷；《理想国》397a—399e；亦参 HS. p.319。

⑤ 普鲁塔克：《论聆听》；转引自 HS. p.335，注释 7。

往必定有所收益，甚至对于并不专心的人也是如此。”①而爱比克泰德在《谈话录》第二卷第23节说，人必须“通过逻各斯和教授[dia logou kai paradoseôs]的方式趋向完美”。②因此说和听都是必须的。要会说，必须具备关于说的“技艺”[tekhnê]；但对于听，爱比克泰德说，需要的不是“技艺”，而是“经验”[empeiria]和“历练”[tribê]。③“技艺”与“经验/历练”在希腊文本中时常处于对立。例如在《斐德诺》(270b)处，柏拉图谈到医学和演说术都不满足于“经验”和“历练”，而是一种“技艺”，因为医学依赖于身体的知识，演说术依赖于灵魂的知识；但“经验/历练”的情况却不依赖任何知识。④在爱比克泰德看来，聆听无疑就属于这种情况。所以在希腊罗马哲学的修习中，严格说，并不存在关于听的“技艺”，但并不意味着没有“听”的修习。人们普遍认为，“听”的两义性决定了我们必须控制它负面的被动性、激烈性和易受感性，发挥它正面的理性。福柯认为，在希腊化—罗马哲学文献中，有三种扬弃聆听的两义性的手段：保持缄默、保持积极的态度、调整注意力。

首先是保持缄默。关于缄默的重要性，福柯在一次访谈中曾表示他对缄默的赞赏，他认为缄默给人以自由，且蕴含着许多远比语言更丰富的意义，而我们现在的文化却抛弃了缄默。⑤在普鲁塔克那里，学会缄默乃哲学教育的根本原则。缄默的对立面是饶舌，这是开始哲学学习时必须治疗的第一个恶习。在《论饶舌》(*Traité sur le bavardage*)这篇作品中，普鲁塔克详细说明了饶舌的坏处以及保持缄默的必要性。他说边饶舌边聆听的人“肯定不受灵魂的引导，而是舌头为导向”。⑥因

---

① 塞涅卡：《幸福而短暂的一生——塞涅卡道德书简》，赵又春、张建军译，上海三联书店1989年版，第250页。

② HS. p.322.

③ empeiria指的是“阅历、见识、熟悉、实践经验”；tribê指的是“摩擦、磨练、历练、实践”。见罗念生、水建馥：《古希腊语汉语词典》，商务印书馆2004年版，第897页。此外，词典中还注明该词在磨练、历练、实践这层含义上“和methodos[理论]、tekhnê[纯艺术]相对”；亦参HS. p.323。

④ 以上解释见HS. p.323，详参《斐德诺》270b。

⑤ 福柯：《权力的眼睛》，严锋编译，上海人民出版社1997年版，第1—2页。

⑥ 普鲁塔克：《论饶舌》520d；见HS. p.336，注释20。

为对饶舌者而言，他们听到的话根本没有进入他们的灵魂中，而是马上就从舌尖滑走了。饶舌的人是不可能守住逻各斯的。正确地聆听是保持缄默——默默地收集并记住耳朵里的逻各斯，而不是立即把它转化为话语。也就是说，让耳朵与灵魂而不是与舌头交流。①其实，作为一种自我修习，保持缄默是一条十分古老的原则，早在毕达哥拉斯学派中它就已经是极为严格的修习活动。据第欧根尼·拉尔修记载，毕达哥拉斯要求新门生必须保持缄默长达五年之久，在这五年内，门生不能见他，只能听他谈话，直到考试通过之后才能与他见面。②因此，新进的门生往往也被称作"听众"[akoustikoi]，因为他们必须保持缄默，只能以聆听的方式来学习，学习的内容则被称作 akousmata，即关于行为和认识的规则。只有当他们有权以读写的方式来学习时才能够被叫作"学者"[mathêmatikoi]，即学习知识的人。③

其次还要有积极的态度。这包括两方面。一是身体姿态。它要求聆听者保持身体安宁。试想，如果一个人的身体不停在动，那他的灵魂怎么可能宁静地接受逻各斯呢？亚历山大里亚的治疗家团体要求听讲者"在旁边，竖起耳朵，目不转睛[eis auton]，保持一种不变的姿态[epi mias kai tês autês skhese epimenontes]来听讲"。④不过他们同时也要求听讲者通过恰当的肢体语言与讲话者进行互动，比如微微一笑表示他们对所讲内容跟得上[sunienai]，能理解[kateilêphenai]；若感到有所困难，就稍微摇摇头向讲话者示意。⑤二是以积极的态度激发起老师的讲授。例如，曾有一个精心打扮的学生问爱比克泰德为什么不给他讲哲学，爱比克泰德回答说："你没有激发过我。""没有激发我与你讨论的欲望[kinêson moi prothumian]。"⑥所以，如果想听哲学家的教诲，你不

① HS. p.325.

② 第欧根尼·拉尔修：《名哲言行录》，第 8 卷，pp.8—10；关于此问题，福柯参考了波菲利(Porphyre)的著作《毕达哥拉斯生平》，详参 HS. p.335，注释 16。

③ 参 HS. pp.396—397；亦参莱昂·罗斑：《希腊思想和科学精神的起源》，陈修斋译，广西师范大学出版社 2003 年版，第 56 页。

④ 斐洛：《论思辨的生活》；转引自 HS. p.336，注释 24。

⑤ HS. p.328.

⑥ HS. p.330.

能跑去质问哲学家有什么要讲的，而是要表现出你在聆听方面的经验和能力，或用爱比克泰德的话说："表现你在聆听方面的敏捷和老练"[deiknue sauton empeiron tou akouein]。①

最后还要会调整注意力。所谓正确地聆听，不是听空洞的词句，而是听"所指"[to pragma]。所指既是真命题，又是适宜的行为方式。听众必须把注意力放在所指上面。就像塞涅卡在《书简》(108)所示，真正使听众激动不已的"不是唠唠叨叨的空洞的词句，而是演讲者话语中那璀璨的内容。[……]这些言词会使你渴望把听到的道理立即付诸行动。他们为这些言语所深深打动，并且成为这些话语要他们去成为的人，或者说愿意成为这样的人"。②塞涅卡还以维吉尔的诗句"时光飞逝不复返"为例说，对这句诗可以作出语文学或者语法学的评注，也可以作出哲学的释义；但只有哲学释义才能理解这些语词取要何在。懂得聆听的人就不会白费注意力在那些喋喋不休的评注上，而是把诗人告诉我们的东西应用到追求幸福生活中去。换言之就是，先聆听并记住论点和命题，进而使它变为主体自身的行为规则。③普鲁塔克作过一个比喻，人在离开理发店时总会在镜子面前看看自己发生了什么改变；④同理，在听完每一次哲学课之后，不要急于离开，而是应该看看，自己与哲学所传达的真理话语之间发生了什么关系，真理话语有没有渗透到自己的灵魂中并且塑造了自己的灵魂，有没有使自己的品性变得更好。

(二)"读/写"

阅读和写作同样是与逻各斯打交道的方式，也是真理主体化的修习方式。前述聆听的注意力法则同样适于阅读。此处只需补充塞涅卡

---

① HS. p.330.

② 塞涅卡：《幸福而短暂的一生——塞涅卡道德书简》，第251页。

③ 塞涅卡对维吉尔这句诗的解析见《幸福而短暂的一生——塞涅卡道德书简》，赵又春、张建军译，上海三联书店1989年版，第259—264页；福柯的分析见HS. pp.332—333。

④ HS. p.334.

的一条阅读法则即可。这条法则见于塞涅卡《书简》(2),即“一直研读成熟作家的作品”。①在塞涅卡看来,阅读如饮食,频繁更换菜谱正是胃口不好的表现,花样繁多但身体不能吸收,反而戕害健康。如伊壁鸠鲁所说,贫穷的人其实不是拥有太少,而是欲求不满,总想追求更多财富。因此,与其驳杂不纯地泛泛而读,不如选取一部成熟作品,细读并加以消化。同样,塞涅卡在《书简》(88)中说“贪学也是放纵的一种形式”。②以此出发,他批评那种沉迷于“七艺”的学习态度,说这种沉迷“会使人陷入迂腐,心情烦躁,思想僵化以及自满自足起来,不再去学习自己需要的东西”。③真正需要学习的东西,是使人变好的东西,是使人获得美德的东西,而“七艺只是为获得美德开辟道路,而不是将人一直带到这个目的地”,④犹如没有食物不可能获得德性,但食物与德性之间并无必然联系。至于阅读的目的,福柯认为,它不在于获取知识,而在于提供“沉思”[meletê]的机会。不过希腊人所说的沉思不同于我们今人所说的沉思。“沉思”既不是分析命题的真假,也不是分析作品的内涵。其意义可从两方面来理解。首先,“沉思”指的是一种有别于“实际训练”[gumnazein]的思想训练,是一种占有思想的训练。⑤“这种占有就在于让我们从这种真实的东西出发,成为思考真理的主题,并从思考真理的主体进一步成为一个举止得体的主体。”⑥阅读文本,就是用灵魂去占有它的逻各斯,如同把某样东西“握在手中”[prokheiron],需要时能立即把它拿出来。其次,“沉思”在于形成一种认同体验。⑦以著名的“死亡沉思”[meletê thanatou]为例,它指的不是思考诸如“人是必有一死的”这类观念,而是指主体置身虚拟情境之中的训练。所以,“沉思”不是主体针对思想对象进行的逻辑运算,而是思想针对主体发挥作用。

阅读与写作分不开,写作是主体把读到的逻各斯重新聚集起来。

---

① 塞涅卡:《幸福而短暂的一生——塞涅卡道德书简》,赵又春、张建军译,上海三联书店1989年版,第2页。

②③ 同上书,第191页。

④ 同上书,第188页。

⑤ HS. p.339.

⑥⑦ HS. p.340.

塞涅卡在《书简》(84)中主张，阅读与写作必须交叉进行，发挥它们的互补作用，这样才不会筋疲力尽；爱比克泰德把“写作”[graphein]当作“思想训练”[meletan]与“实际训练”[gumnazein]的中介，①通过写，沉思的内容变成逻各斯固定下来，进一步再由沉思者就固定下来的逻各斯进行实际训练。依普鲁塔克的说法，写作的功能是“塑造品性”[éthopoiéthique]，即把真理塑造为品性。②常见的书写修习有“笔记”[hupomnêmata]和“信函”两种。笔记首先是为主体自身聚集、占有逻各斯服务的，同时也是主体之间的交流方式，与后世“忏悔录”的书写方式全然不同。“它既不追踪难以琢磨的体验，也不揭露隐秘，更不试图说出一个人的隐言(non-dit)；恰好相反，它只收集尝言(déjà dit)：收集一切可能听到的或读到的，其目的只是为了塑造自我。”③塞涅卡和普鲁塔克就经常把他们的笔记寄给别人，彼此交流灵魂发生的变化。信函的相互性则更明显，无论对哪一方而言都是在自我与他者之关联中所进行的修习。所以信函不同于笔记之处乃在于，信函是主体间相互向对方呈现自己。既然是呈现自己，那信函内容首先重在描写“灵魂和身体的困扰”，也就是说重在“感受而非行为”；其次重在描写“余暇活动”，也就是说重在“日常生活而非外部事件”。④此乃古代信函作为哲学修习方式之本质特征。

(三) 诚言[parrêsia]

听、读、写的技艺是就接受逻各斯而言的，说的技艺则是就发出逻各斯而言的。因为，当对话作为一种真话主体化的修习时，前提是说话者必须能说真话。以苏格拉底的对话为例，倘若苏格拉底不能讲真话，他的对话者又怎能把真理变成自己的呢？因此，“说”及其相关技术就

① DE，p.1236.
② DE p.1237.
③ DE. p.1444；DE. II. p.1238.
④ DE. p.1246.

重点落实在作为良心导师的苏格拉底身上。苏格拉底讲真话的技艺显然不是修辞技艺。它是什么？它就是我们所说的“诚言”[parrêsia]。

1. 诚言与坦白、奉承、修辞的区别

parrêsia的词源含义是“全部说出”、“说出全部”，表面上很接近基督教的坦白和忏悔技术。诚然，希腊罗马的诚言实践中确实有某些类似于基督教坦白技术的因子。例如，在老师的引导下进行道德检查；以书信或面谈的方式与朋友交流自己内心的变化。但是表面的相似并不能掩盖本质的差异。希腊罗马哲学的诚言实践与基督教的坦白技术，两者有本质的不同。其一，在基督教的精神实践中，真理话语是启示话语，主体只能服从和接受；希腊罗马的真理话语是理性话语，主体不是服从，而是“装备”。其二，基督教的主体必须坦白自己的真相，忏悔自己的罪恶；希腊罗马诚言实践的主体没有说出自身真相的义务，他们所说的只是自己生活的不足，说的目的也不是忏悔，而是使自己的生活更完美。其三，基督教的精神实践必须有良心导师，希腊罗马的诚言实践也必须有他人作为的帮助。但基督教的良心导师是为了接受主体的坦白和忏悔，而希腊罗马的导师只是为了引导主体转向自身、关心自身，从而意识到真理并不在他的外部，其实他自己就是言说真理的主体。仍以苏格拉底式的对话为例，苏格拉底的目的并非拷问对话者自身的真相，相反，苏格拉底是把他的对话者当作能言说真理的主体来加以考验。换句话说，是使他成为言说真理的主体，还是言说关于他自身的真相，此乃诚言与忏悔的最大差别。

要言之，而在希腊罗马的哲学修习中，真理显然不在启示中，不在圣经中；作为个体的“我”不是“圣言”的对象，而是“真话”的主体；真话就在我这里，我必须向自己说真话，通过向自己说真话——而非说出自己的真相——从而拯救自己。当说出自身的真相成为获救的必不可少的义务时，西方古代哲学的主体性历史也就此终结。这在福柯看来是西方文化的一个关键时刻：“一旦说出自己的真相成为拯救的必不可少的步骤，一旦这一义务落实在主体自身塑造和改变的技术中，一旦它落实在各种教士守则中，这就成为西方主体性历史上，或主体与真理的关系史上一个绝对关键的时刻。"①尽管这一时刻并非一蹴而就,尽管它是漫长而又复杂的历史演变过程;然而一旦这样的历史时刻形成,那么西方哲学、西方文化将要迈出具有决定意义的一步。从此,"怎样成为一个诚言的主体(sujet de véridiction)"将变成"怎样能够说出有关自己的真相(vérité sur soi-même)"。②从此,真理与主体的关系史由古代进入了中世纪。

要想界定"诚言",仅仅把它与基督教的坦白作区分还不够,必须进一步把它与"奉承术"和"修辞术"区分开,它们在希腊罗马时代就一直是诚言的对手:奉承术是道德对手,修辞术是技术对手。并且它们还往往相互勾结:奉承以修辞为技术手段,而修辞以奉承为其道德目的。③

关于"奉承术",福柯提到的论著有:罗马的伊壁鸠鲁主义者费洛德姆(*Philodème*)的《论奉承》、普鲁塔克的《怎样区分奉承者与朋友》、塞涅卡的《自然问题》第四卷的序言。在这些著作中,对奉承的讨论常与对愤怒的讨论并列出现。愤怒是指没法控制自己的怒气,但它往往是指家长针对家人和奴隶、将军针对士兵、君主针对臣民。也就是说,愤怒是上对下的,是治理者对被治理者的。愤怒"处在控制自身与控制其他人,治理自己与治理其他人的连接点上"。④奉承则不同,奉承是下对上的:下级以虚假话语为工具,对上级说话,使上级对说话者产生依赖关系,无法建立独立完满的自我关系,丧失主体性。而诚言与奉承刚好相反:诚言者以真实话语为工具对人说话,目的是使听者在一定范围内不再依赖于他的话,从而建立独立完满的自我关系,成为真话的主体。⑤

相比奉承术,诚言与修辞的冲突更激烈也更持久,乃至贯穿从公元前5世纪开始的整个古代文化。奉承术一般只用于下对上,而修辞术

---

① HS. p.346.
② HS. p.345.
③ HS. p.357.
④ HS. p.358.
⑤ HS. p.362.

的运用范围则比奉承大得多。按照亚里士多德的定义，修辞术是一种“能力”[dunamis]，是“一种能在任何一个问题上找出可能说服方式的能力”；①阿泰内（Athénée）也说修辞就是“说服听众的推理艺术”；②昆体良（Quintilien）甚至认为修辞术根本就不是“技艺”[tekhnê]，在他看来真正的技艺必须是与真理相关的；③更不用说还有柏拉图对修辞术的著名批评。总之，在古代论述中，修辞术虽然是一种关于话语的技术，但它的这种话语不是理性话语，不是真实的话语。它的本质目的也不在于使听话者建立主体性，而是在于“说服”。而一种话语要能够说服人，这种话语必须能够进入并牢牢控制住听话者的灵魂，所以修辞术有很大迷惑性，甚至远远超过奉承术。此为修辞术与诚言的首要差别。其二，修辞术有严格的、固定的组织程序，但界定这种程序的不是个体之间的互动，而是讨论的主题。这也是西塞罗和昆体良曾说的。④与修辞术不同，界定诚言的是“时机”[kairos]，即人们之间的相对处境。也就是说，诚言的内容以及表达方式并不固定，它必须依其处境和时机而作改变。⑤其三，虽然修辞术与诚言都致力于用话语的力量去影响和改变别人，但两者的不同在于，修辞术总以说话者自身的利益或荣誉为出发点；而诚言的出发点则不是说话者，而是听话者，因为诚言的目的是塑造听话者自我关系，是把诚言的对象培养为德性主体和知识主体。

2. 费洛德姆《论诚言》、盖伦《论激情》、塞涅卡《书简》中的诚言

(1) 费洛德姆《论诚言》

以上我们是就诚言的否定方面说，诚言不是坦白，不是奉承，不是修辞；若想进一步从肯定方面了解诚言是什么，必须对论述诚言的古代文献进行读解。福柯在《主体解释学》中择取了三篇文献：费洛德姆《论诚言》、盖伦《论激情》、塞涅卡《书简》(75)。

---

① 亚里士多德：《修辞学》，1355b，罗念生译文；亦参 HS. p.376，注释 16。

②③ HS. p.365.

④ HS. p.366.

⑤ HS. p.367.

费洛德姆(Philodème)是生活于罗马共和国末期的伊壁鸠鲁主义哲学家,也是公元前1世纪末至公元1世纪初的伊壁鸠鲁主义运动的发起者。他曾写下不少论述权力关系和自我关系的作品,诸如论愤怒、论奉承、论狂妄、论诚言。虽不能说体大,然确实够得上思精。《论诚言》(*Peri parrêsia*)没有完整保存,仅遗残篇。①在《论诚言》中,费洛德姆界定"诚言"说:

> 明智的人和哲学家是这样运用**诚言**[parrêsia]的,即,他以可信而又不刻板的推测作为推理的方式。②

诚言采取的推理方式是"推测"[stokhazomenos]。推测是相对于"探究"[methodikos]而言的。"推测艺术"(arts de conjecture)与"探究艺术"(arts de méthode)的对立古已有之。探究艺术必须遵守唯一固定的规则,最终达到确定无疑的真理;推测艺术所采取的途径则并非唯一,所得的结论也不固定,但这结论也是合理可信的。③既然推测艺术没有固定的步骤和方法可供依循,那其要领就完全在于对时机[kairos]的把握;既然诚言采取的方式是"推测",那"诚言"也就是关于"时机"的艺术。例如,老师对学生的谈话就必须选好时机才能有收效。由此,费洛德姆把诚言的艺术与领航员、医生的艺术相比拟,认为此三者都是在把握时机的前提下,对他人施予一种救助[boêtheia]或治疗[therapeia]。④在此意义上,诚言的功能即引导或治疗,诚言者—哲学家必定是优秀的领航员或优秀的医生。

进一步,费洛德姆说:"通过诚言,学生们彼此之间由于自由地言说而激发、强化、引起了善意[eunoia]"。⑤我们知道,伊壁鸠鲁学派有严格的等级制度,"导师"[kathêgêtsê]是其中的灵魂人物,他的话语具有绝

---

① 据福柯介绍,截至1982年《主体解释学》授课时,法国学界尚未整理出版这一残篇。他引用的是意大利学者吉冈特(Gigante)的研究论文,该论文收于1968年《布代学会第八次大会论文集》中。

② 引自HS. p.371。

③ 福柯还提到,"推测的艺术"和"探究的艺术"这一对立在亚里士多德哲学中很明显。以上参HS. p.371。

④ HS. pp.372—373.

⑤ HS. p.372.

对的权威性，他自上而下逐层传递学说。但在费洛德姆的描述中，门生彼此之间也可进行诚言。也就是说，除了导师自上而下的垂直关系之外，还有一种横向的关系。在伊壁鸠鲁主义的这种双重结构中——垂直结构和水平结构，福柯认为诚言形成了一种特殊的循环结构："这是一种明确的、规范的、精致的诚言实践，学生们必须以此通过某种坦诚来回应老师的真话，这种坦诚是他们与别人交流时的心灵相通，以此启动他获救的必要条件，也以此激发其他人产生一种不是拒斥和谴责，而是善意[eunoia]之态度，并由此促使团体中的所有成员、所有人得救。"①这并非宗教实践，但又与后世的宗教实践十分相似。福柯对古代哲学实践的读解，总是一次又一次告诉我们，尽管当今某些源于宗教的实践活动与古代哲学的实践活动有不少相似性，但切勿因此而以为西方历史中只出现过一种实践——宗教实践。

(2) 盖伦《论激情》中的诚言

盖伦在《论激情》中说，人有两种自然倾向：一是向外的 sollicit，一是向内的 amor sui。sollicit 是指人为外在事物所累，心神不宁，不能关心自己；而 amor sui 的意思是人过度自爱，沉溺于自身的快感，不能恰当地关心自己。②总之，无论向外还是向内，两者都是由错误的观念导致不能建立独立完满的自我关系，丧失了主体性。所以人的这种"激情"[pathos]必须得到治疗。但人既然丧失了主体性，单靠他自己是无法走出这种境地的，需要导师拉他一把。③问题是怎样找这个可以作为导师的人呢？盖伦说，这个能够作为导师的人应当具备某些品质，首要者便是"诚言"。因此，在对别人讲述自己的病情时，必须先检验他是不是一个诚言者。盖伦在《论激情》中详述了这些检验步骤，如：看他如何与权贵交往，看他是不是阿谀奉承之辈，等等。福柯提醒我们注意盖伦此处的特殊之处：首先，人们寻找的导师是一位陌生人，这与柏拉图的

---

① HS. p.374.

② HS. pp.361—362.

③ 这是塞涅卡《书简》(52)中的说法："Oportet aliquis educat"，参福柯 1982 年 1 月 17 日授课内容。

方式(以爱欲关系为基础)和塞涅卡的方式(以社会关系为基础)均不同。其次,被考验是否能说真话的人不是学生,而是导师,这与基督教的良心指导程序刚好相反。①

(3) 塞涅卡《书简》中的诚言

在给鲁西里乌斯的《书简》(75)开头,塞涅卡表达了他对"诚言"的看法,福柯在1982年3月10日的课程中大段朗读了这篇文本,兹节译如下:

> 我希望我的信没有任何人为雕琢的成分。如果可能的话,我更宁愿让你明白我的想法,而不愿用语言来表达。即使在正式的讨论会中,我也不会手舞足蹈,不会抬高嗓门,还是把这些事情留给那些演说家吧;我的方式是直击目标,直接向你传达我的思想,既没有刻意的修饰,也不庸俗乏味。我由衷地想使你相信的只有一点,即我所说的一切都是我所想的,不仅想,而且还要致力于它们。一个人给他孩子的亲吻和给情人的亲吻是不一样的,给孩子的亲吻尽管单纯而又有节制,但它依然充满了温情。当然,我也不会强迫自己用一种生硬和冷漠的口气来谈论这些重要的话题;哲学并不抛弃精神的优雅;但在一些字词上徒劳花费功夫,这也委实不必。这就是我的主张,就是我想说的要点:说我们所想,想我们所说;做到言行一致。如果你对一个人观其行、听其言,这两者完全一致,那么这个人就算履行了他的诺言。在对一个人下判断之前,必须看这两者是否一致。我们说话的目的不纯粹是好玩,而是要有所裨益。不过,如果你不用费什么力就能进行雄辩,如果你有这方面的天赋而不需要什么代价就能使用它,那么就承认它,让它与我们那些美好的事物相伴;但是,使用它,目的是使那些美好的事物显示出来,而不是显示它自己。雄辩术以及其他的技艺都只对理智说话,而我们此处的事业是灵魂之

① 在1980年3月19日的授课中,福柯曾比较过基督教的指导与希腊化的指导之间的差别。

间的交往。①

很明显,尽管在一定程度上,修辞术、演讲术、雄辩术可以利用,但就其一般而言,塞涅卡对这些技艺持的是排斥态度。因为它们只是在词句上进行雕琢和修饰,但不是真实的逻各斯,不可能进入并改变人们的灵魂。手舞足蹈、高声喊叫的做法并不适合一个严肃的哲学教师;"发表冗长而激烈的演说,这种精力和热情更为沿街叫卖的小贩所具备。"②演讲者如果连自己的情绪都支配不了,他怎么还能够支配别人呢?《书简》(40)说:"语言注重的既是表达真理,就该简洁明了,朴素自然"。③当然,这并不意味着哲学家的语言可以没有力量,可以任意发挥。相反,塞涅卡说,哲学家的语言必须遵守规则,但不是遵守煽情的戏剧规则,而是遵守真理规则;哲学家的讲演也必须具备伟大的力量,但这种力量得有限度,它不是朝涨夕落的海潮,而是永不枯竭的涓涓细流。④同样是这层意思,塞涅卡在《书简》(38)中作了另一个比拟:"谈话犹如播种。种子无论多么细小,一旦进入适宜的土壤,就会显示其力量,从渺小的颗粒壮大起来,成长为硕大的植株。"⑤哲学家的语言必须就像种子:"形态细小,影响深远"。⑥这就是塞涅卡笔下的哲学诚言。扼要来说,其表达要素就是上面说的直击目标,直接"向你传达我的思想,既没有刻意的修饰,也不庸俗乏味"[contenus sensus meos ad te pertukise, quos nec exornassem nec abiecissem]。⑦

以上是就表达方式而言,若就其内容而言,诚言的作用不是对理智说话,而是属于"灵魂的交往"[animi negotium]。⑧所谓"灵魂的交往",

① 塞涅卡:《书简》(75),据 HS. pp.384—385 法文迻译;也曾参洛布丛书的英译。

②③ 塞涅卡:《书简》(40),见塞涅卡:《幸福而短暂的一生——塞涅卡道德书简》,赵又春、张建军译,上海三联出版社 1989 年版,第 78 页。

④ 同上书,第 80 页。

⑤ 《书简》(38),见塞涅卡:《幸福而短暂的一生——塞涅卡道德书简》,赵又春、张建军译,上海三联书店 1989 年版,第 75 页。

⑥ 塞涅卡:《幸福而短暂的一生——塞涅卡道德书简》,赵又春、张建军译,上海三联书店 1989 年版,第 76 页;亦参 HS. p.384。

⑦ 福柯所引拉丁文见 HS. p.387。

⑧ HS. p.386.

指的就是诚言者和诚言对象的灵魂发生的交往。就此而言，诚言既是“教育”[paid-agôgia]，又是“灵魂引导”[psych-agôgia]。作为灵魂引导者一方的诚言者，他说的不仅是他的真实想法，而且还要是他所体验的[quid sentiam]；不仅是他体验到的，而且还要爱它，毕生致力于它[nec tantum sentire, sed amare]，即言行一致。①只有做到言行一致，他才能为他的诚言活动立下一个契约或承诺，无论你听到还是在生活中看到，他都没有丝毫不同[Ille promissum suum implevit, qui, et cum videas illum et cum audias, idem est]。②而作为被引导者一方的诚言的对象，他必须把他所听到的真理话语铭刻于心，形成了某种装备，以备不时之需，如塞涅卡在《书简》(40)中所说，③真理话语必须切实地“落在心里”[descendere in nos debet]，就像把种子播在土里，它才能对人产生治疗作用。

四、修习之第二步：化真理为品质

(一) 何为“工夫”

个体接受并占有逻各斯，这只是真理主体化修习的第一步。只有当真理切实地使主体变化了气质、品性、习性，真理主体化的修习才得以最终实现。这个从真理[alêtheia]到品质[êthos]的过程，是真理主体化修习的第二步，并且也只有它才是严格意义上的修习。此时的修习便不再围绕沉默和聆听进行，而是围绕“工夫”(ascétique)进行。④何为“工夫”？诚然，工夫也包含禁欲和苦行，但就其本质而言，工夫不同于禁欲主义和苦行。福柯说，“工夫”是“一套有序的训练，可以根据某个

① HS. p.387.

② HS. p.388.

③ HS. p.383.

④ ascétique是福柯从希腊文askêsis生造出来的法文词，因为他认为已有的ascétism(禁欲主义)、ascèse(苦行)皆不可表示从真理到品性的修习过程。本书用“工夫”来译ascétique，以区别于“修习”所译askêsis。

道德的、哲学的、宗教的体系供给甚或要求个人使用，从而让他达成既定的精神目标。我把‘精神目标’理解为某种转变、某种改观，个体作为主体——作为行为主体和知识主体的转变”。①

具体说，在柏拉图《阿尔西比亚德》中，“工夫”是以“关心自己”[epimeleia heautou]而提出来的。因为自己即灵魂，故工夫体现为对灵魂的关心。而最终结论是，灵魂反观自己的“努斯”[noûs]部分，从而认识自己的本性乃属神性。此乃柏拉图主义的工夫路径。而在福柯所谓自我教养的时代里，希腊化—罗马哲学发展了不同于柏拉图主义路径的工夫：第一，希腊化—罗马时代的工夫与“认识自己”相脱钩，至少可以肯定，这一时代的工夫绝不是围绕“认识自己”这一中轴进行。第二，如果这一时代的工夫仍包含“认识自己”，那它也没有把自己当作神圣要素来反观和认识。②但悖论的是，希腊化—罗马哲学所提出的非柏拉图主义的工夫，却被基督教所吸纳和改造，并一直延续下来。福柯认为，这一看似矛盾的现象，原因在于，非柏拉图主义的工夫恰好迎合了基督教反对诺斯替教的需要：“从公元3世纪末起，在整个4—5世纪之间，僧侣制度中的基督教精神发展的主要原则(战略原则)和主要动力，就是要最终建立一种摆脱诺斯替教的基督教精神”。③诺斯替教，顾名思义，其精神以“认识”(gnose)为中心，所以它属柏拉图主义；而希腊化—罗马哲学的非柏拉图主义的工夫，正好可以充当基督教与诺替斯教斗争的强大武器。一旦基督教把“认识自己是神性要素”这一柏拉图主义的中心原则，逐渐改造为“质疑自己不是神性要素”，基督教精神即得以树立。在这一漫长且复杂的转变过程中，希腊化—罗马哲学的非柏拉图主义的工夫起了关键作用。福柯尤其重视对这一阶段的研究，目的是抽丝剥茧式的揭示被历史湮没的传统。具体说，希腊化—罗马哲学的工夫分为两类：“实际工夫”[gumnzein]与“思想工夫”[meletan]。

---

① HS. p.398.

② HS. p.401.

③ HS. p.402.

(二) 实际工夫

“实际工夫”是指在实际境况下的实践、练习与锻炼。这种境况既可能是生活中的实际遭遇，也可能是人为的安排。主要有两种，即“克制”(abstinences)①与“考验”[probation]。

关于克制工夫，罗马帝国时代初期的斯多葛主义者哲学家穆索尼乌斯(Musonius Rufus)曾留下《论修习》(*Peri askêseôs*)一文。该文区分了三种训练：一种关乎身体，一种关乎灵魂，一种关乎身体与灵魂。但该文未对身体训练加以说明，而是认为从哲学和生活艺术[tekhnê tou biou]的角度看，人们应该关注的只有灵魂训练以及灵魂与身体混合的训练。这两种训练的目标是，培养“勇气”[andreia]和“节制”[sôphrosunê]两种德性：勇气是针对外部世界的承受，克制是对内心世界的调节。体育锻炼和身体竞技在柏拉图的《理想国》和《法律篇》中，对德性的培养具有关键作用，但穆索尼乌斯则没有给体育锻炼和身体竞技任何地位。他主张应该通过克制工夫来培养勇气和节制，通过让身体忍受饥、渴、寒、热、睡眠，等等，使身体习惯在任何严酷的条件下都能生存。②如果说在穆索尼乌斯这里只是找不到体育锻炼的位置，那在另一位斯多葛主义哲学家塞涅卡那里，却可以发现对体育锻炼的严厉批评。如《书简》(15)说：“把时间耗费在训练臂力、扩张颈间和提高肺活量上，那是很愚蠢的，绝不是受过教育的人应该做的事。”③这些高强度的训练只会使人筋疲力尽，徒增精神的负担，使人的智力敏锐度下降——总之，与人的健康毫不相干。在塞涅卡看来，健康与智慧含义相同：“智慧和健康所指的正是同一个意思，没有智慧，头脑就不健全，不

---

① 有学者将该词译为“节制”，笔者认为“节制”多指 sôphronesis，故改译为“克制”以示区别。

② 以上参 HS. pp.408—409。

③ 塞涅卡：《幸福而短暂的一生——塞涅卡道德书简》，赵又春、张建军译，上海三联出版社 1989 年版，第 42 页。

管内体多么强壮，却只有狂人或神经质的人所有的那种力量。因此你必须首先关心这种有智慧的健康。当然也一定要注意别的方面的健康，但要认识到，那都是第二位的。”①

在批评体育训练的同时，塞涅卡提出克制的工夫，在《书简》(18)，他告诉鲁西里乌斯，每隔一段时间就要过几天只吃糟糠食物、只穿破衣烂衫的日子。恰如士兵每隔一段时间就要进行一次演习，以假想的敌人进行训练以便能对付真正的敌人，同样，“以不必要的辛苦使自己劳累不堪，就是为了当辛苦是必要的时候也能如此。你要想使某人面临危机而仍然镇定自若，就必须在危机到来之前对他有所训练。”②在《书简》(8)中，塞涅卡呼吁人们“回避众人所赞扬的一切以及幸运送来的礼物吧……使人眩晕的生活终归会使人身败名裂。而且，幸运一旦使我们偏离航向，我们就无法以它仍在自己的航道上行进而自慰，也不能断然破釜沉舟，甚至没有能力使它抛锚停航。”③因此，必须严格控制身体的欲望，使灵魂不被诱使着向往过奢侈的生活。这些克制工夫不是强加给人们一种生活禁忌，而是赋予生活一种原则形式，即塞涅卡在《书简》(8)中的要求人们“坚持这个稳健安全的生活原则”。④这种“生活原则”[forma vitae]，不是禁欲主义，而是给予健康所必须的东西：“放荡不羁以有益于健康为限。”它旨在培养一种生活风格，使人可以恰当地面对生活中的每一事件。同样，哲学不仅不限制人，而且还给人以自由，所以伊壁鸠鲁说：“为了得到真正的自由，你必须成为哲学的奴仆。”⑤

考验工夫与克制工夫不能截然分开，但与后者区别有三：第一，考验包含自己对自己的拷问，是检测自己是否取得进步的方式。例如，在爱比克泰德和普鲁塔克那里，他们认为开始时做到一天不发怒，然后做到两天、四天不发怒，最终如果能做到连续三十天不发怒，那就成功了。

---

① 塞涅卡：《幸福而短暂的一生——塞涅卡道德书简》，赵又春、张建军译，上海三联出版社 1989 年版，第 42 页。

② 同上书，第 53 页。

③④ 同上书，第 20 页。

⑤ 同上书，第 21 页。

第二,考验是双重的训练——既作为现实中的训练也作为思想中的训练。也就是说,不仅要在行动中控制住自己,而且还要在思想中去除不良念头。爱比克泰德说,当我们遇到窈窕淑女时,仅仅克制自己不行非礼之举是不够的,必须从思想深处不为所动。第三,克制是生活中的定点训练,但考验却不是,考验不仅仅是生活中特定阶段的一种塑造工夫,而是应该成为生存的一般态度——使整个生活成为考验的一般态度。福柯认为,把整个生活当成考验,此乃"自我技艺史上的关键步骤"。①可从两方面理解其含义。

第一种含义。生活中的种种苦痛和不幸,既是考验,更是教育。人的整个一生必须通过持之以恒的考验来进行自我教育。塞涅卡说,这种考验恰如父亲对孩子的教育。"父亲命令孩子从睡梦中醒来,以便很早就开始劳动,——即使在节日里他也不让他们闲着,他使他们流汗,有时还流泪。"②这是父亲对孩子表达爱意的方式,有别于母爱。神对人的爱也是父爱,是坚定、勇敢、刚毅、严格之爱。神说:"让他们受到苦活、遭难、损失的折磨,以便使他们获得真正的力量"。③爱比克泰德把神比作体育老师,给人类安排艰苦的训练和野蛮的对手,目的是使人类能在真正的人生竞赛中获胜。④

于是生活作为考验的第二种含义是,人生是否有痛苦和不幸,是否有各种考验,这是区分好人与坏人的标准。在生活中,坏人坐享其成,好人吃苦受累。这其实是因为好人为神所喜。神让好人受尽折磨,是为了使好人与神自己相称[sibi illum parat]。⑤所以,不能把这些不幸和考验视为罪恶。斯多葛主义这种把整个人生视为考验的思想不同于古典希腊时代。在古典希腊时代,这些不幸不是罪恶的,原因并非它们

---

① HS. p.412.

② 塞涅卡:《论天意》,中文见《强者的温柔》,包利民等译,中国社会科学出版社2005年版,第327页;法文见HS. p.432,注释1。

③ 塞涅卡:《论天意》,中文见《强者的温柔》,第327页;法文见HS. p.432,注释1。对观:"天将降大任于斯人也,必先苦其心志,劳其筋骨,饿其体肤,空乏其身,行拂乱其所为,所以动心忍性,曾益其所不能。"

④ 参爱比克泰德《谈话录》第1卷;亦参HS. p.422。

⑤ HS. p.432,注释4。

本身不是罪恶，而是从世界理性的本体论角度来看，它们最终都将导向宇宙总体的善；而现在，在罗马时代的斯多葛主义这里，这些不幸从根本上就不是罪恶。因此，原来在人与神之间的搏斗中所实现的考验，[1]现在变成了在神对人的爱护中来进行。此外，斯多葛主义这种把整个人生视为考验的思想也不同于基督教的考验。在前者的考验中，神对人的考验虽然是为了使人与神自己相称，在通过考验之后，神对人应该作出什么安排，以及人是否天生就有善恶之分，这在塞涅卡或爱比克泰德那里根本不是问题；而在基督教精神看来，这是上帝对人的考验中所包含的至关重要的论题。

（三）思 想 工 夫

希腊文 gumnazein 和 meletan 都有训练、练习之意。不过 gumnazein 侧重实际训练，meletan 侧重思想训练。思想训练有两种：第一种针对思想内容，第二种针对思想主体。就此处所讲的工夫而言，重在第二种。

1. 第一种思想工夫主要针对思想内容。对即将进入思想的各种表象进行检查，检查其内容的真实性，切勿不加检查就让一切表象进入思想之中。塞涅卡把那种“让外在世界可能给予他的一切表象都进入他的精神中，他不加检查和分析它们的表现就接受了它们”的人称为 stultus。这种人思绪烦乱，不能恰当地关心自己，导致灵魂总是处于动荡之中。在爱比克泰德、马可·奥勒留之处，对表象的检查也是精神修习的核心内容。本书前文已有论述，此处从略。

2. 第二种思想工夫主要针对的不是思想内容，而是思想主体，针对思想主体的真实性进行考验：“我真的是这些事物的思想者吗？并且，作为这些真实事物的思想者，我是否如同认识到这些事物的主体一样行事了？换言之，我是否确实就是我所认识的真理的伦理主体？”[2]

---

① HS. pp.425—426，福柯举出普罗米修斯、赫拉克勒斯、俄狄浦斯等神话悲剧作为考验的例证。

② HS. p.444.

这是主体针对主体自身所进行的思想训练，主要有三种：对不幸的预想、死亡训练、良心考察。

(1) 对不幸的预想[praemeditatio malorum]，亦即对未来的种种不幸或灾难作出“预先沉思”[prae-meditatio]，在思想中进行预设和模拟。福柯认为，这种思想训练专属于斯多葛主义。因为整个古代希腊思想都对未来持一种贬低和蔑视的态度，至少是不提倡思考未来。对希腊人而言，人是面向过去、背朝未来的。所以记忆或者回忆对他们具有首要性。以普鲁塔克为例，《论灵魂的安宁》(*Peri euthumias*)明确把面向过去与思考未来这两种人置于对立。他说：“没头脑的人[oi anoêtoi——拉丁文把这个术语译为‘stulti’，指那些与哲学对立的人。——福柯注]不经意之间总与当下的善好失之交臂，因为他们不停地被未来吸引着；而明智的人[phronimoi]却有着那些没脑子的人所不具有的善好，因为明智的人具有回忆。”①显然，在普鲁塔克这里，“没头脑的人”与“明智的人”，这两种人的对举，乃是以朝向未来还是回忆过去为标准的。“没头脑的人”，他们的注意力被未来提前占据，而未来又只能通过幻想，其实未来对人而言就是虚无，所以对未来的思考在希腊人眼里是否定的。“明智的人”，他们充满了对过去的回忆或记忆，所以能抓住幸福。总之，未来是虚无的，现在是转瞬即逝的，所以回忆过去对希腊人来说就最具有肯定价值。

在这种背景下，斯多葛主义却发展了“对不幸的预想”的训练。这种思想工夫旨在对未来有可能出现的不幸或灾难作预想，强调的是未来。依韦尔南之见，斯多葛主义的这种时间观与柏拉图、亚里士多德的决裂体现在两点：“首先，他要为一种时间上的现实赋予永恒的整个厚度；其次，它要把动力因(cause efficiente)、把施动者从它对目的因(cause finale)或形式因的臣属中解放出来。”②也就是说，斯多葛主义的时间观重点不是放在施动的结果上，而是放在施动者的“行为的练习

① 普鲁塔克：《论灵魂的安宁》；转引自 HS. p.446。

② [法]韦尔南：《斯多葛派的时间，人的时间》，载《神话与政治之间》，余中先译，三联书店 2005 年版，第 535 页。

中”:“从外部强加的并被接受的事件的改变的意义,作为我们强加给我们自己的考验,在这考验中,我们的活动没有别的目的,只是为了自己的练习”。[①]福柯的解释用语虽有别于韦尔南,但他的精神与韦尔南是一致的。按福柯的说法,对不幸的预想的意义可以依据作为一般意义上的“修习”[askêsis]来进行界定。“对不幸的预想”与“修习”一样,都是给主体赋予一种理性的、真实的话语(逻各斯),以这种逻各斯作为装备,当主体需要时,主体能够向逻各斯求助,即希腊词组所谓 logos boêthos 。[②]

对不幸的预想,这种思想工夫包含三方面内容。一是就范围言,它相信所有的不幸都有可能发生。塞涅卡在《书简》(91)中说:“我们务必做到任何事情的发生都不使人感到诧异。我们应当事事处处都提前作好思想准备,应当想到每一个可能的突然事变,不仅仅只去考虑通常的情况,因为只要命运愿意,有什么不能被她那无上的权势击倒呢?”[③]在命运面前没有什么不可能的,暴逆往往降落在无辜者头上,疾病常常发生在强健者身上。因此,这种思想工夫要求穷尽一切不幸和灾难。二是就程度言,这种思想工夫要求尽可能预想最大程度的灾难。塞涅卡在给马吕鲁斯(Marullus)的告慰信中说,他的信并不能给马吕鲁斯的丧子之痛带来什么实际的弥补,只是为了激励他,激励他预见未来命运的更大的打击,面对未来的任何灾难表现出灵魂的高贵。三是就发生的时间言,必须预想这些不幸和灾难每时每刻都会降临,必须随时做好准备。塞涅卡说,事物的成长是缓慢的,然而其毁灭却异常迅速,哪怕说“一天”都太长了,一小时、一瞬间就足以毁灭世间的许多宏伟之物。[④]

不过,关于斯多葛主义的这种工夫,我们还要分析它的复杂性。一

---

① [法]韦尔南:《斯多葛派的时间,人的时间》,载《神话与政治之间》,余中先译,三联书店 2005 年版,第 535 页。

② HS. p.450.

③ 塞涅卡:《幸福而短暂的一生——塞涅卡道德书简》,赵又春、张建军译,上海三联书店 1989 年版,第 216 页。

④ 同上书,第 217 页。

方面，我们在上文已说，它确实是对未来的思考。也正是针对未来这一点，斯多葛主义遭到了伊壁鸠鲁主义的批评。伊壁鸠鲁主义提出 avocatio 和 revocatio 的两类训练，即通过感受现在或者过去的快乐，希望以此来反对斯多葛主义的对不幸的预想。①但另一方面，从另一个角度说，斯多葛主义所谓对不幸的预想，其细节之处也可以说不是对未来的思考。这种工夫不是让人面向未来，不是敞开未来的生存；而是相反，其旨归是封闭未来，取消未来。因为未来之为未来，就在于它是尚未确定的、尚未真实发生的，而斯多葛主义的训练，其本质不是设想一个未来的、虚假的东西，恰恰相反，他们要把未来的一切都预想为当下即将发生的、真实的事件。如塞涅卡在给马吕鲁斯的告慰信中所说："我不说它是可能发生的事件，而说一定会发生的事件。"②所以从这个角度说，斯多葛主义关于未来的预想，与希腊—罗马蔑视未来的这种普遍的时间观并无根本上的冲突。但还要进一步说明，这里的意思，也并非使未来当下化；毋宁说，取消未来的过程，同时也是使现实简化的过程。此乃福柯所解释的对不幸的预想的第二层含义。福柯认为在斯多葛主义这里，把未来的不幸当下化，其目的不是使它更实在，而是相反让它不实在。③通过这种对实在的简化，或者说这种去实在化，那么没有什么不幸和灾难是我不能承受的。因为，如果我能承受，说明这种不幸很轻微；如果我不能承受，说明这种不幸很短暂，因为，如果一种灾难超出了人的承受范围，人将立即死去。

(2) 在对不幸的预想的极端之处，就是前文已提及的"死亡沉思"、"死亡训练"[meletê thanatou]。因为死亡乃一切不幸之中最大的不幸，而且死亡必定是要来临的，它是终结一切可能性的必然性。"死亡沉思"就是要为这一不幸但又必然降临的事件作好准备，甚至变不幸之事为幸事。不过，福柯仍然把"死亡沉思"从"对不幸的预想"之中另行析出，原因有两点。第一，尽管各个哲学学派对死亡沉思的理解未必一

---

① 西塞罗：《图斯库拉尼》(*Tusculanes*)，第 2 卷；转引自 HS. p.456，注释 25、26。
② HS. p.451.
③ HS. p.452.

致，然而它作为一种训练工夫，在希腊—罗马历史中具有十分久远的传统，且其地位特殊。皮埃尔·韦尔南的论文《遗忘之河与“死亡沉思”》对这一古老传统作了一些研索。要言之，在古代传统中，死亡训练总与记忆或回忆[mnèmè]联系在一起，从而也就与知识和德性联系在一起。例如，在古老的神话体系中，赫利孔山(Hélicon)的缪斯女神只有三位，名字分别是“训练”[Mélétè]、“记忆”[Mnèmè]、“歌唱”[Anoidè]。在哲学传统中同样如此，在恩培多克勒文献、毕达哥拉斯主义、柏拉图《斐多》《理想国》《高尔吉亚》以及亚里士多德哲学中，都可发现记忆与死亡训练的联结。①第二，“死亡训练”与“对不幸的预想”，它们的不同在于，死亡沉思实质上不是对死亡的沉思，而是一种对自我的意识，是由“死亡的现实化出发而凝视自己本身的某种方式”。②这种对自我的凝视，要么通过把捉生活过程的瞬间而进行，要么通过回顾整个人生而进行，两种方式都是通过死亡沉思而实现的。

死亡沉思，就是把生命中的每一天都当作最后一天来度过。塞涅卡在《书简》(12)中写道：“每一天都应该看作似乎就是我们的末日，就是完成和结束我们生命的日子。”③马可·奥勒留也写道：“品性的实现[teleiotês tou êthous]表现为，把每一天都看作是末日而度过。”④两者的意思皆是，死亡每一天都可能降临于我，因此我必须时刻意识到今天就是我的最后一天；在这“一天”中，必须反省自己有没有实现品性。换言之，品性之实现与人生之完成乃同义，死亡的时刻也就是对自己人生的道德价值作出评判的时刻。恰如爱比克泰德所问：“当疾病与死亡侵袭你的时候，你希望自己在做什么呢？因为不管你做什么，你都是难免一死的。当死亡侵袭你的时候，如果你有更好的事情要做，那现在就开始做吧。至于我，我愿意在死亡侵袭的时候，我仅仅在观照我自身的意

---

① [法]韦尔南：《遗忘之河与死亡训练》，见《希腊人的神话和思想》，中国人民大学出版社 2007 年版，第 139—157 页。

② HS. p.458.

③ 塞涅卡：《幸福而短暂的一生——塞涅卡道德书简》，赵又春、张建军译，上海三联书店 1989 年版，第 39 页。

④ 马可·奥勒留：《沉思录》，第 7 卷；转引自 HS. p.458。

愿，努力使它变得宁静，自由，无拘无束。”①

所以，所谓死亡训练绝不是让人轻视生命，对死亡的沉思也不是对未来的思考，而是对走向死亡的自我的思考。通过把整个人生浓缩为从早晨到傍晚的一天，进而把生命中的每一天都如此定格、把捉下来，人就为死亡作好了准备，准确地说，是为“品性的实现”作好准备；作好了这种准备，哪怕死亡降临时，我们依然说：

> 我曾经活过，我现在已经完成了
>
> 命运在很久以前分配给我的任务。②

所以死亡训练的目的，是在不畏惧死亡的同时珍视生命。活着的时候应该实现品性的完美，面对死亡时也不应该把它当作灾难，而是将之看作人生的实现和完成，看作拯救和幸事：

> 死亡对许多人来说是件幸运的事，因为它会把许多人从折磨、贫困、疾病、痛苦以及厌倦中拯救出来。我们一旦能够支配死亡，也就没有人能够支配我们了。③

(3) 良心检查。未经审查的人生是不值得过的，苏格拉底的这句话几乎人人皆知。确实，良心检查是许多哲学传统的古老法则，尤以毕达哥拉斯派为甚。其《黄金诗句》云：

> 在考察好一天的所作所为之前，不要让自己闭上眼睛睡一个好觉。问问自己：我因为什么犯了错误？我做了什么？我是否忘了我必须要做的事？首先要从考察这一切开始。然后，如果你发现你犯了错误，严厉地责备自己；但是，如果你做的不错，就让自己高兴一下，努力去实践这些戒律，想想它们；你必须喜欢它们，而且它们让你以神的德性为榜样。④

由此可见，良心检查是在每天临睡前进行，而且每天晚上必须就

---

① 爱比克泰德：《哲学谈话录》，吴玉波译，中国社会科学出版社2004年版，第189页。

② 塞涅卡：《幸福而短暂的一生——塞涅卡道德书简》，赵又春、张建军译，上海三联书店1989年版，第40页。

③ 同上书，第223页。

④ 毕达哥拉斯：《黄金诗句》；见HS. p.468，注释10。

“我犯了什么错误”、“我做了什么好事”、“我有什么应该做的事没有完成”这三个问题进行反思。斯多葛主义把它发展为每天早晚各一次，早上的检查是为即将开始的这一天的职责和任务，以便作好充分的准备，晚上的检查是为把白天的事情作一个清理。①但这里还隐含另一层意思：在希腊人的普遍观念中，整个人生往往被当作一天而过——早晨是童年，中午是成年，晚上是老年。那么，早晨的良心检查便可以说是为一生作好准备，晚上的检查便是总结一生。塞涅卡的《论愤怒》有对这种检查的详细叙述，其记载罗马的斯多葛主义者塞克斯提乌斯经常进行这种实践：

> 塞克斯提乌斯就有这个习惯，当一天结束而他已经就寝休息时，他会向自己的灵魂提出这些问题：“你今天治愈了什么坏习惯？你今天抵制了什么缺点？你在哪方面比较好？”②

并且塞涅卡本人也坚持这种实践：

> 还能有比较彻底地审查一整天的生活这个习惯更好的吗？而紧接着这种自我检查之后的睡眠又会是多么的愉快——当灵魂已经赞扬或劝诫了它自己的时候，当这位秘密的自我检查者和批评者已经汇报了它自己的品质的时候，他会睡得多么平静，多么深沉无忧！我利用这个权力，每天在自我的法庭前为自己提出申辩。当光线从视野中离去时，我的妻子深知我的习惯，就会变得沉默；于是我审视我的一整天，回顾我的行为和言辞。我不向我自己隐瞒任何事情，不遗漏任何事情。当我能这样和自己交心时，我为什么要对我的缺点退缩呢？③

塞涅卡在这里把这种检查比作司法审判，主体既是法官也是被告。但

---

① ［法］福柯：《性经验史》，第二卷《关注自我》，佘碧平译，上海人民出版社 2011 年版，第 343 页。

② 塞涅卡：《论愤怒》第 3 卷，见《强者的温柔——塞涅卡伦理文选》，包利民等译，中国社会科学出版社 2005 年版，第 93 页；福柯在《关注自我》（中文第 343—344 页）和《主体解释学》（中文第 500—502 页）中分析过该引文。

③ 塞涅卡：《论愤怒》第 3 卷，见《强者的温柔——塞涅卡伦理文选》，包利民等译，中国社会科学出版社 2005 年版，第 93 页。

塞涅卡大量使用的不是司法术语，而是行政术语，如：用动词 excutire 表示核查账目、消除错误；用动词 scrutari 表示检查武器、营地、船舶等；用动词 remetiri 表示在完事之后检查一番，看是否正确、是否值得。①福柯之所以详举诸词，用意乃强调，所谓良心检查，其实质不等于良心审判。确切说，良心检查涉及的是自我治理，因为它不在于揭示个体灵魂所隐藏的欲望甚或罪恶，而只是检查错误；这些错误只是技术错误，是“手段与目的之间的不协调”，②并不关涉罪恶。同时，指出这些错误，目的也不是为指责甚或惩罚，而是为引导和改进。

总之，在福柯眼里，作为哲学工夫的良心检查旨在激活起主体行为的法则，并把这些行为的法则“握在手中”[prokheiron]，③以便需要时能手到擒来。对于任何行为，如进餐、沐浴、就寝，我们都要准备好与之对应的行为法则，此乃主体自由的保证：“你的医生可以阻止你喝水，但他阻止不了你以适当的方式忍受干渴；他可以阻止你进食，但是他阻止不了你以适当的方式忍受饥饿。”④如此一来，主体就形成了关于自身的真实话语，即关于自身的真理。“什么是哲学？”爱比克泰德问道，“难道它不就意味着准备迎接降临到我们头上的事情吗？”⑤

五、小　　结

第一，修习先是把真实的逻各斯即真理变为自己的，再是把已经拥有的真理转化为品质。如此看来，修习就不仅是伦理问题，同时也是真理问题、主体问题、主体与真理的关系问题，进而言之也就是哲学最根本的问题。所以，若只把福柯的晚期思想看作伦理学，看作伦理主体的建构，这是有缺陷的。

---

① HS. pp.462—163.

② HS. p.462.

③ 这是爱比克泰德谈论毕达哥拉斯的《黄金诗句》时的用词，见 HS. p.464。

④⑤ 爱比克泰德：《哲学谈话录》第 3 卷，10，吴欲波译，中国社会科学出版社 2004 年版，第 201 页。

第二，近代西方哲学传统告诉我们，主体与真理是通过认知的方式联系起来的。但福柯对西方古代哲学的研究表明，除了认知的方式，主体至少还可以通过修习的方式与真理发生关系。所以，在西方哲学开端的苏格拉底—柏拉图之处，不仅有“认识自己”，同样也有“关心自己”。

第三，我们常说，中国哲学重工夫、重体验，西方哲学重知识、重思辨。但福柯通过研究西方古代哲学，揭示出另外一种为传统所掩盖了的西方哲学形态，即作为修习，作为工夫的哲学形态。所以，哲学根本上是一种修习，是一种工夫，中西皆然。

以上三点，分别是针对福柯哲学、西方哲学、哲学本身做的判断。此判断关乎哲学之根本、哲学之教育，不可不深思。

第三部分　主体、真理与自我技艺——以古代快感伦理学为例

在从一般意义上提出这一问题时，在向希腊文化及希腊—拉丁文化提出这一问题时，我发现这些问题是与我们的社会中一些极为重要的实践相关的：我们可称之为“生存艺术”(arts de l’existence)。由此，我们得以理解那些审慎的、自愿的实践，正是通过它们，人们不仅确定下各种行为规则，而且还试图改变自我，改变自己独特的存在，把自己的生活变成一件具有审美价值和反映某些风格标准的作品。

——Michel Foucault，*UP*，pp.16—17.

第一章　从"真理政治史"到"自我技艺史"
——析《性经验史》两版导论

在福柯的全部著作中，《性经验史》的成书过程尤其复杂。按原计划，《性经验史》全书写完将是六卷：第一卷《认知的意志》、第二卷《肉体与身体》、第三卷《儿童的十字军东征》、第四卷《女人、母亲和癔病患者》、第五卷《反常者》、第六卷《人口与种族》。但这份写作计划实际只完成了第一卷，就是 1976 年出版的《认知的意志》（*La vonloté de savoir*），此卷也是《性经验史》全书的总导论。1984 年，《性经验史》的第二卷和第三卷在福柯逝世前出版，但这两卷彻底推翻了原来的写作计划，书名也改为《快感的利用》（*l'Usage des plaisir*）和《关心自己》（*Le souci de soi*），再不是《认知的意志》的续写了。在《快感的利用》的正文之前，冠有一篇"导论"。这样，《性经验史》就有两版导论：第一是整个第一卷《认知的意志》，第二是第二卷《快感的利用》的导论部分。比较阅读这两版导论，可以清楚看出福柯中晚期思想的转变。

一、第 1 版：真理政治史

《认知的意志》以对压抑学说的批评开始。但福柯的意图不在于反驳压抑说、主张解放说，而在于把压抑说置于 17 世纪以来的性话语的普遍结构之中。[①]因为在福柯看来，从 18 世纪开始，谈论性的话语不仅

① ［法］福柯：《性经验史》，佘碧平译，上海人民出版社 2005 年版，第 9 页。

没有减少，反而迅速扩张，甚至可以说围绕着性发生了一次话语爆炸。所谓压抑，其实是就性话语的形式层面而言的净化；若就内容而言，非但未遭压抑，反而在人口学、经济学、政治学、医学、伦理学、心理学、教育学、生命科学等领域全面扩展。所以福柯说："现代社会的特点不是把性隐藏起来，而是在强调性是'秘密'的同时，热衷于一直谈论性。"① 即使是"压抑学说"本身，其实也是一种性话语。因此，《性经验史》关心的，不是我们所谈论的性的内容，而是谈论性的这个"话语事实"(fait discursif)本身，或者说"话语运作"(mise en discours)本身，例如：是谁在谈论性、为什么谈论性、谈论性的时间和地点、煽动我们谈论性并且积累和传播性话语的各种机构。总之，就是"话语生产"(production discursive)。《性经验史》所要研究的第一方面的内容，即性话语的生产机制。

除了性话语生产的机制，《性经验史》还要研究"权力生产"(production de pouvoir)对性的作用机制。如果话语生产是就话语内部自身而言的规则，那么权力生产则是从话语外部给话语施加的规则。所以话语生产和权力生产并不是两种截然分离的机制，而是相互关联、相互激发、相互利用。并且，权力不仅生产话语，它还顺着话语渗透到个体的行为中，激发个体的欲望和快感。因此，"只要有欲望的地方，那里就会有权力关系，因此，要在权力关系确立之后出现的压抑中揭示权力关系，只是一种幻想；而探寻权力之外的欲望，则是虚荣心在作祟。"② 此乃"权力—知识—快感"的三联机制。

最终，无论是研究话语生产机制还是权力生产机制，其目的都不在于探究它们有没有揭露性的真相、有没有符合人类欲望本性进步的趋势，而是在于从中抽取出支撑着它们的"认知的意志"(volonté de savoir)。正所谓"求知是人类的本性"，自希腊哲学以来，这一"认知"的"意志"便一直左右着西方哲学两千余年的历史：求知识而非求谬误，求

① [法]福柯：《性经验史》，佘碧平译，上海人民出版社2005年版，第23页。
② 同上书，第53页。

真理(或:真相、真实)而非求虚假;为了知识和真理,再大的代价都可以付出,也值得付出。而在人的所有行为中,性行为地位特殊,原因乃性与真相的关系最为密切。“性不仅仅是有关感受和快感,法律或禁忌的事情,还是有关真实与虚假的事情。性的真相成了本质的、有用的或危险的、珍贵的或可怕的东西。简言之,性已经被构成为一种真相游戏。”①尤其在西方,这样一个以坦白为展现真相的主要手段的文明中,更是如此,因为性和欲望是坦白的首要内容。

而从18世纪开始,坦白的范围扩大了,形式多样了,更重要的是,坦白逐渐与谈论身体和生命的科学话语联结在了一起。如果说在中世纪,坦白欲望是因为欲望使人有罪;那么现在,坦白欲望则是因为欲望有损人的生命健康。坦白欲望的技术与生命的科学相联结,于是在西方社会便形成了一门“性的科学”(scientia sexualis)。“性的科学”不同于东方社会的“爱的技艺”(ars erotica),因为它的目标不是传授关于爱的技艺,而是生产关于性的科学话语和真理话语。这一生产过程又有两方面:一方面,我们要求性说出它自身的隐秘真相;另一方面,我们也要求性说出关于我们自身的真相。如福柯说:“我们在解释它向我们所说的一切的同时,告诉它关于它的真相,而它在揭露避人耳目的东西的同时,告诉我们有关我们的真相。”②也就是说,性科学的真理话语是双重的:关于性的真理与关于我们自身的真理。质言之,这里所涉及的就是真理主体化的问题,或者说就是主体与真理的关系问题。从中世纪以来,西方关于主体的知识、关于主体的真理,就是在这一探求真相的相互作用中缓慢形成的。因此,所谓“性经验史”,就是“有关真相的一个专门领域在19世纪发生作用的历史”。③只是,对该领域的真相史的研究,不能不对话语历史进行分析,更不能不对生产话语的权力机制进行分析。那种所谓“真理与权力秩序无关,而是处于一种与自由的原始亲缘关系之中”的主张,正是福柯所反对的。换言之,在福柯眼里,真理

① [法]福柯:《性经验史》,佘碧平译,上海人民出版社2005年版,第37页。
② 同上书,第47页。
③ 同上书,第46页。

与权力不可分，真理与政治不可分。福柯把自己所写的真理史称为"真理的政治史"，意在表明，无论真理还是谬误，本质上都是不自由的。真理的展现完全浸透着权力关系。①

总之，《性经验史》不是性的历史，而是认知的意志史、真理的意志史。通过"性"来写"认知的意志史"，不过是因为"几百年来，它已经占据了伟大的'认知意志'的中心"罢了。②即使我们对性采取回避的态度，采取不愿认知的态度，其实这种回避和不愿认知本身，恰好就是真理意志的一种体现，或者说是真理意志的一次变故。此乃《性经验史》第一卷称为《认知的意志》之缘由所在。

二、第2版：自我技艺史

我们知道，《认知的意志》所定的如上写作计划并未实现。八年之后，即1984年，待第二卷《快感的利用》出版时，福柯在"导论"开篇即作了如下交待："这一系列研究的问世比我预期的要晚得多，而且它们在形式上也与以往的研究截然不同。"③

接下来，在这篇导论中，福柯又再次解释了整部《性经验史》的研究计划。他说，他在这里所写的，既不是关于性的"行为史"，也不是"再现史"。意思就是说，福柯的问题既不在于描述人们怎么实践和发生性行为，也不在于描述人们怎么思考和分析性行为。福柯说，他所要写的是一部"'性经验'史"(histoire de la «sexualité»)。④福柯对sexualité(性经验)一词的使用有广义和狭义之分。狭义说，sexualité这一术语是到

---

① [法]福柯：《性经验史》，佘碧平译，上海人民出版社2005年版，第40页。

② 同上书，第51页。

③ 同上书，第107页。

④ 据一般的习惯，法语后缀"-lité"(犹如英文之"-lity")往往译为"-性"，如"subjectivité"即为"主体性"。这种处理方式在其他词语中都很顺手，唯独"sexe"加上了该后缀可就犯难了，此时如果依惯例，"sexualité"就当译为"性性"，读来会让人不知所云。中译本加上"经验"二字意译为"性经验"，本书采纳中译本的译法，一则因为其他译名也都难免顾此失彼，二则因为这个译名在汉语学术中已习惯多年，不必提出新的翻译徒添混乱。至于"性经验"一词的翻译依据，下文自见。

19世纪才出现的，指的是以“性科学”(scientia sexualis)为基础，进而探寻人的真相的一整套“机制”(dispositif)；那么“性经验史”相应地就是“关于真相的一个专门领域在19世纪发生作用的历史”。这是《性经验史》第一版导论的意旨。但这样说并不意味着“性经验”这个术语所反映的对象是在19世纪突然出现的。倘从广义说：

> 这个词的用法是在与其他一些现象的关系中建立起来的：各种知识领域的发展(包括生命的衍生结构，个体行为和社会行为的变化)；一系列以宗教制度、法律制度、教育制度、医学制度为基础的，部分是传统的、部分是新出的规则和规范的确立；以及个体赋予他们自身的行为、义务、快感、情感与感觉、梦想以意义和价值的方式所发生的变化。总之，问题在于理解，在西方的现代社会中，一种向各种不同的知识领域敞开的，而且它自身的表达也受一系列规则和约束所限制的“经验”(expérience)是如何被构造的——譬如，个体是如何把自己构造为“sexualité”(性经验)的主体的。①

在这段话中，福柯说明“sexualité”这个术语所关涉的三个方面是：知识领域、规范模式、主体化的过程。福柯因此接着说：

> 我的计划就是研究sexualité作为经验的历史(histoire de la sexualité comme expérience)。——如果我们把经验理解为一种文化中的知识领域、规范化形态、主体化方式这三者之间的相关性。②

不仅“性”涉及“经验”，其实“经验”也是福柯全部思考的关键。我们知道，福柯的法兰西学院教席名为“思想体系史”，其中的“思想”，依福柯在法兰西学院课程《对自我和他者的治理》中的解释，就是“经验的焦点”(foyers d'expérience)。“经验的焦点”又可再分三个层面：知识的可能性模式、个体行为的规范化模式、主体可能的伦理存在方式。③显

---

① UP. pp.9—10.(pp.107—108)按：前者是法文版《快感的利用》页码，括号里的是中文版《性经验史》(佘碧平译，上海人民出版社2005年版)页码。另请注意，中文版的边码标示的是法文“如是”版的页码，而本书所使用的是“历史丛书”版，故与中文版的边码不同。至于笔者提供的译文与中文本不一致之处，如无必要，不一一说明。

② UP. p.10.(p.108)

③ GSA. pp.5—7.；GSA. p.41.亦参本书“导论”部分。

然,《快感的利用》与《对自我和他者的治理》对“经验”的解释完全一致。因此,从作为“经验的焦点”的“思想史”——而非“心态史”或“再现史”——的角度来撰写“性经验史”,这是《快感的利用》的导论,亦即第一版导论《认知的意志》八年之后的第二版导论,所尤为强调的。而要实现这一研究和写作的目标,福柯认为必须在方法上作一番变革,即三方面“代替”:①用对真理形式之历史分析,代替知识的历史;用对治理程序之历史分析,代替统治的历史;用对自我实践及其采用的方式之历史分析,代替主体的理论或者主体性的历史。

对于前两方面,福柯说,他之前对医学、精神病学乃至整个人文科学的话语实践的研究(即所谓知识考古学),以及对惩罚权力、规训实践的研究(即所谓权力谱系学),足以支撑对性经验的考察;而对于第三个方面,一则问题本身远比前两个方面复杂,主要体现在近代社会的“性经验”(sexualité)与基督教的“肉体”(chair)经验均同时受制于欲望或欲望主体的理论,而这两者又都区别于古代希腊罗马的“快感”实践。因此首先必须对“欲望之人”(homme de désir)作一谱系学的分析。二则福柯之前的研究工作对个体的自我实践这一面重视不足——1984年,临终前的福柯与吉里·巴尔巴德特(Gilles Barbadette)的一次访谈中,他对自己的工作作了如下检讨:

> 我认为在《疯狂史》、《词与物》、《规训与惩罚》中,太多隐含的事情没能清晰表达出来,这都怪我提问题的方式。我试图确定三大问题类型:真理问题,权力问题,以及个体行为问题。而这三种经验领域只能在彼此相关中来理解,不能把它们隔离开来。在我之前的著作中,使我困窘的就是,我只考虑了前两种经验而没有考虑第三种。只要把这第三种经验显示出来,对我来说就有了路向,从而再也不需要借助于一些修辞来为丢失其中一种经验而进行自我辩解了。②

---

① GSA. p.7.;UP. p.12.(p.109)

② Michel Foucault, *Le retour de la morale*, in DE. II, p.1516.

所以八年之后，福柯抛弃原来的计划，重新开始写作《性经验史》的续篇，即1984年出版的第二卷《快感的利用》和第三卷《关心自己》，以及大体已经完成但未定稿印行的第四卷《肉体的忏悔》。①这一次福柯"不再研究知识与权力交界处的性，而是进一步找出对于主体自身来说，性(sexualité)作为欲望是如何构成经验(expérience)的"。②换言之，就是不再从话语和权力的角度研究"性经验"；而是：

> 分析个体们如何被引导去关注自身、解释自身、认识自身和承认自身是有欲望的主体的实践。这些实践启动了他们之间的某种关系，它使得他们可能从欲望中窥见自己存在的真相，无论自己的存在是自然的还是堕落的。简言之，这一谱系学的理想就是探究个体们如何被引导去对自身和其他人施加一种欲望的解释学。无疑，个体们的性行为是这种解释学的机会，但不是唯一的领域。总之，为了弄清现代个体如何体验到自身是一种"性经验"的主体，我们必须首先分析数世纪来西方人被引导去认识自身是有欲望的主体的方式。③

福柯希望通过对"欲望之人"进行谱系研究，探索个体如何通过各种实践来把自身塑造为道德行为的主体，所以这项研究不是写作一部爱欲史或力比多史。研究"欲望之人"是研究自我实践的一个入口，但绝不是唯一入口，如上所说："个体们的性行为是这种解释学的机会，但不是唯一的领域。"换言之，涵盖性实践但又比性实践更广的"自我实践"或者"自我技艺"才是福柯的旨趣所在。对性实践的研究必须在"自

---

① 按福柯先前的计划，《性经验史》的续篇只分两卷：《快感的利用》和《肉体的忏悔》。除了《性经验史》，福柯还计划写作一本书，书名拟作《对自我和他者的治理》或者《关心自己》。但在《性经验史》出版时，福柯又把两卷续篇拆分为了三卷，《关心自己》这个标题给了其中的第三卷。而那本名为《对自我和他者的治理》或者《关心自己》的书却始终没有写成，不过可推测内容大概就是1982年的法兰西学院课程《主体解释学》，《对自我和他人的治理》这个名称则留给了1983年、1984年度的法兰西学院课程。至于《性经验史》第四卷《肉体的忏悔》，其实是最先写的，比《快感的利用》和《关心自己》还先写，初稿大致在1980年就已经写成，只是疾病夺走了福柯的生命，使得他没来得及完成这一卷的定稿。后人为尊重福柯"不出版遗著"的愿望，因此至今也没有出版印行这一卷。

② Michel Foucault, *Une esthétique de l'existence*, in DE. II, p.1549.

③ UP. pp.11—12.(p.109)

我技艺”的层面来进行：

> 无论如何，对古代的性行为的探问（problématisation）对我来说应该被当作这种“自我技艺”通史（histoire générale des «techniques de soi»）之一章——而且是前几章之一章。①

所谓“自我技艺”（techniques de soi），福柯指的是有别于“生产技艺”（techniques de production）、“符号体系技艺”（techniques de systèmes de signs）、“权力技艺”（technique de pouvoir）之外的第四种技艺，其定义是：

> 自我技艺，它使得个体们（或独自或在别人的帮助下）在他们自己的身体、灵魂、思想、品行、存在方式上施予种种工作，意在达到某种幸福的状态，纯洁的状态，智慧的状态，完美的状态，或者不朽的状态。②

或者说：

> 这是存在于所有文明中的程序步骤，它使得个体得以确定自己的身份，坚持自己的身份，或者为某种目标而改变自己的身份，而这一切都源于自我对自我的控制和认识。③

福柯往往也称其为“生活技艺”[tekhnai peri bion]，④大体有三类：一是针对某些特殊时刻的“技艺”，如死亡、流放等；二是针对某些特殊活动的“技艺”，如在公民大会发表演说；三是日常“技艺”，如饮食、养生等。⑤人们通过这些“生活技艺”或“自我技艺”：

> 不仅确定了各种行为的规则，而且还试图自我改变，改变自己独特的存在，把自己的生活改变成一种具有审美价值和反映一定风格标准的作品。⑥

---

① UP. p.17.（p.113）

② Michel Foucault, *Les techniques de soi*, in DE. Ⅱ, p.1604.

③ Michel Foucault, *Subjectivité et vérité*, in DE. Ⅱ, p.1032.

④ “生活”也可译为“生存”，“技艺”也可译为“艺术”。“生活艺术”也可用一个词表示为 biotechnique，但福柯认为 technique de soi 更好，详见 SV. p.37。

⑤ SV. pp.30—31.

⑥ UP. pp.16—17.（p.112）

如果说福柯之前从话语实践的角度而对性经验史进行探问依赖的是“知识考古学”；从规范化实践的角度而对性经验史进行探问依赖的是“权力谱系学”；那么从自我技艺的角度而对性经验史进行探问则可以称之为“生存美学”(esthétique de l'existence)。不过，福柯所谓“自我技艺”，不仅包含自我与自我的关系，而且包含自我与他者、自我与真理的关系。①不能因诸如“自我技艺”、“自我实践”、“关心自己”等术语，从而误以为福柯晚期思想忽视自我与他者的关系、自我与真理的关系。

三、不变的主题：真理

《性经验史》两版导论的转变，即是从真理政治史到自我技艺史的转变。但并不能因此而认为福柯放弃了真理的主题，转到了伦理的主题。其实，以自我技艺为核心写作生存美学，并不是福柯的最终目标。他的最终目标仍然是真理。按福柯本人所说，他第一阶段的工作是“研究真理游戏之间的相互关系”，如《词与物》中的17、18世纪的经验科学实践；第二阶段的工作是“研究与权力关系相关的真理游戏”，如《规训与惩罚》中的惩罚实践；第三阶段的工作是“研究在自我关系之中的真理游戏以及在自我构造为主体过程中的真理游戏”，如《性经验史》中的自我实践。②显然可见，真理这一主题贯穿始终，无论研究的对象、方法、时期发生何种转变，真理的主题一直未变。

或问：说真理是福柯哲学的不变主题，这可以承认。但真理本来就是哲学的永恒主题，福柯对真理问题的探索有何特殊之处？答曰：确有特殊之处。诚然，与前人一样，福柯也在主体与真理的关系中来思考真理问题，但是福柯对这一关系的提问不同于前人。在1981年度法兰西学院课程《主体性与真理》中，福柯总结了前人对主体与真理问题的两

① SV. pp.34—35.

② UP. p.12.(p.109).同时请注意，福柯1980年度的法兰西学院课程，虽其内容与《快感的利用》和《关心自己》大体相同，但福柯却为其命名为“主体性与真理”，这一课程名正体现了福柯思想的总问题。

种提问方式。第一种他称为哲学的方式，是从柏拉图至康德的方式，问的是："怎么以及在什么条件下，我能认识真理，或者：知识作为认知主体所专有的体验，这是如何可能的？或者：体验者针对什么，能认识到这些确实是真的知识？"①我们将其概括为：主体如何通达真理。第二种他称为实证的方式，其问题为："是否有一种关于主体的真知识，在什么条件下我们能拥有这种关于主体的真知识？"②我们将其概括为：怎么才能拥有关于主体的真理。

福柯自己的提问方式与上述两种均不同，他称为历史的或者历史—哲学的方式，问的是："主体能对自己做出什么样的体验，当他发现自己置于某种可能性或义务来认识对他本身而言将是真的东西？主体与自身有什么样的关系，当这种关系通过揭示、承诺、命令可能产生或必定产生关于他自身的真理时？"③我们将其概括为：主体对自身的工夫或主体与自身的关系。以福柯之前的研究为例，"我们与自身的关系"(rapport à nous-même)就被关于疯狂、精神病、犯罪的"真理"所影响、修改、转变、加工。若确实存在某些关于我们的真理，那我们该如何对待我们或他人的疯狂、疾病、犯罪、死亡？因此，从福柯关于"主体性与真理"的提问中，至少可得出如下三点结论：

其一，福柯所谓"主体性"，不是一种预定的、普遍的、不变的主体理论，而是在主体与真理的互动关系中不断形成和变化的。其二，福柯理解的"真理"，不是由普遍性的知识、客观的知识来定义的，毋宁说，真理是作为一种义务体系，或者说是作为一种政治而起作用的。例如，如果我们认为精神病学是真的、犯罪学是真的、法律是真的，我们就必须服从它们，或者反对它们，不论服从还是反对，总之真理不是知识形式，而是义务体系。其三，福柯的目的，不是分析真理形式如何变化，不是分析主体的定义，而是分析主体性作为自我与他者的体验，以什么方式通过真理义务而被构成的。福柯也把"真理义务"(obligations de vérité)

---

① SV. p.12.

②③ SV. p.13.

称为“诚言活动”(véridiction)，所以福柯说：“诚言活动的政治史，及与之相伴的自我和他者的体验构成，此乃我迄今为止所研究的。”①

因此，福柯思想的总主题，既可以说是主体，也可以说是真理，主体离不开真理，真理离不开主体，即“主体性—真理”。但无论主体还是真理，重点都是主体与自身的关系。唯有一点差别，“疯狂”、“疾病”、“死亡”、“犯罪”与真理的关系乃是依否定关系提出的，真理话语是外在的、被另外的他者所掌握的；而“性”与真理的关系则要复杂得多，绝不只是一种否定关系，真理话语往往是围绕关于自身的忏悔话语组织起来的。如果说前者(即疯狂、疾病、死亡、犯罪)的表达式为：“这人是疯子，您是病人，他是罪犯。”那后者(即性)的表达式则为：“是的，确实，我欲望。”②除此差别外，福柯前后期思想再无其他本质差别。

① SV. pp.15—16.

② SV. pp.16—17.

第二章 伦理学的四元结构

一、福柯的一般伦理学的四元结构

在开始写作一部涉及伦理道德的《性经验史》时，首先得澄清“伦理”和“道德”的含义。“道德”一词用法模糊，其义有三：一为道德法规，二为行为的道德性（或称“道德行为”），三为伦理（或称“自我关系”）。

第一，道德法规指的是各种价值准则和行为准则。这些准则以某些规范性的机构作为中介，如家庭、学校、教堂等，向个体和群体颁布。①道德法规既可能是精致的、体系化的学说，也可能只是一些零散的、约定俗成的观念，因此它的传播既可能是成规模的，也可能只是潜移默化的。

第二，行为的道德性指的是个体针对给他颁布的道德法规而采取的实际行为。②他的行为可以是服从，可以是抵制，可以是尊重，也可以是蔑视，但无论哪种行为总与法规相关。

最后是第三方面的含义，它既不涉及法规，也不涉及针对法规的实际行为，而是指“自我引导”（se conduire）的方式，或者也可以说“自我与自我的关系”。这种“自我关系”（rapport à soi）决定个体把他们自身塑造为道德主体的方式。③而个体把自身塑造为道德主体的过程，福柯

---

①② UP. p.32.（p.122）

③ Michel Foucault, *À propos de la générale de l'éthique*, in DE. Ⅱ, p.1437；亦见 UP. p.33。（p.122）

也称作“主体化”。因此，这里的“自我引导”、“自我关系”、“主体化”，指的都是“道德”的第三方面的含义。

总之，把上述三方面的含义合起来说，所有道德无不包含“法规”与“自我关系”(或“主体化方式”[formes de subjectivation])两大方面。无非在不同文化中，或者在相同文化的不同阶段中，这方面的显隐、强弱、轻重有所不同而已。而再具体说，主体化的方式，或者说把自我塑造为道德主体的过程，亦可因个体差异而有所不同，这种不同的“主体化方式”或者不同的“自我关系”，即福柯所谓“伦理”(éthique)。它牵涉以下四方面的内容。

(一) 伦理实体的规定(détermination de la substance éthique)

“伦理实体的规定”指的是“个体把他自身的这一部分或那一部分作为其道德品行的主要材料来加以构造的方式”。①福柯称它为伦理结构的“本体论”(ontologie)。它要回答的问题是，人们究竟是把自身行为的哪一部分塑造为道德品行，或者说，对于人的道德品行的构建而言，究竟哪一部分才是最重要的。在福柯看来，对于现代社会的人，与道德品行的塑造联系最紧的部分当是情感；而在康德伦理思想中最关键的则是意志；对中世纪的基督教道德来说，取决定作用的是色欲。②但对古代的希腊人罗马人来说，与他们的道德品行最为相关的实体部分既不是基督教的“肉体”(chair)，也不是近代社会的“性经验”(sexualité)，而是希腊文 aphrodisia 所表示的“快感”。

(二) 约束的方式(mode d’assujettissement)

“约束的方式”指的是“个体确立与这一规则之关系的方式，以及并

① UP. p.33.(p.123)

② DE. II, pp.1437—1438.

自认有把该规则转化为行动之义务的方式”。①福柯称它为伦理结构的“义务论”(déontologie)。它要回答的是个体确认他们自身道德义务的依据何在。是依据神的话语？还是依据自然法则？又抑或是按照人的理性法则？且不说古代与近代、中世纪的差别，即使局限在古代伦理范围之内，人们服从的方式也不尽相同。以必须对妻子忠诚这条法规为例，伊索克拉底记载有一段对话，是这么说的，有人问塞浦路斯的国王尼科克勒(Nicoclès)，为什么他一直忠诚于他的妻子，他回答：“因为我是国王，因为我是个对人发号施令的人，因为我是个治理别人的人，所以我必须证明我有能力治理我自己。”②显然，尼科克勒忠于妻子是由他个人的身份、地位决定的。但倘把尼科克勒换为斯多葛主义者，那他忠于妻子的原因就不是他的个人身份，而是因为他是理性的存在者，凡是理性的存在者必须忠于妻子，与身份和地位无关。

（三）伦理工夫的形式(formes du travail éthique)

“伦理工夫的形式”，或者也可以说人们进行自我塑造的方式。指的是“人们在自身上施加种种工夫，不仅为使他的行为符合某些给定的规则，而且也是为了把他自身转变为道德行为的主体”。③福柯称它为伦理结构的“工夫论”(ascétique)。它要回答的是，为了使自己成为道德主体，人们可以针对自己的伦理实体做哪些工作。比如，同样是为了节制，所采用的方法则可以不同，既可以向导师忏悔，也可以采取禁欲主义，还可以通过其他修习活动，逐步达到节制的境界。福柯经常把这种施予自己的活动称为“自我实践”(pratique de soi)；或者也称为“修习论”(ascétisme)，但这是有别于基督教“禁欲论”或“苦行论”的“相当广义的修习”。④为区别起见，福柯避免使用基督教气味浓重的ascétisme，而另造 ascétique 一词来表示自我对自我的工作，本文译为

①③ UP. p.34.(p.123)

② Michel Foucault, *À propos de la générale de l'éthique*, in DE. Ⅱ, p.1438.

④ Ibid., p.1439.

"工夫论"。

（四）道德主体的目的论(téléologie du sujet moral)

"道德主体的目的论"指的是，人们的道德行为最终所要到达的目的是什么，或者说，道德主体最终所要达到的是哪一种存在。诚然，道德行为首先肯定是实现活动，但对希腊人而言，道德行为不仅仅是实现活动，而且更重要的是，它必须"以某种标明道德主体特征的存在方式为目的"。①例如，通过某些道德行为，既可以使道德主体成为纯洁的存在、不朽的存在，也可以使道德主体成为自由的存在、控制自我的存在，等等。②

为醒目起见，我们把以上内容图示如下：③

所以在福柯看来，研究和写作道德史，可有两种方式：一是以"法规"为导向，强调道德行为的规范和法则，如此写作的道德史便是道德

---

① UP. pp.34—35.(p.124)

② DE, Ⅱ, p.1215.

③ 此图取自 Arnold I.Davidson 和 Frédéric Gros 编辑的《福柯哲学文选》，第 657 页。又，关于福柯伦理学结构的问题，本书参考了何乏笔先生的论文《从性史到修养史——论福柯〈性史〉第二卷中的四元架构》（载台湾"中央研究院"欧美研究所主编：《欧美研究》，第 32 卷第 3 期，第 437—467 页）。然本书与何先生有一点不同：笔者把 ascétique 译为"工夫"，把 askêsis 译为"修习"，而何先生没做这样的区分。（因为福柯区分了一般意义的 askêsis 和严格意义的 askêsis，严格意义的 askêsis 即 ascétique。对 askêsis 的翻译讨论详见本书"附录"。）

的“规范史”或“行为史”；二是弱化道德法规，以“自我关系”或“主体化方式”为导向，强调主体自身对自身的伦理工夫，如此写作的道德史便是道德的“伦理史”或“工夫史”。福柯对希腊—罗马伦理思想的研究和撰述，尤其《性经验史》第二、三卷，所采取的无疑便是这后一种方式。这两卷著作，以本体论、义务论、工夫论、目的论为四元结构，梳理“性经验”从古典希腊到晚期希腊，再到基督教的所发生的演变。在方法论上，福柯时时注意道德的“法规要素”(éléments de code)与“工夫要素”(éléments d'ascèse)的区别，考虑“自我实践”的优先性。总之福柯说：

> 有必要改变人们经常提出的有关古代哲学道德与基督教道德之间连续(或断裂)的问题；不再询问什么是基督教为了界定性经验中的许可与禁止而从古代思想中借用的法规要素，什么是它自己加上去的；而是询问**自我关系**(rapport *à* soi)的各种形式，以及与之相联的各种**自我实践**(pratiques de soi)，是怎样与规范保持或延续，或转换，或改变的关系的。①

二、“阿芙罗狄斯亚伦理学”的四元结构

《快感的利用》是对上述伦理学结构的具体运用，即用伦理学的四元结构来分析古代希腊罗马的性经验。具体说，在古代性伦理中，其本体论为“阿芙罗狄斯亚”[aphrodisia]——“通过它我们可以把握性行为中的‘伦理实体’”；义务论为“利用”[chrêsis]——“它使得我们可以把握这些快感实践为了在道德上受到好评而必须服从的约束的形式”；工夫论为“自制”[enkrateia]——“它界定了我们把自我塑造为道德主体所必须具有的对自我的态度”；目的论为“节制”[sôphrosunê]——“它标明了作为完善的道德主体所具有的特征”。②

---

① UP. p.38.(p.126)

② UP. p.45.(pp.130—131)

(一) 本体论:“快感”[aphrodisia]

aphrodisia 含义颇丰,甚难翻译。从词源上说,它由爱神“阿芙罗狄特”(*Aphrodité*)的形容词经过名词化而成的(相应的拉丁文为 venerea)。公元 5 世纪的语法学家埃叙克斯(Hésychius of Alexandria)把它释为“阿芙罗狄特的活动或作品”[erga Aphroditês]。[①]言下之意,aphrodisia 必定是一种具体的、实际的活动或者行为,是有别于“话语”[logos]的“活动”[ergon]。所以亚里士多德说,当人们谈论“节制”[sôphrosunê]或者“放纵”[akolasia]时,所指必定是身体方面的快感,人们不会说某人在学习、音乐、气味、表演等方面是节制的或是放纵的。[②]不过,亚里士多德在《动物志》中只是详细分析了动物的性行为,对人类的性行为却是一笔带过。其他希腊作者也如此。他们很少讨论人的性行为,更不会详列一清单,告诉人们哪些快感是善好的,允许享受,哪些是邪恶的,必须禁止。

这一现象不足以表明希腊人羞于谈性,更不足以表明性话语是希腊人的禁忌地带。原因是,欲望、快感,以及性行为,从本性上讲,它们并没有善恶、好坏之分。哲学家和道德学家固然经常批评纵欲者,但其批评所指向的,其实并非欲望本身,而是过度的欲望、不适当的欲望。也就是说,对快感的道德质疑,关键不在“形态”(morphologie),而在

① 福柯举出的法译有:«choses» ou «plaisirs de l'amour»(“爱的事情”或者“爱的快乐”),«rapports sexuels»(“性关系”),«actes de la chair»(“身体举止”),«volupté s»(“享乐”)。以上见 UP. pp.43—44(p.129)、UP. p.47.(p.131)按:《性经验史》(佘碧平译,上海人民出版社 2011 年版)中文本把 aphrodisia 这个词时而译为快感,时而译为性活动。笔者的意见是,“快感”这个译法易与 plaisir 相混,“性活动”易与 acte 相混。而这一区分对于理解希腊伦理很是要紧。福柯强调,aphrodisia 是把 plaisir、acte、désir 这三者组合成统一体的“力量”(详见下文)。福柯的策略是,除个别情况(如书名《快感的享用》“L'usage des plasirs”)之外,他在正文中一般都保持希腊文原形。笔者的意见是,既然“阿芙罗狄特”已经是个众人皆知的音译名,那何不把 aphrodisia 也音译为“阿芙罗狄斯亚”呢?因此,本文决定借鉴福柯的做法:不得不翻译的地方均译为“快感”,否则均译为“阿芙罗狄斯亚”。

② 亚里士多德:《尼各马可伦理学》第三卷,第十节,1117b25 以下。

“力度”(dynamique)。所谓“力度”,它是由“行为”(acte)、“欲望”(désir)、“快感”(plaisir)这三者组合而成的统一体。此三者虽彼此不同,但却不可分割,如亚里士多德所说:“人的本性要求**行为**的完成要伴随着某种**快感**,正是快感激起了**欲望**[epithumia]。”①又说,欲望总是“对令人快乐的事物的欲望”[hê gar epithumia tou hêdeos estin]。②所以,行为伴随快感,快感激发欲望,欲望又导致行为。“行为—快感—欲望”构成了一个循环整体。把行为、欲望、快感三者之一单独隔离而看,它们其中任何一个都不构成道德反思的问题。古代希腊罗马的“快感经验”(expérience des aphrodisia)与基督教的“肉体经验”(expérience de la chair)、近代的“性经验”(expérience de la sexualité)之最大差异,正在于此:

> 对希腊人来说,在性行为的秩序中构成反思对象的,不是行为本身(从行为的不同方式看),也不是欲望(从欲望的起源和导向上看),甚至也不是快感(从可能引起快感的不同对象和实践看);而是以循环的方式(欲望导致行动,行动带来快感,快感激发欲望)把这三者统一起来的力度。希腊伦理所提出的问题不是:何种欲望?如何行为?什么快感?而是:我们“被快感和欲望”赋予了什么力量?这种性行为的伦理学所关涉的本体论不是——至少在其普遍形式上——欲望和缺乏的本体论;不是据人的本性来规定行为的规范的本体论;而是在行为、快感、欲望之间进行联结的力量的本体论。正是这种力量关系构成了我们称之为阿芙罗狄斯亚伦理学(éthique des aphrodisia)的经验链条。③

既然欲望、快感、性行为从本性来讲非但不是罪恶,相反还是人类恢复完善的存在方式的途径,④那希腊人如何对快感进行道德评价呢?这就是“利用”[chrêsis]的问题——如何恰当地利用快感?

---

① UP. p.52.(p.134)

② 亚里士多德:《动物志》,660b;见 UP.52。

③ UP. pp.52—53.(pp.134—135)

④ 这是柏拉图《会饮》中阿里斯托芬的观点,见《会饮》,189d—193d。

(二) 义务论:“利用”[chrêsis]

我们一再强调,如果 aphrodisia 与善恶相关,那不是因为它的本性,而是因为它被本性支配的方式,即 chrêsis。因此:

> 关于 aphrodisia 的道德反思,目的不在于建立一种体系化的法规来规定性行为,不在于划出各种禁忌的界限和把各种实践活动分门别类,而是在于阐明“利用”的条件和样式,即希腊人称为的 chrêsis aphrodision 的风格。①

“利用”指的是“人们在排和控制他自身行为的方式中的明智、反思、谋划”。②它包含需要、时机、地位三方面的考虑。这三方面的考虑是依据“快感经验”的两个原则提出来的。快感经验遵循两个原则:第一是“同构原则”(principe d'isomorphisme)。此处的“同构”,不是“同性—异性”的同构,而是“性—社会”的同构。③就是说,判断一个男人的性关系是否符合道德,标准不是看他与之发生关系的对象是男性还是女性,而是看他们的性关系是否与他们的社会关系相吻合。第二个原则是“活动原则”(principe d'activité)。如果说第一个原则是社会原则,那第二个原则即是自然原则,即性关系不仅要符合礼法[nomos],而且还要符合自然[phusis]。④所谓符合自然,又可分“需要”与“时机”两层来说。

“需要”意味着满足快感但同时又不过度。换言之,不是欲望,而是欲望的强度才是判别性道德的依据所在。古希腊作家们很少批评人们的性姿势、性地点、性对象,但对放纵快感的批评却随处可见。柏拉图

---

① UP. p.63.(p.141)

② UP. p.64.(p.141),朱熹《周易本义》说:“利者,生物之遂,物各得宜,不相妨害,故于时为秋,于人则为义,而得其分之和。”本书据此改《性经验史》中文本的译名“享用”为“利用”(“利用”的反面则是“滥用”)。

③ SV. p.82.

④ SV. p.86.

在《法律篇》第一卷中把“快感放纵”[akrateia hêdonê]看作一切邪恶的根源。①亚里士多德在《尼各马可伦理学》中更有大量论述涉及于此，他说人们在饮食、男女这些自然欲望方面，所可能犯的错误是“太多”[to pleion]，或者说超过“量度”[tôi plêthei]。所以亚里士多德告诉人们，对自然欲望，人们可以享受，也必须享受，但要避免“过度”[huperballousi]。

如果说“需要”侧重考虑“适量”，那“时机”[kairos]则偏重“适时”。能否抓住“时机”，这对希腊人来说极为重要。其所涉及的范围不仅有道德领域，所有诸如医学、航海、军事等技艺和科学，无一不与时机相联。对快感的利用显然也非讲时机不可。柏拉图甚至在《法律篇》中把时机作为人生是否幸福的标准，声称那些“不能依时机”[ektos tôn kairôn]行事的人，所过的是不幸福的生活。②色诺芬笔下的苏格拉底在《回忆录》中批评乱伦，值得注意的是苏格拉底所持理由：乱伦的人违反了时机原则。③

除了需要和时机，对快感的利用还得依个人的身份地位而定。这体现的是性关系与社会关系之间的同构原则。例如作为一家之主的男人，在与他的奴隶发生性关系时，如果他处于主动地位就是道德的，因为这符合他们的主奴社会关系；如果他处于被动地位则是不道德的，因为这有悖于他们的社会关系。因此，在希腊人看来，并没有对所有人都适用的道德准则。归在德谟斯泰尼(Démosthène)名下的《爱欲论》(*Eroticos*)以几乎相同的语气重复了柏拉图《会饮》中的说法，即“在所有情况下都遵守同样的道德准则是不明智的”，因为爱欲关系“完全是因当事人的不同而不同”。④因此，“对于卑贱的人，即使他做了不光彩的事，我们也不批评他”，而对于身世显赫者，哪怕“他对有关荣誉的事情稍有疏忽，都会让他蒙上羞辱”。⑤同样，柏拉图虽然在《理想国》中赋

---

① 柏拉图：《法律篇》，Ⅰ，636c；见 UP. p.54.(p.135)

② 柏拉图：《法律篇》，Ⅰ，636d—e；见 UP. p.68.(p.144)

③ 色诺芬：《回忆录》，Ⅳ，4，21—23；见 UP. pp.69—70.(p.145)

④⑤ 德谟斯泰尼：《爱欲论》，4；见 UP. pp.70—71.(pp.145—146)

予整个国家节制的德性，但他并不要求全体公民遵守相同的节制法则，儿童、女人、奴隶所遵守的节制法则，与出身高贵的人所遵守的节制法则，虽都属节制法则，但绝不会相同。总之，在古典希腊的伦理道德中，个体在把自己塑造成为伦理主体的过程中，他们并不认为有一种可以普遍化的、适合所有人的行为准则；相反，他是以一种使自己个性化的技艺的方式来实现的，是以一种把自己的生活塑造为充分体现自己独特性的作品的方式来实现的。

（三）工夫论："自制"[enkrateia]

所谓"工夫"，指的是人们进行自我塑造的各种活动或者实现自我关系的各种方式。就阿芙罗狄斯亚伦理而言，"工夫"体现为"自制"[enkrateia]，它表示"自我对自我的控制力量以及这种控制所要求的努力"。①

"自制"意味着树立对快感和欲望的斗争关系。不论谁，只有把快感和欲望当作他的敌人，持续不懈地斗争，他才有可能是一个有德性的人。这是柏拉图的原话："如果他没有同无数的快乐和欲望作斗争[pollais hêdonais kai epithumiaias diamemachêmenos]，如果他在斗争中不凭借逻各斯[logos]、训练[ergon]、技艺[technê]来取得胜利，那他就不可能成为一个节制者[sôphrôn]。"②诚然，基督教伦理经验也强调与欲望进行坚决斗争，但基督教伦理与希腊—罗马伦理判然有别。首先，斗争的对象是他者还是自我的差别。基督教把欲望看作一个既隐秘又邪恶的"他者"（Autre），人们必须时刻警惕这个罪恶的"他者"；而"在阿芙罗狄斯亚的伦理中，斗争的必要性和艰难性则相反，它表现为一种与自我的斗争：与'欲望和快乐'作斗争，就是与自我较量"。③其次，基督教认为欲望本性上就是邪恶的，因此必须彻底根除欲望；但希腊—罗马

① UP. p.76.（p.149）

② 柏拉图：《法律篇》，Ⅰ，647e；见 UP. p.77.（pp.149—150）

③ UP. p.79.（p.151）

伦理认为欲望本性上并不邪恶，故不要求消灭欲望，而是要求伦理主体能够控制欲望、战胜欲望，绝不能反过来受欲望左右。唯有在允许欲望存在的同时又能对欲望加以控制，方能称之为"快感的利用"。阿里斯提普(Aristippe)对节制的定义很好地说明了这点："最好的就是，控制自己的快乐而不受制于它们，但这不是说不需要它们[to kratein kai mê hêttasthai hêdonôn aristion, ou to mê chrêsthai]。"①亚里士多德也表达了相同的观点，他把节制界定为"冷漠"[anaisthesia]与"放纵"[akolasia]的中间状态。节制的人并不是泯灭欲望的人，他只是对欲望或快乐"不超过他该得到的，也不有违恰当的时机"。②

因此，"自制"不是一种"净化—否弃"的关系，而是一种"控制—服从"的关系。"控制—服从"的关系也可以说成是"家庭模式"或者"政治模式"，就是说，希腊—罗马的阿芙罗狄斯亚伦理与家庭领域、政治领域具有同构关系。家庭模式可于色诺芬的《家政学》见出。能够控制自己欲望的人，犹如管理井然有序的家庭。尽管这个家庭有孩子、仆人、奴隶，但他们都服从一家之主。政治模式可于柏拉图的《理想国》见出。缺乏支配[kratein]各种低级力量的权力[archê]的人，无异于一个受坏人统治的城邦，随心所欲，没有秩序，不分善恶。

(四) 目的论："节制"[sôphrosunê]

在希腊—罗马的阿芙罗狄斯亚伦理经验中，作为一个完善的伦理主体，他的首要特征就是"节制"[sôphrosunê]。"节制"[sôphrosunê]与"自制"[enkrateia]的区别在于："节制"更多是被用来"描述一般意义上的状态，这种状态确保人们的行为举止'符合神和人'"；而"自制"则被规定为"控制自我的一种主动形式，这种自我控制使得抵制和斗争得以可能，并且确保主体在欲望和快乐领域里处于支配地位"。③因此，"自

① 第欧根尼·拉尔修：《名哲言行录》，Ⅱ，8，75；见 UP. p.82.(p.153)

② 亚里士多德：《尼各马可伦理学》，Ⅶ，2，1119b；见 UP. p.82.(p.153)

③ UP. p.75.(pp.148—149)

制”是“节制”的前提条件，“节制”是“自制”所力图达到的目的和境界。柏拉图正是依据这两者的差别来定义“节制”的：

> **节制**[sôphrosunê]是一种对某些快乐和欲望的**秩序和支配**[kosmos kai enkrateia]。①

在此基础上，亚里士多德进一步明确地区分了这两者。在他看来，无论“节制”还是其对立面“放纵”[akolasia]，都是个体自愿选择的结果；而“自制”及其对立面“不自制”[akrasia]，所表达的则是个体与快乐的支配被支配的关系。②若再进一步解释，“节制”与“自制”的相同在于：它们都战胜了快感和欲望；差别在于：节制者以节制为快乐，他的心灵是宁静平和的，心里没有坏欲望；自制者虽然战胜了快感和欲望，但他的内心充满了坏欲望，灵魂每时每刻遭受被撕裂的痛苦。“放纵”与“不自制”的相同在于：它们都没有战胜快感和欲望，都向快感和欲望屈服；差别在于：放纵者是主动、自愿选择向快感屈服；而不自制者则是不自愿、被迫向快感屈服，他心里知道不该屈服快感，但他就是控制不住自己，故名“不自制”。

“自制”是过程，是手段，故其特征是斗争，是支配，是统治；“节制”是结果，是目的，故其特征是自由。希腊思想所理解的自由，更多的是指一种“自身对自身的支配关系”。自由的人，是不受快感和欲望左右的人。因此，自由的反面既不是自然，也不是神意，而是奴役——自己对自己的奴役。第欧根尼说，犹如仆人是主人的奴隶，不道德的人就是他自身欲望的奴隶[tous de phaulous tais epithumias ein]；③苏格拉底告诉欧第德姆(*Euthydème*)，受欲望奴役的人显然不会是自由的人。④不过，这并不意味着希腊人的自由是无所依傍的自由。其实，除了个体自身对自身的支配，城邦制度和法律规范对于自由也同等重要。理由

---

① 柏拉图:《理想国》,430b;见 UP. p.75.(p.148)

② 亚里士多德:《尼各马可伦理学》,Ⅲ，1118b—1119a 及Ⅶ，1150a—1152a;见 UP. p.76.(p.149)

③ 第欧根尼·拉尔修:《名哲言行录》,Ⅵ，2，66;见 UP. p.93.(p.160)

④ 色诺芬:《回忆录》第 4 卷,5，2—3;亦参色诺芬:《家政学》第 1 卷,22;柏拉图:《理想国》,577d。

很简单,“自由”因其是“道德主体对欲望和快感的支配、统治关系”,所以其意蕴必定就是“政治性的”。在希腊人看来,能够治理国家的人必定首先是能够治理自我的人。这一原则屡屡出现于色诺芬的《家政学》及《回忆录》、柏拉图的《理想国》、亚里士多德的《政治学》中。

除“自由”外,“节制”还意味着“真理”。柏拉图、亚里士多德在规定“节制”时从未离开过“真理”。有节制的人,就是以“正确的逻各斯”[orthos logos]为准则而进行欲望的人。①“逻各斯”对“欲望”的绝对权威,是“节制”的本体论条件。并且,如何具体确定“利用快感”的恰当“时机”[kairos],也得依赖“正确的逻各斯”。柏拉图强调,无论对个人还是城邦,重要的就是不要“在不恰当的时机[ektos tôn kairôn]和无知识的[anepistêmonôs]情况下”利用快感。②不过,所谓“理性对欲望的绝对权威”并不意味着希腊思想产生出一种基督教经验的“欲望解释学”(herméneuque du désir)。希腊思想所理解的“理性”不是单一的理性,不是固定不变的理性。“节制”与“真理”的关系,正如福柯所说:

> 开启了一种生存美学(esthétique de l'existence)。如此,我们必须把它理解为一种生活方式,这种生活方式的道德价值不在于它符合某种行为法规,也不取决于某种净化努力,而是取决于在快感的利用中、在快感配置中、在人们所遵守的各种限定中、在人们所尊重的等级制中某种形式或某些一般的形式原则。通过“逻各斯”,通过理性与支配理性的对真理的关系,这种生活被纳入到对一种本体论秩序的维护或再生产之中;另一方面,它沐浴在某种美的光辉中,目睹这种光辉的人能够思考它或把它保存在记忆之中。这种有节制的生活,其标准是以真理为基础的,但它既尊重某种本体论的结构,又显现出美的形象。③

在希腊思想中,逻各斯(理性)对欲望的支配地位所开启的生存美学,最典型者莫过于柏拉图的《斐德诺》:正是由于见到了“天外的真实存在”,

---

① 亚里士多德:《尼各马可伦理学》,Ⅲ,1119b;见 UP. p.99.(p.164)

② 柏拉图:《法律篇》,Ⅰ,636d—e;见 UP. p.101.(p.166)

③ UP. p.103.(p.167)

灵魂才得以沐浴在“真正的爱”所散发出的“美”的光辉之中。

作一总结。[①]我们看到，在希腊古典思想中，人们在反思快感和利用快感的基础上形成了一个道德领域：

其一：“这一领域——‘伦理实体’——的各种要素是由阿芙罗狄斯亚[aphrodisia]形成的，即由本性激发的、自愿的活动所形成。这些活动本性上与一种强烈的快乐联结在一起，并且往往带来一种易于过激和反叛的力量。”是为阿芙罗狄斯亚伦理学的本体论。

其二：“人们规范这种活动的原则——‘服从方式’——不是由一种规定许可与禁止的、具有普遍性的立法来定义的，而是一种本领、一种技艺，它使得人们根据不同的变量(需求、时机、地位)来利用快感。”是为阿芙罗狄斯亚伦理学的义务论。

其三：“个体必须对他自身施予种种工作，这种必要的工夫是一种战斗的方式，他必须战胜自己，从而以家政和政治的权力模式建立起自我对自我的支配地位。”是为阿芙罗狄斯亚伦理学的工夫论。

其四：“最后，人们通过这种自我控制而达到的存在方式，其特征是一种积极主动的自由，这种自由与真理有着一种结构性的、手段性的，以及本体论的密不可分的关系。”是为阿芙罗狄斯亚伦理学的目的论。

古希腊时期之后，进入希腊化—罗马时期，上述四元结构发生了某些变化：[②]本体论没有变化，仍然是“阿芙罗狄斯亚”；义务论发生了变化，例如对斯多葛主义而言，人之所以这样做，不是生活风格的问题，而是因为人是理性的、普遍的存在者；工夫论，即为了达到道德目的所采用的技艺，也与古希腊时期的有所不同；最后的目的论也有变化，体现为，在古希腊时期，“自我控制”意味着从自己出发，重在自己与自己的关系，自己与他人是一种非对称、非相互的关系，而在希腊化—罗马时期，自己与他人的关系则变成了对称关系、相互关系。

再进一步，在希腊化—罗马时期之后的基督教道德中，上述四元结

① UP. pp.105—106.(p.169)

② DE，Ⅱ，p.1217.

构全部都变了：[1]本体论从“阿芙罗狄斯亚”(aphrodisia)变成了“肉体”(chair)，义务论从“利用”(chrêsis)变成了“服从法律”(loi-obéissance)，工夫论从“自制”(enkrateia)变成了“欲望解释学”(herméneutique des désir)，目的论从“节制”(sôphrosunê)变成了“贞洁”(pureté)。

① UP. p.106.(p.169)；DE，Ⅱ，p.1218.

第三章 “阿芙罗狄斯亚伦理学”的四种自我技艺

“快感的利用”所要达到的目的，不是依据普遍法规来解析内心的欲望之谜，不是解析欲望从而净化自我，不是净化自我从而追求圣洁；而是，在保留每一个体生命之独特性的前提下来使生存“风格化”（styliser）。亦即在利用快感的过程中，把自己的生活当作一件美的艺术品来加以创制。在福柯看来，希腊人的生存风格化着重体现于“养生”、“家政”、“爱欲”、“哲学”这四种实践。

养生实践的风格化，指的是“个体与自己身体之关系的艺术”；家政实践的风格化，指的是“作为一家之主的男人的行为艺术”；爱欲实践的风格化，指的是“男人与少男之间的爱恋关系中的艺术”；①哲学实践的风格化，指的是“以‘什么是真正的爱’为形式提出的快感的利用与真理通道的关系问题”。②

于是“养生法”以“身体”为中心，“家政学”以“婚姻”为中心，“爱欲论”以“少男”为中心，“真正的爱”以“哲学”为中心。换言之，这四种风格化实践以作为成年男人的“我”为中心，构成四种关系，即：“我与身体的关系”、“我与妻子的关系”、“我与少男的关系”、“我与真理的关系”。

---

① UP. p.107.（p.170）
② UP. p.251.（p.271）

一、养生法——以身体为中心

养生法(Diététique)不同于医学。医学是对身体病态进行治疗的技艺。养生法虽也以身体为中心来规定快感的利用,但它并不在正常与病态之间作区分。希波克拉底告诉我们,养生法并不是医学的一个分支;恰好相反,最先引起人们关注的是饮食、睡眠、生育、锻炼等养生法,因为人们正是靠这些养生方式的变革而与动物区别开来的,因此医学倒是源于人们对"养生"的关注。①所以福柯认为养生法并非一种医疗技艺,毋宁说是一种"生活艺术"(art de vivre):"它规定了人们的生活方式,使得人们可以为行为确定一整套的准则:一种根据必须保留和应当遵从的自然本性对行为的质疑方式。"②

既作为生活艺术,"养生法"的适应范围就必须很广泛。从适应人数说,养生法不仅针对病人,而且也针对健康人;不仅针对少数人,而且还针对各种人,如希波克拉底所说,不管他是工作的人、出门旅行的人、航海的人、受日晒或耐严寒的人。从适应环境说,养生法绝不规定人们只能在某时某地吃某种食物、进行某项锻炼,而是力图使人们的身体能够适应环境和时间的变化,对各种不可预见的情况能作出调整。因此,虽然养生法也有一些严格的,甚至带有宗教价值的规范,但这些规范是许许多多要素的集合,其中最关键的是要考虑个体问题和尺度问题。如果不顾个体问题和尺度问题,每时每刻都对身体的任何毛病忧心忡忡,那后果就像柏拉图所说,导致"过分关心身体的危险",③不仅有害身体,而且灵魂也不可能培育出坚韧的美德。

所以,"养生"实为人们反思自身行为的基本范畴。"它与旨在避免患病或治愈疾病的防治措施不同,它完全是一种从身体出发而把自己塑造为道德主体的方式,这是一个对自己的身体有着恰当的、必要的、

---

① 希波克拉底:《古代医学》,Ⅲ;见 UP. p.113.(p.177)

② UP. p.115.(p.178)

③ 柏拉图:《理想国》,406a—407b。

充分的关心的主体”。[①]也就是说，养生法本质上是一种与身体相关的主体化的方式。养生法是作为主体的个人的生活艺术。从这个前提出发，再看希腊医学和哲学对“性快感”(aphrodisia)的关注，那么可以说，对希腊人而言，性行为之所以令人担忧，原因并不在于这种行为原则上、本质上属于恶，而是因为它威胁到每个人与他自己的关系，威胁到把他个体塑造成道德主体的活动。

具体说，这种担忧和威胁出自三方面的缘由。[②]一是因为性快感是所有快感中程度最激烈的，所以它最容易使人失去自我控制。希波克拉底、亚历山大里亚的克莱蒙、奥鲁-热勒(Aulu-Gelle)甚至把正在享受性爱中的人比作癫痫发作者，正是强调性快感的激烈程度。希波克拉底还依据射精图式，详细阐释了性行为在男女身体里所激发起的力量、男女力量之间的冲撞斗争，以及男人力量如何战胜女人力量的过程。

二是因为性活动要消耗人体中最宝贵的精力。虽然希波克拉底、柏拉图、亚里士多德对精液来源有不同解释，但他们都共同认为，精液乃生命的一种珍贵物质。性爱过程每一次所排出的这种物质，都是一次生命消耗。人以高昂的生命代价来利用快感，因为如此，对快感的利用更值得人们关注。

三是因为性行为与生育有关。生育即生命的延续。生命的延续可以弥补个体生命的短暂，实现人类的不朽。因此，对柏拉图和亚里士多德来说，性行为处于要死的个体与不朽的人类之间的交叉点上。正因婚姻和生育问题如此重大，所以在《理想国》和《法律篇》里，有相当大的篇幅论证了城邦关于婚育的政治和法律规定。柏拉图说：“人们要在30至35岁之间结婚，这是考虑到人类天生就分享了一部分的不朽性……人类是通过传宗接代而成为不朽的，而且，由于人类始终不变的统一性，它通过生育融入永恒之中。”[③]

---

① UP. p.123.(p.183)

② 参《快感的利用》第二章“养生法”第四节“行为、消耗、死亡”。

③ 柏拉图：《法律篇》，721b—c；见 UP. p.152.(p.202)

基于以上三点考虑，快感养生法“构成了一个优先考虑公民的伦理塑造领域：这一公民必须有能力控制自身爆发出来的各种力量和自由分布的精力，使得自己的生命成为一件在自己短暂一生之后仍然继续存在的作品。快感的身体养生法及其节制是整个自我技艺的一部分”。①但是，希腊的快感养生法，既不像基督教文化那样为人们提供某些关于性爱的“规范守则”，也不像东方文化那样关注诸如性爱姿势和性爱类型等“性技巧”，而是给人们提供既从具体的身体状况和具体的外部环境出发，又从整体上加以考虑的“生活技艺”(technique de vie)。对这种生活技艺而言，最重要的，是“使自己成为支配自己行为的那种可能性”。②也就是说，人与自己的关系，要像医生与病人、舵手与船只、政治家与城邦的关系一样，是一种领导的关系、支配的关系、控制的关系——总之，是一种主体的关系。

二、家政学——以婚姻为中心

以婚姻方式组成家庭的丈夫和妻子，必须在利用快感时保持忠诚和节制，任何一方都不得寻求婚姻之外的快感，这一要求古今皆然。但是，在古代希腊道德中，夫妻之间并不存在如今的这种相互、对等的忠诚。婚姻对丈夫的约束完全不同于对妻子的约束。也就是说，丈夫的节制理由与妻子的节制理由完全不同：对妻子而言，婚姻即意味着约束，因为她受丈夫的支配；对丈夫而言，婚姻并不必然构成约束。这并不意味着丈夫不需要节制。丈夫也需要节制，只不过节制的要求并不是由婚姻法则提出。

对希腊男人而言，结婚的意义首先不在于有了一个与自己平等的妻子或配偶，而在于“成了一家之主，有了一种权威，行使他在‘家’中的权力，承担起其影响公民声誉的责任”。③也就是说，“结婚”即“成家”，

---

① UP. p.156.(p.205)

② UP. p.156.(p.204)

③ UP. p.167.(p.214)

对婚姻关系的反思往往与家—政治问题联系在一起，甚或说“婚姻”从属于“家政”。明乎此，方可理解色诺芬《家政学》中的这段话，这是伊斯索马克向他妻子解释他们结婚的理由：

> 因为我们已经考虑过了，我是自己考虑的，你是父母替你考虑的，我们都认为，我们为了我们的家庭和孩子而结婚，是最好的伴侣。①

这段话有三点可注意：首先，婚姻不是男女双方自由恋爱的结果，因为男人可以自己作主，但女人却不能自己作主，女人是由父母作主的。其次，婚姻不是为了爱情而结合，而是为了家庭和孩子而结合。最后，所谓“最好的伴侣”，通过色诺芬的上下文可明显看出，它不是指灵魂的或者精神的伴侣，而是指管理家务的伴侣。总之，婚姻在本质上是政治性的，婚姻是对“家”的政治。那什么是“家”呢？

在色诺芬笔下，“家”[oikos]并不只是房屋，也不只是由男人和女人组成的配偶关系。“家”的含义很宽泛，色诺芬所作的定义是：“一个男人的家，这就是他所有的一切”。②这意味着“家”便是男人的全部活动领域，“家政技艺”便是一种生活风格化的艺术。并且“家政”与“国政”本质相同，色诺芬笔下的苏格拉底说：“不要看不起那些擅于管理家务的人，因为对私人事务的管理与对公共事务的管理不同只在数量上。”③

因此，一切的婚姻关系便都围绕着“家政”这个共同目标而建立。“夫妻双方各自的本性、活动形式和地位都是相对于家[oikos]的各种需要被界定的。”④男人和女人在家政中的不同地位和角色是由神或礼法[nomos]规定的，“当某人的行为违反了神赋予他的本性、离开了他的岗位[ataktôn]时，他并没有逃过诸神的眼睛。他将会因为玩忽职守和代行妇人之职而受惩罚。”⑤因此，虽然丈夫和妻子都要节制婚姻之

---

① 色诺芬：《家政学》Ⅶ，11；见 UP. p.173.(p.217)；亦见 SV. p.127。

② 色诺芬：《家政学》Ⅰ，2；见 UP. p.170.(p.215)

③ 色诺芬：《回忆录》Ⅲ，4；见 UP. p.171.(p.215)

④ UP. p.176.(p.219)

⑤ 色诺芬：《家政学》Ⅶ，31；见 UP. p.176.(p.219)

外的性快感，但其理由却各不相同。对作为丈夫的男人而言，节制快感是由一家之主的身份所决定的——要想治理好一个家庭，首先得治理好自己：

> 像治理其他人一样**治理你自己**[archê sautou]，你得知道，一个国王最高尚的行为就是不做快感的奴隶，控制他自己的欲望严于控制他的同胞们。①

可见丈夫的节制要求不是针对妻子而设的；丈夫的节制属于自己与自己的关系，而不是与妻子的关系，因此丈夫的节制是一种"风格问题"——就是说"它取决于一种选择和一种赋予自己生活的某种方式的意愿"。②对妻子这一方来说又如何呢？色诺芬写道，节制是妻子作为一位良好的家政"合作者"[sunergos]的保证；③进一步，妻子要保持她的美丽年华以及她在家庭中的地位，这只有作为一位家务的管理者才可能。

总之，夫妻性忠诚的法则并不适合于希腊伦理。节制并不是针对婚姻关系的对方而设的，而是分别"属于两种不同的与自我发生关系的方式"。④而男女双方之所以要结合在一起组成"家"，这是由"好好地生存"[eu einai]这一目标决定的。⑤

三、爱欲论——以少男为中心

在近代欧洲，"女人"是性道德反思的焦点；在古希腊，人们集中考虑的则是"少男"。"爱欲论"(Érotique)所涉及的就是希腊这一独有的文化现象。它特指成年男人与美少男之间的爱恋关系。但是，爱欲论所反思的焦点，并不在于同性恋还是异性恋之分。在希腊人看来，欲望

---

① 伊索克拉底：《尼古克勒》，29；见 UP. p.190.(p.228)

② UP. p.201.(p.235)

③ UP. p.173.(p.217)

④ UP. p.203.(p.237)

⑤ "生存"与"好好地生存"，这是亚里士多德的区分。见 UP. p.195.(p.231)

总是对美感或快感的欲望;对同性的欲望与对异性的欲望,本质上并不分属两种不同的欲望。人们对少男的关注,不是因为它是“同性恋”,而是因为少男的特殊身份:少男不是女人,不是卑下的奴隶,但也不是高贵的成年男人。正是少男的这种尴尬处境,使他成为希腊道德反思的特殊焦点,福柯称之为“关于少男的二律背反”:一方面,少男是美的象征,自然是人们爱慕的对象、寻求快感的对象,这与女人、奴隶没有什么不同;但另一方面,女人、奴隶永远不可能成为主体,而少男日后则必将成长为成年男人,即必定要成为快感的主体、权力的主体。

因此,“男人—少男”之间的关系远比“男人—女人”之间的关系更复杂。虽然在两种关系中,居主动地位、主体地位的都是男人,但在男人—少男关系之中,男人居主体地位的目的,是为了教育少男,把少男塑造为主体,显然与在男人—女人关系之中的主体地位不是一回事。希腊人不能接受男人在性关系中成为对象,但少男又必须成为对象,而成为对象的目的,是接受男人的教育和引导,以便有朝一日能够颠倒这种关系,由对象成为主体。由此出发,男人—少男的关系不仅是性关系,更重要的是一种教育的、模范的、引导的社会关系。①此乃希腊爱欲[erôs]关系之特别所在。“爱欲”是情感,是欲望,是同性之间的情感和欲望,但更是一种塑造主体的重要方式,是男人通过与少男共同生活,从而引导少男成为主体的重要方式。以少男为中心的爱欲论的反思,其困难也正在于此:

> 对希腊人来说,在与少男的关系中体验快感,成为快感的主体,这不是问题;反过来,对被当作快感对象的少男来说则构成了一个大难题。为了成为一个自由的男人,成为自己的主人,能够压倒其他人,他应当确立的与自身的关系是无法与成为别人快感对象的关系方式相一致的。②

因此对希腊人而言,在节制和放纵之间作出区分,远比在同性恋和

① SV. pp.94—95.

② UP. p.243.(p.265)

异性恋之间作出区分重要得多。如何成为有节制的人,也就是说,成为能够控制自己的主体、自由的主体,这才是希腊人在利用快感时最关心的问题。以男童为中心的"爱欲论"之所以比"养生法"和"家政学"更复杂,原因就在于爱欲论所达成节制这一目的的"工夫论"更复杂:

> 在"家政学"与"养生法"中,一个男人的自愿节制主要是以他与自我的关系为基础的。在"爱欲论"中,情况更加复杂。它包含着求爱者的自我控制;它还包含着被爱者能够建立一种支配自我的关系;最后,它包含在双方的慎重选择中他们的两种节制之间的关系。①

换言之,"养生法"和"家政学"包含的"自我关系",仍主要是单向度、单层面的,而"爱欲论"包含的"自我关系"却是多向度、多层面的。人们对"爱欲"[erôs]忧心忡忡,正是因为它处于控制自我与控制他人、治理自我与治理他人的联结点上。就是在这种担忧中,古代希腊的道德反思提出了"什么是'真正的爱欲'[alêthês erôs]"这一问题,开启了"利用快感"与"通向真理"之关系这一哲学问题的核心。

四、哲学——以真理为中心

虽然苏格拉底—柏拉图传统不是唯一对"爱欲"[erôs]进行反思的传统,但从根本上改变这一问题的反思方向的,无疑首推这一传统。在柏拉图的《会饮》中,当其他人轮番对爱欲之神进行赞颂后,苏格拉底却说,这些赞词尽管富丽堂皇,但它们都不"真实"。因为无论他们是褒是贬,他们都首先默认了成年男人针对少男这一不对等的爱欲关系,即:成年男人居主动,是快感与爱欲的主体;少男居被动,是快感与爱欲的对象。只要这种不对等关系仍然继续存在,无论少男对自己的求爱者采取何种态度,最终都必然导致若干无法解决的困难。这也就是柏拉图《斐德若》前两篇讲辞的问题所在,是少男的尴尬处境决定了的。

---

① UP. p.224.(p.252)

而苏格拉底并不急着赞扬爱欲之神，他要人们首先搞清楚，他们所赞扬的对象是什么。他问："什么是爱欲?"这一提问从根本上扭转了人们的思考方向，因为"这是本体论问题，而不再是义务论问题"。[①]《会饮》中的第俄提玛(Diotime)批评苏格拉底，从"爱欲对象"[ton erômenon]这一方讨论爱欲乃走错了方向；她教苏格拉底，要探寻爱欲的本性，必须从"爱欲对象"[ton erômenon]这一方转向"爱欲"[to erôn]这一方。[②]随着提问方式的改变，并且随着灵魂论的引入，爱欲关系中的不对等关系便被取消了。

那么，传统的爱欲关系是不是随着这一提问方式的改变而被勾销了呢？既是又不是。(1)"是"的原因在于，苏格拉底—柏拉图在传统的爱欲关系中引入了真理关系——爱欲关系不再是对青春之美的爱，而是对早已隐藏在灵魂中的真理的爱。此其一；其二，苏格拉底—柏拉图颠倒了爱欲的方向：从原来的成年男人对美少男的爱，变成了美少男对成年男人的爱。并且这里的成年男人，不是一般的成年男人，而是作为真理的导师。正因如此，以赞颂爱欲之神为目标的《会饮》，最终却以阿尔西比亚德对苏格拉底的赞颂而收场。我们还记得，苏格拉底在《会饮》开篇就曾说，他自己"除了懂爱欲之事，别的都不懂"。[③]这句看似费解的话，其实并不难以理解：一旦爱欲关系被转变为真理关系，那么作为真理导师的苏格拉底，难道还不是真正的爱欲之神吗？

所以(2)"不是"的原因在于，苏格拉底—柏拉图的意图并不是取消爱欲关系，他们只是通过质询什么是"真正的爱欲"来解决"爱欲论的二律背反"难题。"真正的爱欲"并非取消身体之爱，仅要灵魂之爱，虽然苏格拉底—柏拉图确实有这种思想倾向，但问题的关键根本不在于此。"对于柏拉图来说，真正的爱欲本质并不是排斥肉体，而是透过对象的各种表现，与真理发生关系。"[④]只有与真理发生关系，"爱欲"才不会随

---

① UP. p.259.(p.276)

② 柏拉图:《会饮》,204e;见 UP. p.260(p.277)。

③ 柏拉图:《会饮》,177d。

④ UP. p.262.(p.279)

少男青春之美的消逝而结束。只有这种真正的爱欲关系才能永恒。只有这样的爱欲关系,才不仅是性关系,才不仅具有道德价值,而且还能够具有真理价值。因此,柏拉图对爱欲和快感进行节制的"工夫论"(ascétisme),"不是一种否定少男之爱的方式,恰好相反,它是一种使它风格化的方式,一种通过赋予它形式和形象来推崇它的方式。"①

苏格拉底—柏拉图传统对爱欲论所作的哲学反思意味深长,以致"柏拉图的爱"成了西方文化的专有名词。对前人而言,它在爱欲关系引入了真理,使"爱欲"与"哲学"从根底上结合在了一起,彻底改变了爱欲反思的方向;对后世而言,它以对爱欲本质进行反思的方式来思考通向真理的问题,标志着对"欲望之人"(homme de désir)进行质疑的思想即将出现。正如福柯在对比"快感的利用"与"柏拉图的爱欲论"时所说:

> 在关于"快感的利用"[chrêsis aphrodisiôn]的反思中,被质疑的是快感及其力度(plaisir et sa dynamique),人应该通过自我控制来确保恰当地利用快感,合法地分配快感;而在柏拉图对爱欲的反思中,质疑的对象是欲望(désir),必须通过了解欲望的真正本质来让它达到自己的目标(即真理)。②

只不过,真理之目的与灵魂之美,在柏拉图这里总是合二为一的。而当基督教思想通过对柏拉图和柏拉图主义的引申,把"快感及其利用美学"(plaisir avec l'esthétique de son usage)转变为"欲望及其净化解释学"(désir et son herméneutique purificatrice),③真理之目的与灵魂之美将不再保证必然结合。从此,西方思想史必将经历一场巨大的变革,尽管这是一个极为缓慢的转型过程。

---

① UP. p.269.(p.284)

② UP. p.267.(p.282)

③ UP. p.278.(p.289)

结论："诚言"作为真理、治理、伦理

本书专门研究福柯对古代哲学的解释，从思想分期来说，对古代哲学的解释属于福柯晚期思想。读者便问，福柯晚期的古代哲学解释与早期的知识考古学、中期的权力谱系学究竟有无联系。我们回答：有联系，而且联系非常紧密，这从"诚言"这一核心术语可看出。在本书最后，我们分别从真理、治理、伦理三方面，总结"诚言"是如何作为一个核心术语贯穿福柯思想整体的。

1. "诚言"作为真理展现。福柯的早期思想以知识考古学为特征，知识考古学是对真理话语自身所进行的形式分析。福柯的中期思想以权力谱系学为特征，权力谱系学并没有抛弃真理问题，而是对真理话语进行政治分析。福柯的晚期思想以自我伦理学为特征，其核心概念是希腊文的"诚言"。"诚言"其实就是"真理"。福柯之所以选择它来表述真理，是因为福柯所理解的真理不是静止的、有待主体去认识的客观知识，而是一种复杂的展现行动、复杂的展现机制，其中的一个要素便是真理的勇气，或者说真理的伦理、真理的意志。所以，本书的结论之一是：晚期福柯并没有抛弃真理问题，不过，他不再从知识考古学的角度和权力谱系学的角度来思考真理问题，而是从诚言的角度，也就是从真理展现的角度来思考真理问题。

2. "诚言"作为对自我和他人的治理。经过早期的知识考古学阶段，福柯思想迈入以权力谱系学为特征的中期阶段。而中期阶段又可以1976年度法兰西学院课程"必须保卫社会"为标志，再划分为两个小阶段，前一小阶段所研究的是规训权力，后一小阶段所研究的是生命权力或者说生命政治。从生命政治出发，福柯引出“治理”概念，进而又过渡到“对自我和他者的治理”。福柯最后两年的法兰西学院课程便是“对自我和他者的治理”，实质上就是围绕“诚言”这个希腊术语展开。福柯在课堂上分析了“诚言”的政治用法和哲学用法。政治用法以伯里克利为代表，哲学用法以苏格拉底为代表。无论伯里克利的诚言还是苏格拉底的诚言，目标都是治理，既有对自我的治理，也有对他人的治理。治理显然关乎政治。所以，本书的结论之二是：晚期福柯并没有抛弃政治问题，不过，他不再从权力谱系学的角度来思考政治问题，而是从治理的角度，也就是从对自我和他人的治理的角度来思考政治问题。

3.“诚言”作为伦理塑造。公元前5世纪后半期和4世纪初，希腊民主制走向衰落，“诚言”一词的用法发生了变化，政治上的用法此时成为了否定的、负面的用法。但与此同时又出现了另外一种肯定的、正面的用法。这种用法不是出现在公民大会的场景，而是出现在对个人进行伦理塑造的场景。这种用法主要见于哲学作品，以柏拉图笔下的苏格拉底最为典型。于是，“诚言”的使用从政治领域转到哲学—伦理领域，它的功能也由原来的行使权力、治理别人，变成了引导别人治理他们自己，督促别人关心他们自己、塑造他们自己的品性。所以，本书的结论之三是：晚期福柯确实涉及伦理学，不过，它不是某种伦理学理论，而是从“诚言”的角度出发所进行的伦理塑造。既然这种塑造是从诚言出发，那它就必然与真理相关，也必然与治理相关。真理、治理、伦理，三者根本不可能分开。

4. 福柯早期、中期、晚期思想的关系。总之，“诚言”虽出于福柯晚期，但其意义绝不限于晚期。它是一个包含真理、治理、伦理三方面含义的术语。换言之，它是一个包含早期知识考古学、中期权力谱系学、晚期自我伦理学的术语。因此，本书虽以福柯晚期对古代哲学的解释为研究对象，但我们的目标绝不仅限于此，而是为了研究福柯的思想整体而作准备。因为我们认为，晚期自我伦理学与早期知识考古学、中期权力谱系学并不是并列关系，而是涵盖关系。从福柯晚期思想出发，从福柯对古代哲学的解释出发，进而回溯其早中期思想，是为理解福柯思想整体的恰当途径。

附　　录

一、核心术语汉译讨论

本书涉及若干希腊—拉丁术语的翻译，其中大多没有形成固定的汉译，为避免由于译名差异而导致的误解，我们在此把几个核心术语翻译作一说明，并求教于方家。

本书所论既为福柯的古代哲学解释，就必然涉及双重的翻译：一是福柯对古典语文的法译，一是本书作者对古典语文的汉译。本书据此定下了两条汉译原则：首先考虑希腊语—拉丁语与汉语的词根或词义对应，其次考虑福柯的阐释背景。

1. “parrêsia”。这是晚期福柯最为核心的术语。从词源学上讲，它由 pan[全部]和 rhêma[说出的话]合成。拉丁文一般译为 libertas，英文译为 free speech，德文译为 freimüthigkeit，法文译为 franc-parler 或者 liberté de parole。福柯从“话语的本体论”(ontologie du discours)问题出发，赋予 parrêsia 极为重要的意义。他把 parrêsia 这种实践活动理解为言说“真实话语/真实的逻各斯/真理”[logos alêthês]的活动，从而改变了我们对“真理”一词的理解方式。我国译界前辈罗念生、王太庆把该词译为“坦率”、“直率”、“言论自由”。福柯 1982 年度法兰西课程记录《主体解释学》(佘碧平译，上海人民出版社 2005 年版)中译本多为“说真话”，偶尔也为“坦白”；1984 年度法兰西学院课程《说真话的勇气》(钱翰、陈晓径译，上海人民出版社 2016 年版)中译本为“直言”。

我们认为，作为一个从“思想史”(福柯意义的“思想史”)角度而言的概念，parrêsia 有着极为具体和严格的含义，“直率”、“坦白”、“说真话”这几种翻译均不能准确地传达出这个词所置身其中的思想境域：“直率”、“说真话”侧重于说话的方式或者技艺，而按福柯的说法，parrêsia 不仅是一种技艺，也不仅是一种德性，所以“直率”、“说真话”、“直言”并没有传达出“真实话语的本体论地位”这一特征；而“坦白”又带有浓重的基督教禁欲主义和苦行主义的气味，而福柯曾多次就 parrêsia 与基督教的“坦白”作过明确区分，所以“坦白”这个译名则实在该避免。

本书试着把它译为“诚言”。若就希腊语与汉语的语境对应而言，《说文》云：“直言曰言，论难曰语。”故“言”本就是“直言”之意。“诚”从“言”，从“成”，“诚”字对于中国思想的意义自不待言。《中庸》云：“诚者，自成也。”“真实话语”或者“真理”之为“真”，就在于它是“自成”的。若就福柯的阐释和翻译而言，我们认为“诚言”这种翻译也甚为妥帖。福柯对 parrêsia 的翻译是 dire-vrai。dire 既可为动词，亦可为名词——恰如中文之“言”；vrai 也既做形容词又做名词，故 dire-vrai 既可解为“真实的话”，也可解为“说出真实”。同样，“诚言”既可解为“真实的话”，也可解为“真诚地说”。此外，有趣的是，在汉语中，“诚”、“真”、“实”三者皆可互训，即所谓“真诚”、“真实”、“诚实”。因而，“诚言”包含了诸如“直率”、“真话”、“真理”等词的意思，但它同时更能体现福柯对 parrêsia 的话语行动的分析方式，而不是对话语的知识论的分析方式。

2. “epimeleia heautou”，拉丁文为 cura sui。这是仅次于 parrêsia 的核心概念。关于它的翻译讨论主要集中于 epimeleia 一词，福柯把该词译为 souci，这一译法与德文的翻译 sorge（这也是海德格尔哲学中较难译的核心概念之一）相似，含有“忧虑”、“操心”、“关心”等义。但有法国学者并不同意福柯的翻译，他们认为 epimeleia 除了“操心”、“关心”等意，尚有一种医学意味，他们认为以 soin 译 epimeleia 更为恰当。[1]

---

① 何乏笔：《修养与批判：〈主体诠释学〉初探》，见黄瑞祺主编：《再见福柯：福柯晚期思想研究》，浙江大学出版社 2008 年版，第 38 页，注释 2。但何老师解法译 soin de soi-même 为“治疗你自己”，这似乎不妥，因为法文 soin 的基本含义是“关心、注意、照料”等，从这一层才引申出“治疗”。

这一词组的常见汉译有如下几种:《性经验史》(佘碧平译,上海人民出版社 2005 年版)中译本第三卷为"关注自我",《主体解释学》中译本为"关心自己",《莫伟民讲福柯》(莫伟民著,北京大学出版社 2005 年版)一书中为"关切自身",福柯的法兰西学院课程概要《主体性与真理》(莫伟民译,载《世界哲学》,2005 年第 1 期)的译文为"自我的关切",《修养与批判:〈主体诠释学〉初探》(何乏笔著,载黄瑞琪编《再见福柯》,浙江大学出版社 2008 年版)一文的作者也译为"关注自我",并且作者解释,理由是福柯在《主体解释学》中说 epimeleia heautou 包含"看"的方式,因此以"关注"译 epimeleia 刚好能体现"关心"和"注视"这双重意义。

我们认为,epimeleia 确实含有诸如"关心、操心、照料、照顾、忧虑、治疗"等含义,如果不能只用汉语的一个词来表达法语 epimeleia 的多层含义,此时应当先考虑该词最基本的词根意义及使用语境。确实,福柯解释过 epimeleia 既包含"看"的含义,也包含"医学"的含义,但这两种意义均不是 epimeleia 这个词根本身所具有的,而是由 epimeleia heautou 这个哲学概念引申出的。事实上,尽管福柯一般以 souci de soi 译之,但他也并不排斥其他译法,例如在法兰西学院课程中,他就屡屡用 soin de soi-même 等词组来进行翻译和解释。

本书把 epimeleia heautou 全部统一译为"关心自己"。理由是,福柯强调这一词组在古典作品中的用法是绝对正面的,如神对人的"关心"、家长对孩子的"关心"、牧羊人对羊群的"关心",甚至福柯还因此推测 epimeleia 与 melos/melôdia[歌唱、乐曲]有着词源联系。[①]而在中文语境中,"关心"比"关注"、"关切"更能体现正面的、积极的含义。例如在日常生活中,我们常说父母对孩子的关心、老师对学生的关心,很少会说关注或者关切。此其一。其二,"关心"能收纳其他诸如"关注"、"照看"、"操心"、"忧虑"等含义。例如,倘若我们真正关心某个人,我们

---

① 福柯曾请教杜梅兹勒(G.Dumézil)和保罗·维尼(Paul Veyne),他们二人均肯定了福柯的猜想。详见 CV. pp.109—111。

必定会把注意力放在他身上;必定会照看、照管他;无论他出现任何问题,必定会为他担心,忧虑;必定会想办法帮助他,治疗他,使他恢复正常,恢复健康。如苏格拉底在申辩中说,像父亲或兄长一样关心人们,此乃神交给他的任务,为了完成这项任务,他九死而不悔。

3. “mathêsis”和“askêsis”。这两个词是希腊语的常用词。这对术语在福柯对古代哲学的读解中也很是常见。mathêsis 意思是“知识的学习”,askêsis 意思是“修饰,练习”。显然,从基本含义来讲,mathêsis 相应于中文的“学”,askêsis 相应于中文的“习”。但我们考虑,如果译为“学”和“习”,会带来两方面的麻烦:首先,在现代汉语中,“学”与“习”的区分已经相当模糊,除非这两个字对举,否则人们很难注意到两者的区别。实质上,这两个字在现代汉语中经常是合成“学习”而使用的,并且含义往往偏重于“学”。其次,“学”和“习”为单字,这也给行文及阅读都带来诸多不便。所以,经再三权衡,我放弃了“学”和“习”的译法。

在提出自己的译名之前,我们先讨论现有的译法。《主体解释学》中译本的译名有“修行”、“苦行”、“禁欲”;《自我发现或自我创造:阿多与福柯修养论之差异》的作者译为“工夫”,他认为,“在中国传统儒释道各自的语言体系中,工夫论可分为修身、修行及修炼三项。因此 askêsis 和工夫两概念适合用来建构欧洲和中国修养传统之间的相应之处”。①

我认为,“修行”、“苦行”、“禁欲”是应该避免的译法,因为这几个词都带有浓厚的宗教气味,而正是在《主体解释学》中,福柯尤其区分了希腊哲学的 askêsis 与基督教的 ascèse(苦行)或 ascétism(禁欲主义)。至于“工夫”,这个译名从含义上说倒是甚为贴切,但与希腊文的词根含义不是很吻合。

我们的意见是,既为翻译,首先得考虑两种语言的词根对应。希英词典和希汉词典对 askêsis 的解释大致相同,都是两层意思:第一层是

---

① 何乏笔:《自我发现或自我创造:阿多与福柯修养论之差异》,载黄瑞祺主编:《再见福柯:福柯晚期思想研究》,浙江大学出版社 2008 年版,第 163 页,注释 2。

精心制造、使平整、打扮装饰；第二层是锻炼、练习。[①]显然，这两层意思分别对应于中文的“修”和“习”，故我们把 askêsis 译为“修习”；为与“修习”相配，我们把 mathêsis 译为“学识”（与 mathêsis 同源的 mathêmata 便译为“知识”）。

需要提醒读者的是，本书也出现了“工夫”或“工夫论”的译名，但它所译的不是希腊文的 askêsis，而是福柯从 askêsis 新造的词 ascétique。该词绝不能译为“禁欲主义”，“禁欲主义”是 ascétism。福柯在《主体解释学》中解释说，ascétique 指的是“严格意义上的修习”（中译本为“生活严谨”）。而在《快感的利用》中，ascétique（工夫论）则被福柯称作伦理学四元结构之一（中译本为“禁欲论”）。

限于篇幅，还有若干非核心概念的翻译在此不作讨论，请读者留心文中的说明。

① 罗念生、水建馥：《古希腊语汉语词典》，商务印书馆 2004 年版，第 124 页。

二、福柯法兰西学院课程介绍①

福柯是一个擅长写作的哲学家。他的每一部著作都写得很成功。这里所谓成功,意思有两层:一是成为哲学史上的不朽之作,二是成为畅销书。这两点福柯都做到了。他生前出版的著作,如《古典时代的疯狂史》、《临床医学的诞生》、《词与物》、《知识考古学》、《规训与惩罚》、《性经验史》,以哲学的眼光和诗人的才华,把史学、文学、艺术、医学、心理学、法学、政治学等各种史料熔为一炉,极具个性才情,又不失哲学深度。这些著作知名度极高,流传极广,可以说改变了20世纪人文社会科学的整体面貌。

除去生前出版的著作,福柯在1984年去世时,还留下大量的未刊遗稿,是否把这些稿子加以整理并出版发行,学者们颇感为难,因为福柯曾在1982年立下遗嘱说不出版遗作。这其中最重要的是《性经验史》第四卷《肉体的忏悔》,其实这一卷的初稿比第二卷《快感的享用》、第三卷《关注自我》还先写出,只待最后修改润色。福柯的师友如乔治·杜梅兹勒、保罗·维尼、皮埃尔·诺拉,都认为只需写一篇"告读者",此卷便可出版。但或许是出于对逝者遗愿的尊重,时至今日,这一卷书仍未能与读者见面。

除了未刊遗稿,另一大类是福柯的法兰西学院课程讲演录。福柯

① 本文曾作为阶段成果,以《福柯:一位擅长写与讲的教师》为题,发表于《中国社会科学报》(哲学版),2016年4月26日。

于1970年当选法兰西学院"思想体系史"教授，从1971年开始授课，至1984年逝世，除1977年休假，共留下13年的课程录音和笔记，这些录音和笔记是否出版也令人犯难。经过长达数年的讨论，学者们认为，课程讲演录作为福柯的公开讲话，不属遗著，可以整理出版。1997年2月，法国Gallimard/Seuil出版社联合推出《"必须保卫社会"》(1976年度课程)，标志着福柯法兰西学院课程讲演录的出版工作正式开始；2015年5月，随着《刑事理论与制度》(1972年度课程)的出版，历时18年之久的福柯法兰西学院课程讲演录的出版工作落下帷幕。13年授课，13本书。13本书全部出齐，这是福柯思想研究史上的一件大事。它们给我们展示了另一种福柯形象。课堂上的这个福柯老师，不同于著作中的那个才华横溢的思想家福柯，而是跟我们常人一样，时不时也会有些犹豫、彷徨，乃至孤独、迷茫。

法兰西学院讲演录可分为三个思想阶段。第一阶段是1971—1975年的课程：《认知的意志》、《刑事理论与制度》、《惩罚的社会》、《精神病学的权力》、《不正常的人》。其中1971年的课程《认知的意志》最重要，是福柯长期思考的哲学主题，虽与福柯1976年出版的《性经验史》第一卷同名，但具体内容差别很大。课程讲演录的主要线索，始于亚里士多德"人的本性在于求知"，终于尼采"真理意志"，研究的问题是，为什么追求真理的意志会成为西方文明的主宰，乃至真理话语与法律话语、医学话语一样，成为了话语的一种排斥程序；而1976年的著作是以近代性经验为线索，研究的问题是，在西方近代文明中，为什么医学、法律、心理学、人口学会围绕"性"组织成一种"经验"，乃至成为人们探索自身真相的根据。至于其后4年课程的研究主题，则可概括为"规训权力"，亦即个别地运用于肉体的权力。在福柯这里，除了政治权力，知识也是权力。生物学、法学、医学，这些现代科学知识，与政治权力相互交织，作用于人的肉体，形成了密密麻麻的权力关系网。

第二阶段是1976—1980年的课程：《"必须保卫社会"》、《安全、领土、人口》、《生命政治的诞生》、《对活人的治理》。其研究主题可概括为"生命权力"。生命权力不同于规训权力，规训权力把肉体看作一个物理性的机械组织，所以是肉体的物理解剖学；而生命权力则是从总体上运用于人口、生命和活人的权力，它把人看作物种意义上的生命组织，所以是生命的政治经济学。生命权力在18世纪出现，福柯认为，这是人类社会史上的一种根本转型，甚至是最重要的转型之一。只有规训权力合上生命权力，才是福柯70年代中期思想的权力谱系学。在以往的福柯研究中，学者们的注意力更多放在以《规训与惩罚》为代表的规训权力，对讲演录的生命权力的研究不够充分。

第三阶段是1980—1984年的课程：《主体性与真理》、《主体解释学》、《对自我和他人的治理》、《真理的勇气：对自我和他人的治理(2)》。与前面两阶段不同，福柯在这个阶段全面转向了对古代希腊罗马哲学的解释，学术界把它看作福柯晚期思想，并相对于早期的知识考古学、中期的权力谱系，称之为自我伦理学。但我们现在看看书名，在这4本书名中，重复出现了三个关键词，即"主体"、"真理"、"治理"。主体和真理问题乃是整个西方哲学史上的大题目，远超出了伦理学的范围；治理问题，不论是城邦的治理还是个体灵魂的治理，在福柯的古代哲学研究视野中，显然都从属于政治学。晚期福柯研究主体与真理的关系问题，又研究通过真理而实施治理的问题，足见主体、真理、治理三者根本不可能分开，称福柯晚期思想为伦理学，虽无大错，但也不确切。自我伦理学与知识考古学、权力谱系并不是并列关系，而是涵盖关系。自我伦理学不仅关心"自我"，而且也关心"他人"；不仅关心"伦理"，而且也关心"治理"。所以，福柯生前最后两年的课程名为："对自我和他人的治理"。

三、福柯学术简历[①]

1926年10月15日，福柯出生于法国普瓦蒂埃；

1930年5月27日，福柯入亨利四世学校就读，1930—1932年就读儿童班，1932—1936年就读小学班，1936—1940年就读中学班；

1940年，福柯转学至圣·斯坦尼斯拉斯学校就读，在所有功课中，尤数法语、历史、希腊语、拉丁语成绩突出；

1945年，福柯从普瓦蒂埃迁居巴黎，就读亨利四世中学巴黎高师预科班；

1945—1946学年的头两个月，伊波利特在此任教，讲黑格尔《精神现象学》、笛卡尔《几何学》，使迷恋历史的福柯对哲学产生了浓厚兴趣。伊波利特于1947年通过博士论文《〈精神现象学〉的起源和结构》答辩。1968年10月，在阿尔都塞为伊波利特举行的追悼会上，福柯致悼词。

1946—1950年，福柯就读于巴黎高等师范专科学校；

1946年7月，福柯初次见到作为巴黎高师入学考试口试官的冈奎莱姆。冈奎莱姆对福柯的学术生涯影响甚大。

1947年，梅洛·庞蒂成为巴黎高师心理学辅导教师，并于1947—1948在巴黎高师任教，讲《马勒伯朗士、德·比朗、柏格森著作中的灵

① 资料来源：Michel Foucault, *Dits et écrits*, édition établie sous la direction de Daniel Defert et François Ewald avec la collaboration de Jacques Lagrange, Paris: Quarto/Gallimard, 2001；埃里蓬：《权力与反抗——米歇尔·福柯传》，谢强、马月译，北京大学出版社1997年版。

魂和肉体的统一》、语言学、索绪尔；1949 年，梅洛·庞蒂在索邦大学讲儿童心理学、“语言的意识和获得”、“人文科学和现象学”之间的关系；1951—1952 年，梅洛·庞蒂讲“人的科学”，阐述胡塞尔、考夫卡、戈尔德施泰因，对福柯影响甚大。

1948 年，阿尔都塞被任命为巴黎高师哲学辅导教师，福柯与阿尔都塞建立了深厚的师生友情。

福柯的巴黎高师阅读生活：柏拉图、康德、黑格尔、马克思、胡塞尔、海德格尔、弗洛伊德（尤其后两人，福柯曾为了阅读他们的著作而学习德语）、巴什拉、卡夫卡、萨德以及其他法国文学。

1949 年 6 月，福柯通过巴黎高等师范专科学校毕业论文《黑格尔〈精神现象学〉中的历史先验性的构成》答辩。

1948 年，福柯在索邦大学获得哲学学士学位；1949 年，福柯获得心理学学士学位，同年福柯还获得巴黎心理研究院的文凭；1952 年，福柯获得精神病理学学位。

1951 年，福柯于梯也尔基金会从事研究工作。他可以选择的研究课题有两个：1.“后笛卡尔主义中的人文科学问题”，2.“当代心理学中的文化概念”。福柯倾向于前一个；

1951—1955 年，同时还在巴黎高师教心理学，学生中有日后成为法国哲学家的德里达和历史学家保罗·维尼。保罗·维尼为法兰西学院教授，长于古代史研究，是福柯逝世前几年的知心朋友。

1952 年 10 月—1955 年 6 月，福柯任里尔大学心理学助教。同时，福柯还与韦尔道一起在圣·安娜医院从事心理学研究，在弗雷斯耐斯监狱工作。这段工作经历对福柯思想具有极重要的意义。

1952 年，福柯与作曲家巴拉卡认识并确立恋爱关系。1953 年，福柯开始阅读尼采。尼采和音乐对福柯的影响具有决定意义。也就是在这个时候，福柯开始迷恋巴塔耶、布朗肖、夏尔的文学。

1954 年，福柯写作宾斯万格尔《梦与存在》译者导言；福柯发表他的第一部著作《精神病与个性》，该书在 1962 年修订为《精神病与心理学》。

1955 年 8 月 26 日—1958 年 5 月，福柯赴瑞典乌柏沙拉工作；

1956 年，福柯与法兰西学院教授乔治・杜梅兹勒在乌柏沙拉首次见面。乔治・杜梅兹勒对福柯的学术生涯产生过十分重要的影响。福柯一直把杜梅兹勒视作亦师亦友的关系，直至福柯病逝。

福柯在瑞典讲授的公共课有：《从萨德侯爵到让・热内，法国文学中的爱情概念》、《当代法国戏剧》、《从夏多布里昂到贝尔纳诺的法国文学中的宗教经验》。专业研讨课有：《17 世纪的法国戏剧》。

1955 年，福柯与罗兰・巴特相识，建立友谊，福柯邀请罗兰・巴特至瑞典讲学。

福柯在瑞典写成博士论文《古典时代疯狂史》初稿。

1958 年 10 月—1959 年，福柯赴波兰华沙大学工作；

1959 年—1960 年，福柯赴德国汉堡工作；

福柯写作博士论文附论文。

1960 年 10 月 1 日—1966 年，福柯任克莱蒙大学心理学教授；

1961 年 5 月 20 日，福柯通过博士论文答辩。

1963 年，福柯出版《雷蒙・鲁塞尔》、《临床医学的诞生》；1965 年，福柯出版《词与物》。

1962—1966 年被称为福柯的"文学时期"，福柯写下了关于评雷蒙・鲁塞尔、巴塔耶、布朗肖、克洛索夫斯基的评论文章。

1966 年 9 月—1968 年 10 月 1 日，福柯至突尼斯。

福柯《知识考古学》成书于此，但该书发表时间是 1969 年。

1968 年 12 月 1 日—1970 年，福柯任万森大学哲学系教授、代理系主任；

1970 年 4 月 12 日—1984 年 6 月 25 日，福柯任法兰西学院教授，教席名为"思想体系史"；

1970 年，福柯发表法兰西学院开讲辞《话语的秩序》。

法兰西学院课程：1971 年《认知的意志》、1972 年《刑事理论与制度》、1973 年《惩罚的社会》、1974 年《精神病学的权力》、1975 年《不正常的人》、1976 年《"必须保卫社会"》、1978 年《安全、领土、人口》、1979

年《生命政治的诞生》、1980 年《对活人的治理》、1981 年《主体性与真理》、1982 年《主体解释学》、1983 年《对自我和他人的治理》、1984 年《真理的勇气：对自我和他人的治理(2)》。

1975 年，福柯出版《规训与惩罚》。

1976 年，福柯出版《性经验史》第一卷：《认知的意志》。

1984 年，福柯出版《性经验史》第二卷《快感的利用》、第三卷《关心自己》。

1984 年 6 月 25 日，福柯病逝，享年 58 岁。

参考文献

外　　文

(一) 福柯作品

[1] Michel Foucault, *Le souci de soi*, Paris: Gallimard, 1984.

[2] Michel Foucault, *L'usage des plaisirs*, Paris: Gallimard, 1984.

[3] Michel Foucault, *Dits et écrits*, édition établie sous la direction de Daniel Defert et François Ewald avec la collaboration de Jacques Lagrange, Paris: Quarto/Gallimard, 2001.

[4] Michel Foucault, *Sécurité, territoire, population*, Cours au Collège de France(1977—1978), édition établie sous la direction de François Ewald et Alessandro Fontana, par Michel Senellart, Paris: Seuil/Gallimard, 2004.

[5] Michel Foucault, *Naissance de la biopolitique*, Cours au Collège de France(1978—1979), édition établie sous la direction de François Ewald et Alessandro Fontana, par Michel Senellart, Paris: Seuil/Gallimard, 2004.

[6] Michel Foucault, *Du Gouvernement des vivants*, Cours au Collège de France(1979—1980), Paris: Seuil/Gallimard, 2012.

[7] Michel Foucault, *L'herméneutique du sujet*, Cours au Collège

de France(1981—1982), édition établie sous la direction de François Ewald et Alessandro Fontana, par Frédéric Gros, Paris: Seuil/Gallimard, 2001.

[8] Michel Foucault, *Le gouvernement de soi et des autres*, Cours au Collège de France(1982—1983), édition établie sous la direction de François Ewald et Alessandro Fontana, par Frédéric Gros, Paris: Seuil/Gallimard, 2008.

[9] Michel Foucault, *Le courage de vérité*: *Le gouvernement de soi et des autres* II, Cours au Collège de France(1983—1984), édition établie sous la direction de François Ewald et Alessandro Fontana, par Frédéric Gros, Paris: Seuil/Gallimard, 2009.

[10] Michel Foucault, *Philosophie*, anthologie établie et présentée par Arnold I. Davidson et Frédéric Gros, Paris: Gallimard, 2004.

[11] Michel Foucault, *Technologies of the self*, a seminar with Michel Foucault, edited by Luther H. Martin, Huck Gutman and Patrick H. Hutton, Amherst: The University of Massachusetts Press, 1988.

[12] Michel Foucault, *Discourse and truth*: *The problematization of parrhesia*(six lectures given by Michel Foucault at Berkeley, Oct-Nov.1983), Ed. by Joseph Pearson in 1985, reedited in 1999 for *www.foucault.info*.

[13] Michel Foucault. *About the beginning of the hermeneutics of the self*: *two lectures at Dartmouth*, in *Political Theory*, Vol.21, No.2.(May, 1993), pp.198—227.

(二) 其他作者

[14] Eliane allo, *Les dernières paroles du philosophe*, dialogue entre Georges Dumézil et Michel Foucault à propos du souci de l'âme, par Eliane allo, In *Actes de la Recherche en Sciences Sociales*, Année 1986, Volume 61, Numéro 1, pp.83—88.

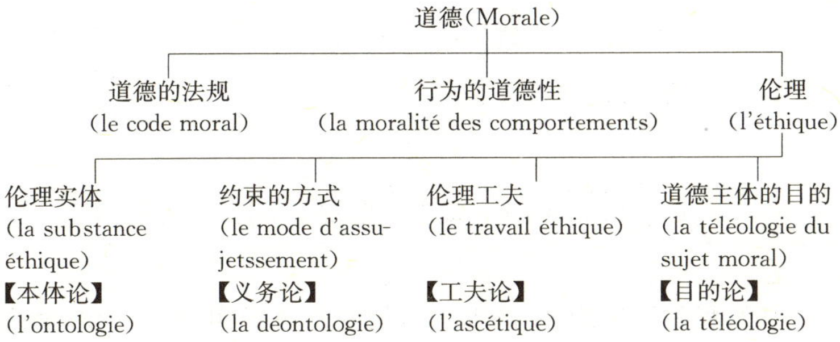

[15] Frédéric Gros, *Foucault: Le courage de la vérité*, coordonné par Frédéric Gros Pari: PUF, 2002.

[16] Frédéric Gros, *Foucault et la philosophie antique*, sous la direction de Frédéric Gros et Carlos Lévy, Pari: KIMÉ, 2003.

[17] Frédéric Gros, *Michel Foucault*, Pari: PUF, 1998.

[18] Guthrie, W.K.C., *A History of Greek Philosophy*, Cambridge, 1979.

[19] Pierre Hadot, *Philosophy as a way of life*, translated by Michael Chase, USA: Basil Blackwell Ltd., 1995.

[20] Pierre Hadot, *What is ancient philosophy*, Cambridge: The Belknap press of Harvard university press, 2002.

[21] Pierre Hadot, *Études de philosophie ancienne*, Paris: Les belles lettres, 2010.

[22] Jaeger, W., *Paideia: The ideals of Greek Culture*, translated by G.Highet, Oxford, 1944.

[23] Plato, *The Collected Dialogues of Plato, Including the Letters*, Edited by H.Hamilton and H.Cairns, 1973.

[24] Plato, *The Dialogues of Plato, translated into English with analytics and Introduction*, by B.Jowett, 2 volumes, New York, 1937.

[25] Paul Veyne, *The final Foucault and his ethics*, translated by Catherine Porter and Arnold I. Davidson, in Critical Inquiry 20 (Autumn 1993).

[26] Edward F.McGushin, *Foucault's askêsis*, Evanston: Northwestern University Press, 2007.

中　　文

(一) 福柯作品

[27] 米歇尔·福柯:《性经验史》,佘碧平译,上海:上海人民出版

社,2005 年。

[28] 米歇尔·福柯:《主体解释学》,佘碧平译,上海:上海人民出版社,2005 年。

[29] 米歇尔·福柯:《词与物》,莫伟民译,上海:上海三联书店,2001 年。

[30] 米歇尔·福柯:《古典时代疯狂史》,林志明译,北京:三联书店,2005 年。

[31] 米歇尔·福柯:《知识考古学》,谢强、马月译,北京:三联书店,1998 年。

[32] 米歇尔·福柯:《必须保卫社会》,钱翰译,上海:上海人民出版社,1999 年。

[33] 米歇尔·福柯:《权力的眼睛:福柯访谈录》,严锋译,上海:上海人民出版社,1997 年。

[34] 米歇尔·福柯:《福柯集》,杜小真等译,上海:上海远东出版社,2003 年。

(二)其他作者

[35] 埃里蓬:《权力与反抗:米歇尔·福柯传》,谢强、马月译,北京:北京大学出版社,1997 年。

[36] 爱比克泰德:《哲学谈话录》,吴欲波等译,北京:中国社会科学出版社,2004 年。

[37] 爱比克泰德:《爱比克泰德论说集》,王文华译,北京:商务印书馆,2009 年。

[38] 柏拉图:《理想国》,郭斌和、张竹明译,北京:商务印书馆,1986 年。

[39] 柏拉图:《柏拉图对话集》,王太庆译,北京:商务印书馆,2004 年。

[40] 柏拉图:《柏拉图文艺对话集》,朱光潜译,见《朱光潜全集》第12 卷,安徽:安徽教育出版社,1991 年。

[41] 柏拉图:《会饮》,刘小枫译,北京:华夏出版社,2003 年。

[42] 柏拉图:《斐多》,杨绛译,沈阳:辽宁人民出版社,2000年。

[43] 柏拉图:《蒂迈欧篇》,谢文郁译,上海:上海人民出版社,2005年。

[44] 柏拉图:《巴曼尼德斯篇》,陈康译,北京:商务印书馆,1997年。

[45] 柏拉图:《柏拉图对话七篇》,戴子钦译,沈阳:辽宁教育出版社,1998年。

[46] 柏拉图:《政治家》,洪涛译,上海:上海人民出版社,2006年。

[47] 柏拉图:《政治家》,黄克剑译,北京:中国青年出版社,2002年。

[48] 柏拉图:《法律篇》,张智仁、何勤华译,上海:上海人民出版社,2001年。

[49] 柏拉图:《柏拉图全集(共四册)》,王晓朝译,北京:人民出版社,2003年。

[50] 柏拉图等:《古希腊散文选》,水建馥译,北京:人民文学出版社,2000年。

[51] 第欧根尼·拉尔修:《名哲言行录(共两册)》,马永翔等译,长春:吉林人民出版社,2003年。

[52] 伽达默尔:《伽达默尔论柏拉图》,余纪元译,北京:光明日报出版社,1992年。

[53] 何乏笔:《从性史到修养史——论福柯〈性史〉第二卷中的四元架构》,见《欧美研究》第三十二卷第三期,第437—467页,台湾“中央研究院”欧美研究所主编。

[54] 何乏笔:《修养与批判:福柯〈主体解释学〉初探》,见黄瑞祺:《再见福柯:福柯晚期思想研究》,杭州:浙江大学出版社,2008年。

[55] 高宣扬:《福柯的生存美学》,北京:中国人民大学出版社,2005年。

[56] 路吉阿诺斯:《路吉阿诺斯对话集》(共两册),周作人译,北京:中国对外翻译出版公司,2003年。

[57]《罗念生全集》(共十册),上海:上海人民出版社,2004 年。

[58] 莫伟民:《主体的命运——福柯哲学思想研究》,上海:上海三联书店,1996 年。

[59] 莫伟民:《莫伟民讲福柯》,北京:北京大学出版社,2005 年。

[60] 玛莎·纳斯鲍姆:《善的脆弱性:古希腊悲剧和哲学中的运气与伦理》,徐向东等译,南京:译林出版社,2007 年。

[61] 欧里庇得斯:《欧里庇得斯悲剧集》(共三册),周作人译,北京:中国对外翻译出版公司,2003 年。

[62] 皮埃尔·阿多:《古代哲学研究》,赵灿译,上海:华东师范大学出版社,2017 年。

[63] 普鲁塔克:《古典共和精神的捍卫:普鲁塔克文选》,包利民等译,北京:中国社会科学出版社,2005 年。

[64] 普鲁塔克:《希腊罗马名人传》(共三册),席代岳译,长春:吉林出版集团,2009 年。

[65] 塞涅卡:《强者的温柔:塞涅卡伦理文选》,包利民等译,北京:中国社会科学出版社,2005 年。

[66] 塞涅卡:《哲学的治疗:塞涅卡伦理文选之二》,吴欲波译,北京:中国社会科学出版社,2007 年。

[67] 塞涅卡:《幸福而短促的人生:塞涅道德书简》,赵又春、张建军译,上海:上海三联书店,1989 年。

[68] A.E.泰勒:《柏拉图——生平及其著作》,谢随知等译,济南:山东人民出版社,1991 年。

[69] 修昔底德:《伯罗奔尼撒战争史》,谢德风译,北京:商务印书馆,2007 年。

[70] 让-皮埃尔·韦尔南:《希腊人的神话和思想:历史心理分析研究》,黄艳红译,北京:中国人民大学出版社,2007 年。

[71] 让-皮埃尔·韦尔南:《古希腊的神话与宗教》,杜小真译,北京:三联书店,2001 年。

[72] 让-皮埃尔·韦尔南:《神话与政治之间》,余中先译,北京:三

联书店,2005 年。

[73] 汪子嵩等:《希腊哲学史》(共三卷)》,北京:人民出版社,1997—2010 年。

[74] 伊壁鸠鲁:《自然与快乐:伊壁鸠鲁的哲学》,包利民等译,北京:中国社会科学出版社,2004 年。

[75] 亚里士多德:《尼各马可伦理学》,廖申白译,北京:商务印书馆,2004 年。

[76] 亚里士多德:《形而上学》,李真译,上海:上海人民出版社,2005 年。

[77] 赵灿:《论柏拉图〈斐勒布〉中善的学说》,上海:复旦大学硕士论文 2007 年。

[78] 赵灿:《"诚言"与"关心自己":福柯的古代哲学解释研究》,上海:复旦大学博士论文 2010 年。

[79] 赵灿:《"parrêsia"与"epimeleia heautou":福柯晚期思想的两个核心术语》,《哲学动态》,2014 年第 9 期。

[80] 赵灿:《福柯论古代哲学中的"修习"》,《哲学动态》,2015 年第 4 期。

[81] 赵灿:《古代哲学气质的福柯》,《中国社会科学报(哲学版)》,2011 年 11 月 15 日。

[82] 赵灿:《跟随马里翁探究爱情哲学》,《中国社会科学报(哲学版)》,2015 年 8 月 11 日。

[83] 赵灿:《福柯:一位擅长写与讲的教师》,《中国社会科学报(哲学版)》,2016 年 4 月 26 日。

[84] 吕西阿斯等著:《希腊罗马散文选》,罗念生编译,长沙:湖南人民出版社,1985 年。

[85] 埃斯库罗斯等著:《古希腊悲剧喜剧全集》,张竹明、王焕生译,南京:译林出版社,2007 年。

[86] 希罗多德:《历史》,王以铸译,北京:商务印书馆,2005 年。

[87] 柏拉图:《泰阿泰德・智术之师》,严群译,北京:商务印书馆,

1963 年。

[88] 马尔库斯·奥勒利乌斯:《沉思录》,王焕生译,上海:上海三联书店,2010 年。

[89] 尼采:《快乐的科学》,黄明嘉译,上海:华东师范大学出版社,2007 年。

[90] 尼采:《偶像的黄昏》,李超杰译,北京:商务印书馆,2013 年。

[91] 丹瑟豪:《尼采眼中的苏格拉底》,田立年译,北京:华夏出版社,2013 年。

[92] 莱昂·罗斑:《希腊思想和科学精神的起源》,陈修斋译,桂林:广西师范大学出版社,2003 年。

后　　记

本书涉及两个研究领域：古代希腊哲学和现代法国哲学。现在回头看，我涉足这两个领域，不能不说是一种机缘。

在大学本科阶段，大概 2002 年前后，我对形而上学和本体论问题发生兴趣，认为西方哲学本质就是形而上学和本体论。而要研究这两个问题，最佳途径是研究从康德到海德格尔的德国哲学，中经黑格尔和胡塞尔，在一定程度上也可包括马克思和伽达默尔。那时，我对希腊哲学和法国哲学的了解仅限于教科书，脑子里丝毫没有阅读希腊原著和法国原著的意识，更没想过日后做一篇涉及希腊哲学和法国哲学的博士论文。

在硕士研究生阶段开始时，大概 2004 年 9 月，我为自己制定了一份形而上学史的阅读计划，打算从柏拉图的《巴门尼德》、亚里士多德的《形而上学》开始；而后进入康德的"三大批判"、黑格尔的《精神现象学》《逻辑学》；最后以胡塞尔的《逻辑研究》、海德格尔的《存在与时间》结束。我就这份阅读计划请教丁耘老师。丁老师耐心地提供了不少建议，如他针对柏拉图说，从《巴门尼德》开始阅读极易走偏，不如先从《会饮》《理想国》开始；针对亚里士多德说，除了《形而上学》，《工具论》《物理学》也该看看。

我听从丁老师的建议，开始阅读《会饮》《理想国》。没想到，这次阅读体验彻底改变了我本科阶段对希腊哲学乃至全部西方哲学的印象。原来希腊哲学不只是理念论、通种论、分有说、四因说这些东西。我一篇接一篇阅读柏拉图对话，《申辩》《克力同》《游叙弗伦》《斐多》《斐德若》……感受柏拉图对话带给我的激动和欣喜。就这样,我放弃了形而上学史的阅读计划,把全部精力投入到了希腊哲学。

不久后,我遇到了佘碧平老师,他是我的硕士论文和博士论文的指导老师。在了解我的学术兴趣之后,佘老师叫我到他家,把他所收藏的伽达默尔著作找给我,命我跟从伽达默尔的著作学习,视伽达默尔为希腊哲学研究之模范。就这样,我一边阅读柏拉图对话,一边阅读伽达默尔著作,揣摩伽达默尔对柏拉图的解释技艺。渐渐地,我对柏拉图的"快乐"问题以及伽达默尔对柏拉图《斐勒布》的现象学解释产生了兴趣。最终,我以柏拉图《斐勒布》为研究对象,于 2007 年 4 月完成硕士学位论文。

在写作硕士论文的过程中,佘碧平老师翻译的福柯法兰西学院演讲系列中的《主体解释学》出版了。某天下课后,佘老师拿了自己刚出版的译作给我,说里面包含福柯对柏拉图《阿尔西比亚德》的解释,不妨参考;又说,《性经验史》第二卷《快感的享用》和第三卷《关注自我》也是福柯对希腊哲学的解释,若对快乐问题有兴趣,可以看看。或许是我先对希腊哲学下了功夫再看福柯著作的缘故,这次福柯著作的阅读体验,不仅没有之前那种对后现代主义者的陌生感,而且与柏拉图对话的阅读体验一样,我感到无比激动和欣喜,于是产生了研究福柯古代哲学解释的冲动。征得佘老师同意后,我果断定下了博士学位论文的研究方向。接着便开始学习法语,四处复印、购买福柯的法文著作。最终于 2010 年 4 月完成博士论文,题为《"诚言"与"关心自己":福柯的古代哲学解释研究》。

答辩时,委员会高度评价了这篇博士论文的学术价值。主席俞宣孟老师代表答辩委员会感谢我作了这篇论文,为学术界提供了另一种西方哲学形态;在表扬的同时,俞老师也批评说,可惜这篇论文还差一口气。如果我没会错意,俞老师指的应该是一种高层次的哲学形态比较论。答辩通过后,该文于 2011 年获上海市优秀博士论文奖,2012 年获全国优秀博士论文提名奖。2012 年,我又以博士论文作为基础,申报了国家社科基金青年项目《福柯对古代哲学的解释》(项目号:

12CZX044)。获准立项后，我对原文做了修改完善。惭愧的是，受学识、才华、时间以及思考力等因素的限制，几年之后，这份成果仍没补足俞宣孟老师所期待的那口气。唯可自信者，本书无论对福柯文献还是希腊文献的读解，应该经得起忠实、准确、客观的标准检验。

以上便是与本书相关的人和事。在此，我要感谢我的导师复旦大学佘碧平教授，他作为福柯思想的研究者以及福柯晚期著作的重要译者，对我学术方向的选择影响巨大；感谢复旦大学丁耘教授，如上文所说，我的学术机缘与丁老师分不开；感谢论文答辩委员会成员给予我的宝贵建议，他们是上海社会科学院俞宣孟教授、同济大学徐卫翔教授、复旦大学莫伟民教授、复旦大学张庆熊教授、复旦大学汪行福教授；感谢论文评审专家浙江大学杨大春教授以及其他匿名专家；感谢国家社科基金的匿名评审专家和鉴定专家；感谢莫伟民教授经常鼓励我，并把本书纳入他所主编的"法国哲学研究丛书・学术文库"；感谢同窗好友赵伟博士为本书的编辑和出版所付出的辛劳；感谢云南大学方盛举教授从公共管理学院的经费中划拨出版资金；我的亲人与本书虽无直接联系，但他们一直支持、体谅我的选择，尽量避免以家庭事务给我添麻烦，最大限度为我节约时间，使我得以安心读书，安心做学问，当然也该谢谢他们！

赵　灿

2017年7月16日

昆明市团结镇